Familienbande

Herausgegeben von Claudio Gallio

BASTEI LÜBBE

Aus der Reihe *Familienbande* sind bei Bastei Lübbe Taschenbücher lieferbar:

61517 Die Wagners
61526 Die Kennedys
61527 Die Fondas
61537 Die Allendes
61538 Die Guccis
61550 Die Quandts
61262 Die Agnellis
61563 Die Burdas

Über den Autor:

Thomas Rother, jahrzehntelang Redakteur bei der *Westdeutschen Allgemeinen Zeitung*, lebt als Schriftsteller und bildender Künstler in Essen. Er ist Autor u.a. von *Muttersuche* (1990), *Untermenschen Obermenschen* (Reportageroman 1994) und *Gründer und Erben. Die großen Familien im Ruhrgebiet* (1998). Thomas Rother ist Träger des Luise-Rinser-Preises und des Kulturpreises der Evangelischen Kirche des Rheinlandes für seine Ausstellung »OST« zum Thema Zwangsarbeit im Nationalsozialismus.

Thomas Rother

DIE KRUPPS

Durch fünf Generationen Stahl

BASTEI LÜBBE

BASTEI LÜBBE TASCHENBUCH
Band 61516

1. Auflage: März 2003
2. Auflage: November 2003
3. Auflage: Oktober 2004

Vollständige Taschenbuchausgabe

Bastei Lübbe Taschenbücher ist ein Imprint
der Verlagsgruppe Lübbe

Lizenzausgabe:
Verlagsgruppe Lübbe GmbH & Co. KG,
Bergisch Gladbach
Titelbild: Bavaria Bildagentur
Einbandgestaltung:
Daniela Hensel und Ingrid Olson, Berlin
Satz: Presse- und Verlagsgservice, Erding
Druck und Verarbeitung: Ebner & Spiegel, Ulm
Printed in Germany
ISBN 3-404-61516-6

Stahl,

ist Eisen, welches geglühet und wieder abgelöschet, dannenhore viel härter und dichter, geschmeidiger und feiner gemacht worden ist. Wenn sie den Stahl zurichten wollen, legen sie das Eisen und geraspelte Klauen von allerhand Thieren schichtweise in die Oefen, welche unweit von den Eisengruben ausdrücklich dazu gebauet worden sind; stecken sie alsdenn Feuer darunter, und wenn das Eisen gantz weich worden, so, dass es bey nahe fliessen will, löschen sie es in kaltem Wasser ab, damit die darinnen befindlichen Löchlein, welche durch die Gewalt des Feuers noch weiter gemacht sind, sich auf einmahl schliessen mögen.

Zedler Universal-Lexikon, 1744

Stahl,

schmiedbares Eisen

Der Große Duden, 1934

Stahl

(german.) der, Eisen-Kohlenstoff-Legierung mit Kohlenstoffgehalten bis zu etwa 1,7 %, die sich ohne besondere Vorbereitung schmieden oder walzen lassen; Sinnbild der Härte und Kampfkraft.

Der neue Brockhaus, 1960

Stahl,

zusammenfassende Bez. für eine große Gruppe von Legierungen des Eisens, die aufgrund ihrer guten Verarbeitbarkeit, Festigkeit, Zähigkeit, chem. Beständigkeit usw. wertvolle techn. Werkstoffe sind und deren Eigenschaften sich in weitem Maße durch Änderung der Legierungszusammensetzung sowie durch Wärmebehandlung variieren lassen.

Meyers Enzyklopädisches Lexikon, 1978

Inhalt

Gelbe Rosen auf schwarzem Marmor 9

TEIL EINS

1. Auf den Spuren der Legende 23

2. Die zweite Familie: Krupp von Bohlen und Halbach 35

TEIL ZWEI

3. Erster Krupp ein Ausländer – der Gründer ein Bankrotteur 89

4. Amboss als Schreibtisch, Herz aus Gussstahl – Urkrupp Alfred und sein Sohn Friedrich Alfred 107

5. Hämmer dröhnten und Geschirr zerbrach – Akropolis + Walhalla = Villa Hügel 131

6. Politisiert wird nicht – dem jeweiligen Führer wird gefolgt! 147

7. Die Blutwurstkolonie, der Kruppianer und das Nationalmuseum in Weimar 183

TEIL DREI

8. Durch den »reichsten Frührentner« zur großen Stiftung . . . 199

9. Kleiner Friedrich und sein Onkel Alfie – der Prozess der Nichten und Neffen . . . 209

Familie und Werksfamilie – Corporate Identity vorweggenommen . . . 225

Zeittafel . . . 231

Register . . . 241

Literatur . . . 247

Dank . . . 252

Bildnachweise . . . 253

Stammbaum . . . 254

Gelbe Rosen auf schwarzem Marmor

»So kommt es, dass Abwesende zugegen und, was man kaum in Worte fassen kann, Tote lebendig sind.«
Cicero

Der Friedhof liegt im reicheren Süden von Essen. Die Straße, die daran entlang geht, führt zu den Millionärsvillen der Stadt. Dem Volksmund nach wohnen dort die »Arbeitslosen«. Wer so etwas wie ein Mausoleum in Essen sucht, auf diesem Friedhof findet er Grabstätten, die denen des Wiener Zentralfriedhofs ähneln, grünspanüberzogene Trauerengel, Grabhäuser, Altären gleich.

Der kommunale Friedhof an der Meisenburgstraße ist ein besonderer Gottesacker. Doch wer den Ort nicht kennt, sucht das Besondere vielleicht vergebens. Unauffällig liegt es inmitten der vielen Gräber – ein großes Geviert, hinter Büschen versteckt, durch einen brusthohen, wild überwucherten Maschendrahtzaun abgetrennt. Erst wer die Enklave durch ein unauffälliges Tor betritt, erkennt, was dieser Garten ist: Der Friedhof der Krupps.

Umstritten und umworben, von den einen als Kanonenkönige verteufelt, von den anderen als deutsche Waffenschmiede verehrt – die Familie der Stahlproduzenten liegt in einem stillen Park begraben. Die imposanten Grabstellen beeindrucken. Büsche, Bäume und Bronze, Moos, Monumente und Marmor, Steine und Statuen setzen diesen stillen Ort in Szene: Hier ruht deutsche Geschichte.

Wie verstreut, von ausladenden Rhododendronbüschen beschirmt, lagern tiefschwarze Steinquader, tonnenschwere Marmorblöcke auf der moosdurchfeuchteten Wiese: Gräber und Grabmale der Krupps und der von Bohlen und Halbachs. Inmitten typischer Friedhofsidylle ein gesetzter Ort, an dem sich das Auge ausruhen kann. Nichts Melancholisches, Geheimnisvolles, nur Stille – wenn da nicht dieser Adler wäre, ein Ungetüm aus Bronze, schwefelgrün angelaufen, bedrohlich mit ausgebreiteten Schwingen über dem großen bronzenen Siegerkranz wachend. F. A. Krupp steht auf dem Marmorblock, Friedrich Alfred Krupp, der zweite der »erfolgreicheren« Krupps. Das preußische Wappentier als Todesvogel. Am Ende des Grabblocks die drei Krupp-Ringe, Insignien einer Ära deutscher Industriegeschichte. Die hier zur letzten Ruhe gebettet wurden, tragen noch im Tode ihre Macht zur Schau.

Die Kolosse von Bredeney stehen erst seit einigen Jahrzehnten an dieser Stelle. Beigesetzt wurden die Verstorbenen einst fern des gemeinen Volkes. Der Kruppsche Friedhof befand sich nach 1945 noch einige Kilometer nordwärts: Wo heute die Ein- und Ausfahrten des Ruhrschnellwegtunnels am Essener Hauptbahnhof Tausende von Autos ausspucken und verschlucken, bildete die Familiengrabstätte einen durch verzierte Eisengitter abgetrennten Teil des bedeutendsten Friedhofs der Stadt. In einer Denkschrift von 1916 heißt es: »Es hieße die Geschichte im 19. Jahrhundert schreiben, wollte man das Leben all jener Männer und Frauen schildern, die dort ihre letzte Ruhe gefunden haben.« Die Jugendstilgräber und Grabmonumente der Gründerfamilien des Ruhrgebiets waren von den Bahnsteigen des Hauptbahnhofes aus zu sehen. Mitte der fünfziger Jahre des 20. Jahrhunderts war es mit der Totenruhe vorbei. Aus verkehrstechnischen Gründen wurden Gräber und Gruften, Grabzeichen und Grabhäuser auf verschiedene Friedhöfe umgesetzt – »zur Wahrung der Tradition und Stadtgeschichte. Die Ausbettung erfolgt einzeln für jede Gruft unter einem Zelt und unter Ausschluss der Öffentlichkeit.« Die Ruhe der Toten wurde barsch gestört, bevor sie ihren letzten Frieden an diesem stillen Ort in Bredeney finden durften. Nachts wurden die Gräber geöffnet, und in aller Herrgottsfrühe gegen vier Uhr wurden die Leichname im Süden der Stadt aufs Neue beigesetzt. Kruppsche

Ausgebreitete Schwingen über schweren Marmorblöcken – der zweite Friedhof der Krupps im wohlhabenden Südviertel Essens. Vorne das Grabmal von Friedrich Alfred Krupp mit den drei Krupp-Ringen, im Hintergrund das Grabmal seines Vaters Alfred.

Werkschutzmänner und Direktoren beobachteten den Umgang mit ihren teuren Toten. Die letzte Überführung galt dem Urkrupp, Alfred Krupp, durch dessen technischen Erfindergeist und Kaufmanns-Geschick die marode Firma seines tragisch gescheiterten Vaters, die Fa. Fried. Krupp, in der Mitte des 19. Jahrhunderts zu Weltgeltung gelangte, und mit ihr stieg Essen vom unbedeutenden Landstädtchen zur Großstadt auf. Nicht nur Historiker zählen Alfred Krupp zu den »Giganten des Ruhrgebiets«. Als die Totengräber in der Mitte des 20. Jahrhunderts bei Laternenschein in Krupps Gruft eindringen mussten, trieb ihnen dieses Kruppsche Urgestein den Schweiß auf die Stirn. Während die anderen Altvorderen schnell zwischen Nacht und Tag ausgegraben und wieder beigesetzt werden konnten, machte der knorrige Alfred Schwierigkeiten. Wie es einer Bergbaustadt gebührt, mussten Abbauhämmer her. »Da bei der Öffnung der Grabkammer Schwierigkeiten zu überwinden waren, weil anderthalb bis zwei Meter dickes Mauerwerk zu durchbrechen war«, wurde Alfred Krupp erst am 10. August 1955 – mit zweitägiger Verspätung – in neue Erde gesenkt. Der Alte hatte sich auch am besten gehalten. Stolz vermerkt der »Bericht über die Umbettung der Verstorbenen der Familie Krupp« dazu: »Alfred Krupp im alten Sarg überführt. Die Leiche brauchte nicht umgesargt zu werden. Durch das Fenster des Zinksarges waren die Umrisse des Verstorbenen an dem Vollbart und der Schädelform noch genau zu erkennen.« Ein Friedhofsmitarbeiter mit dem beziehungsreichen Namen Engel hat alles akribisch protokolliert, ein Engel mit roten Flügeln: Paul Engel, Mitglied der KPD, der Kommunistischen Partei Deutschlands. Zu Lebzeiten hassten die Krupps die Sozialdemokraten und später auch die Kommunisten als Ausgeburt des Bösen. Im Sommer 1955 bettete KP-Genosse Paul Deutschlands bekannteste Kapitalisten zu ihrer zweiten, jetzt hoffentlich ewigen Ruhe.

Eine Umbettung nahm der rote Engel eigenmächtig vor. Einige Meter vor dem riesigen Denkmal Alfred Krupps fanden die Grabarbeiter eine Marmorplatte, die mit Efeu zugewachsen war. Nach hastiger Reinigung wurde die fast unleserliche gotische Schrift entziffert: »Frau Friedrich Krupp Therese, Johanne, Helene, Wilhelmine geb. 28.11.1790 gest. (unleserlich) Aug. 1850.« Die Mutter des beharrlichen Alfred Krupp. Im August 1955 entdeckte also ein Engel das Grab der tapferen Gattin des Firmengründers Friedrich Krupp, die gemeinsam mit ihrem Sohn Alfred das herbeigesehnte Werk des gescheiterten und früh verschiedenen Mannes zur Blüte brachte. Doch Verwitterung und gotische Schrift hatten die Totengräber genarrt: Nicht *Wilhelmine* stand auf dem Marmor, sondern *Wilhelmi*, ihr Geburtsname.

Dieses Grab war bei den Umbettungsplanungen der städtischen Behörden vergessen worden. »Die Familie Krupp hat Meldung davon bekommen«, schreibt Engel der Verwaltung. Er vermerkt auch:

»Nachdem seitens der Firma Krupp der Sache keine Bedeutung beigelegt wurde, haben wir nachgegraben und eine ausgemauerte Grabkammer mit einem Sarg freigelegt.« Nach der Beschaffenheit des Sarges zu urteilen, so die Grabkundigen, musste der Leichnam vor 30 Jahren schon einmal umgebettet worden sein. In den neuen Sarg von Bertha Krupp, geborene Eichhoff, Frau von Alfred, wurden außer der Toten auch sechs Sarghandgriffe aus Edelmetall gelegt, die vom vermodernden Holz abgefallen waren. Für Bertha Krupp und jede der anderen umgebetteten Leichen stand ein edler Eichensarg bereit, der, wie Engel notierte, »über die Fa. Krupp geliefert« worden war. Für die überraschend und unerwartet dem Totenreich entstiegene Frau des Firmengründers musste sich der Engel selbst um einen neuen Sarg bemühen.

Wer den heutigen Kruppschen Friedhof im Essener Süden besucht, wird auf einer Reihe von Trittsteinen im Rasen bis zu einer weißgrauen Steinplatte in der Mitte der Anlage geleitet: Dort ruht Alfried Krupp von Bohlen und Halbach, gestorben am 30. Juli 1967, der »letzte« Krupp. Zu seiner Linken finden sich die Großeltern Friedrich Alfred und Margarethe Krupp. Hinter ihnen des Urkrupps Monument, sechs Meter hoch, unaufdringlich in Gebüsch eingebettet und doch majestätisch: A. Krupp. Ein Engel steht mit herabgesenkter Flamme, dem Element der Stahlschmelze auf schwarzem Marmor; er scheint eine trauernde Gestalt trösten zu wollen. Alfried Krupp von Bohlen und Halbach jedoch, der als letzter den Namen Krupp trug, liegt im Zentrum der Familiengrabstätte. Keine Frau an seiner Seite, vom Sohn keine Spur. Auch als Toter blieb der Mann, wie oft im Leben, einsam.

»Diese gleichklingenden Männernamen verwirren etwas«, sagt der junge Historiker, der im Frühjahr 2000 Touristen und Einheimische mit dem Bus »Auf den Spuren von Krupp« durch Essen führt. Vom gescheiterten Gründervater FRIEDRICH KRUPP (1787–1826) über den erfolgreichen Sohn ALFRIED (später: ALFRED; 1812–1887), den noch erfolgreicheren Enkel FRIEDRICH ALFRED (1854–1902) und die letzte Namensträgerin BERTHA KRUPP (1886–1957) sowie deren angeheirateten Mann Gustav Krupp von Bohlen und Halbach (1870–1950) bis zum gemeinsamen Sohn Alfried Krupp von Bohlen und Halbach (1907–1967) sind auf dem Friedhof an der Meisenburgstraße die Namen der Protagonisten der Stahlfamilie versammelt. Firmengründer Friedrich Krupp, der als reicher Kaufmannsspross begann, ganz nach oben wollte, aber früh kapitulierte, liegt allerdings dort nicht begraben. Sein Grab ist mit anderen bei einer Stadterweiterung irgendwo irgendwann Baugrund geworden. Nur ein kleiner Gedenkstein neben Alfried, dem letzten, erinnert an Friedrich, den ersten der fünf Stahl-Generationen Krupp. Als Friedrich noch vor seinem vierzigsten Lebensjahr starb, hinterließ er fünf unmündige Kinder. Seine Witwe Theresia Helena Johanna Krupp, geborene Wilhelmi, setzte mit dem erst 14 Jahre alten Alfried die Firma Fried. Krupp fort.

Dieser *Alfried* nennt sich später *Alfred*, als er zum Ausspähen industrieller Fertigkeiten nach England geht. Er sollte später zum legendären Alfred Krupp (1812–1887) werden, an den weltweit heute noch viele zuerst denken, wenn von Essen die Rede ist. Mit den sich immer schneller drehenden Rädern der Eisenbahn kamen er und sein Werk in Fahrt. »Kanonenkönig« wurde er geschimpft – dabei war er weit mehr ein »Eisenbahnkönig«. In den vierziger Jahren des 19. Jahrhunderts notiert er: »Eine andere Zukunft liegt vor uns. Das Eisenbahnwesen fällt in die Stahlzeit, die Bronzezeit ist dahin.« Als 14-Jähriger und ohne abgeschlossene Schulbildung übernimmt er 1826 die marode Firma seines Vaters. Als er 1887 begraben wird, ist die Firma zum größten deutschen Stahlunternehmen angewachsen – mit 19000 Arbeitern, für die er wie ein zwar verantwortungsvoller, aber doch autoritärer und strenger Vater eine freiwillige Sozialfürsorge geschaffen hatte, die andere damalige private Sozialsysteme bei weitem übertraf. Das Anfang des 19. Jahrhunderts noch hinterwälderische Städtchen Essen formte seine Besessenheit zur Stadt. 1871 sind bei Krupp 8915 Menschen beschäftigt; im gleichen Jahr beträgt die Zahl aller Beschäftigten in Essen bereits 11507. Und 1887 arbeiten fast 20 Prozent der Stadtbürger in der Gussstahlfabrik von

Krupp, bis 1900 sogar 30 bis 40 Prozent. 1914 beschäftigt Krupp 43 160 Arbeiter – über 60 Prozent der Essener leben damals von und mit der Fabrik: Krupp-Stadt. So galt lange Zeit für Essen: Stadt = Krupp. Und umgekehrt.

Alfred (Ex-Alfried) und Bertha Krupp, geborene Eichhoff, haben einen Sohn, dem der Vater sowohl den Namen seines Vaters wie den seinen gibt: Friedrich Alfred (F. A.). Das Leben des dritten Sprosses der Stahldynastie lässt den Namen eher als Bürde erscheinen. Und doch expandiert das Unternehmen unter Friedrich Alfred Krupp (1854–1902) zu ungeahnter Größe. Es wird zur Stadt in der Stadt, die gemeinnützigen Errungenschaften des Unternehmens, vom Vater begonnen, werden durch den Sohn großzügig erweitert. F. A. Krupps Leben endet schließlich mysteriös nach einem Familie und Firma gleichermaßen erschütternden und die Öffentlichkeit bewegenden »Krupp-Skandal« auf Capri, bei dem angeblich kultähnliche Zusammenkünfte mit jungen Männern in einer Grotte die delikate Hauptrolle bilden. Schon die Andeutung von Homosexualität kam in jener Zeit einer Verurteilung gleich, die verheerend wirken konnte. Im Falle F. A. Krupps tat sie es. Als Krupps Sarg nahezu eilig von der Erdoberfläche verschwunden war, wucherten abenteuerliche Spekulationen. So halten sich bis in die Gegenwart hinein Mutmaßungen über dieses Ableben, selbst jene, Krupp wäre gar nicht zu Grabe getragen worden – er wäre vielmehr höchst lebendig im Ausland abgetaucht. Zwar wird an offenen Gräbern häufig gelogen, doch es gibt kaum etwas Korrekteres als deutsche Standes- und Friedhofsämter. Der Engel vom Amt bescheinigte im Sommer 1955 dem toten Ehepaar Margarethe und Friedrich Alfred Krupp, es sei soweit erhalten gewesen, »dass sie im Ganzen und nicht als einzelne Skelettteile umgebettet werden konnten«.

F. A. Krupps Frau, Margarethe Freiin von Ende, findet sich plötzlich mit zwei Töchtern, Bertha und Barbara, den letzten »wirklichen« Krupps, an der Spitze von Familie und Firma wieder. Tochter Bertha Krupp (1886–1957) erbt Unternehmen und Vermögen. Sie heiratet 1906 als reichste Frau Deutschlands den Diplomaten Dr.

Gustav von Bohlen und Halbach. Als Berthas Ehemann darf sich der adelige Gustav durch eine vom deutschen Kaiser erlassene Verfügung Krupp nennen und kann somit den Stahlnamen seinem voranstellen. Die kaiserliche Gunst wird verbrieft, also festgeschrieben, und soll für jeden männlichen Erben gelten, der die Firma leitet. Bertha und Gustav Krupp von Bohlen und Halbach (1870–1950), die vierte Generation der Unternehmerfamilie, segnet sich mit acht Kindern. Eines darf sich mit dem Stahlnamen schmücken oder – je nach Sichtweise – belasten: Es trifft Alfried von Bohlen und Halbach (1907–1967), den ältesten Sohn, dem der Familienrat 1943 die Geschäfte überträgt. Nach einer Quasi-Erneuerung der Kaiserverfügung durch Adolf Hitler darf sich auch Alfried von Bohlen und Halbach nunmehr Krupp nennen. Zum zweiten Mal ist die Familie von der Staatsführung eingeholt und zum politischen Faktor gemacht worden. Diese Nähe aber, wehrten die Krupps und wehren vehement ihre Nachkommen bis heute ab, hätten sie nie gesucht.

Die Tragik des letzten Firmenbesitzers, Alfried Krupp von Bohlen und Halbach, wird mit Kriegsende 1945 öffentlich: Den schwer kranken, dahinsiechenden Vater Gustav stellen die alliierten Siegermächte nicht mehr vor ein Kriegsgericht. An seiner Stelle wird Sohn Alfried mit zwölf Jahren Haft und Vermögensbeschlagnahme auch für die Krupp-Vergangenheit bestraft. Es gibt Zeugnisse dafür, dass seine Verurteilung der Teilhabe an der Kriegsproduktion galt. Krupp-Verehrer Gert von Klass findet in seinem Buch *Aus Schutt und Asche* dafür den Begriff »Geschmiedete Waffen – geschmiedeter Hass«. Doch Vater Gustav verstand sich sehr wohl bei den Kriegsausbrüchen 1914 und 1939 als Waffenlieferant des deutschen Kaisers Wilhelm II. und des Führers Adolf Hitler. Zur Jubilarfeier 1940 ließ Gustav Krupp keinen Zweifel: »Jubilare – im Kriegsjahre 1914 sind Sie bei Krupp eingetreten, im Kriegsjahre 1940 feiern Sie Ihr Jubiläum. Ist es nicht auch eine 25-jährige Kriegszeit, die diese Spanne Ihrer Arbeit erfüllt, Kriegszeit im Kampfe um Deutschland … ? Die Einheit unserer Führung … gibt uns die Sicherheit des Sieges, die wir alle zu erkämpfen entschlossen sind … Hierfür bürgt uns unser

Führer. Ihm in dieser Stunde aus übervollem Herzen ein dreifaches dankbares Sieg-Heil!«

Nach der Hälfte der Strafverbüßung durch Amnestie freigekommen und 1953 an die Spitze des auferstandenen Unternehmens zurückgekehrt, scheint Alfried Krupp die Führung des Unternehmens als Last empfunden zu haben. Er stellte sich einen Generalbevollmächtigten zur Seite: Berthold Beitz, dessen Name seither mit Krupp untrennbar verbunden ist. Nach Alfried Krupps Tod strahlt der davor beschädigte Name durch die von ihm gewollte Umwandlung der Firma in die Alfried Krupp von Bohlen und Halbach-Stiftung hell auf – durch die großzügige Unterstützung von Kultur, Wissenschaft, Sport und Gesellschaft.

»Jeder Mensch ist ein Abgrund«, lautet eine Erkenntnis des Dramatikers Georg Büchner. »Es schaudert einen, wenn man hinabschaut.« Wo denn das Grab von Alfrieds Frau läge, fragt eine Frau, als die Krupp-Touristen vor der Grabplatte Alfried Krupps von Bohlen und Halbach stehen. Die habe ihren Mann betrogen, platzt eine Wissende heraus, da könne man sie nicht auf diesen Friedhof legen. Zweimal verheiratet, zweimal geschieden, hat Alfried, der »letzte« Krupp, einen Sohn: Arndt von Bohlen und Halbach (1938–1986). Sein Name steht in Essen auf keinem Stein. Wurde er des Namens Krupp nicht für würdig gehalten? Er wurde auf dem ehemaligen Familienbesitz Schloss Blühnbach im Salzburger Land beigesetzt, während österreichische Blasmusikanten ortsfremd »Glückauf, der Steiger kommt« intonierten. Dank Arndts Verzicht auf ein Milliardenerbe lebt die Firma im Rahmen der Stiftung weiter, die seines Vaters Namen trägt. Nur in deren Titel und im Firmenkopf ist der Name Krupp erhalten geblieben. Als Familienname in enger Verbindung mit der Firma ist er mit dem Tod von Alfried Krupp erloschen und der Geschichte als Inschrift auf einer Grabplatte erhalten geblieben.

Manchmal umschwirren fotografierende Japaner die Gräber. Draußen, vor dem Maschendraht, blühen Stiefmütterchen auf kommunalen Gräbern, knospen Rosen. Amseln jubilieren allerorten. An stilleren Tagen ohne Touristeneinfall geht eine hochgewachsene schwarzhaarige Frau von Grab zu Grab. Jedem Toten schenkt sie eine gelbe Rose: ihren Schwiegereltern Bertha und Gustav, deren Kindern, ihrem Mann Harald, ihrem Schwager Alfried und all den anderen. Blüten des Brautstraußes von Doerte von Bohlen und Halbach, der letzten der Familie, die in Essen lebt. Rosen in der Farbe der Hoffnung. Hoffnung worauf? Sie spricht von »unserem Friedhof« und von »unseren Toten«. Wenn sie sich unbeobachtet glaubt, säubert sie mit einem Stöckchen ein Loch in den schwarzen Grabquadern, damit das Wasser ablaufen kann und der Frost den Marmor nicht sprengt.

Außerhalb des Kruppschen Friedhofs ist eine Überraschung zu entdecken. An einer Ecke, kaum auszumachen, ist durch einen Zaunvorsprung ein zweites Geviert abgesetzt. Bäume und Büsche stehen so, als beschirmten sie den kleinen Raum vor neugierigen Blicken. Der böte genügend Platz für ein Familiengrab. Zwar außerhalb des Zauns zum Gottesacker der Industriellendynastie gelegen, schmiegt sich diese kleine Enklave doch so nah an die Ruhestätte der Krupps und der von Bohlen und Halbachs, als solle sie dazugehören. Ein Weg grenzt an; erst auf dessen gegenüberliegender Seite liegen die kommunalen Gräber. Noch auf Kruppschem Grabgelände liegt, wie verborgen, eine bescheidene Steinplatte: Erdmann und Erna Beitz. Ihr Sohn ist der Testamentsvollstrecker des letzten Krupps, dessen langjähriger Generalbevollmächtigter er war.

Ohne Berthold Beitz wäre das letzte Kapitel dieser Familiensaga nicht denkbar. Es ist, als klänge die Geschichte der Krupps mit ihm aus. Den engsten Verwandten des letzten Krupps, den von Bohlen und Halbachs, die sich »die Familie« nennen, gilt er als Fremdling. Dieser »Fremdling« ist neben Alfred allerdings am längsten an führender Stelle mit dem Unternehmen verbunden gewesen. Gründer Friedrich hat von 1811 bis 1826 gerade einmal 15 Jahre seine Firma betrieben. Sohn Alfred, den alle Nachkommen als »Alfred den Großen« wie einen Familienheiligen auf den Sockel stellten, war 39 Jahre lang bis zu seinem Tode 1887 der Patriarch des zum Großunternehmen herangewachsenen Kleinbetriebes. Schon als 14-Jähriger hat er als erster und verantwortlicher Handwerker den Betrieb geleitet, ist also 60 Jahre lang *der* Krupp gewesen. Alfreds Spross Friedrich Alfred hat nicht mehr Führungsjahre aufzuweisen als Großvater Friedrich, nämlich 15. Dr. Gustav Krupp von Bohlen und Halbach, nicht Inhaber, sondern eingeheirateter Krupp, durfte als Ehemann der Erbin Bertha Krupp 37 Jahre am Chefschreibtisch Platz nehmen. Alfried Krupp schließlich war bis 1945 zwei Jahre lang Firmenleiter und 14 weitere nach dem Krieg vor allem der noble und sozial denkende und handelnde Repräsentant – was insgesamt auch nur 16 Jahre ergibt. Berthold Beitz dagegen hat als Generalbevollmächtigter, Testamentsvollstrecker und Chef der Stiftung mit dem Namen seines früheren Arbeitgebers seit 1953 an der Spitze der Firma deren Geschicke bestimmt, bis zum Jahr 2000 schon 47 Jahre, in denen er den Namen Krupp auch vor dem Untergang bewahrt hat. Ihm wirft die Enkelgeneration Alfried Krupps vor, sich in dem großen Namen zu sonnen – sich als »Krupp, das bin ich« – als der »Herr der Ringe« aufzuspielen, dem Zeichen des Unternehmens. Das letzte Kapitel Familiengeschichte ist pikant: Alfried Krupps Neffen prozessieren gegen des Onkels Vertrauten und damit gegen des Onkels letzten Willen, Ende 2000 nach acht Jahren erfolglos. So ist die Ruhe auf diesem Friedhof – wie oft über Gräbern – trügerisch.

TEIL EINS

1. Auf den Spuren der Legende

»Was Krupp in Essen ist, sind wir im Trinken« – sagt der Volksmund im Ruhrgebiet. Und der Volksvertreter: »Krupp ist nicht Essen! Krupp ist *in* Essen!« Der Essener Oberbürgermeister wiederholte den Satz oft und betonte dabei immer das »in«. Manchmal klang es, als wolle er die Stadt gegen den übermächtigen Namen schützen, als wünschte er, Kruppsche Vergangenheit, Mythos und Legende abzuschütteln. So oft sprach er davon, dass man glauben konnte, er habe immerfort seinen sozialdemokratischen Altvater August Bebel im Ohr, der 1897 Krupp den »Besitzer von Essen« genannt hatte. Wilhelm Nieswandt, ebenso wie Krupp Schmied, das zitierte Stadtoberhaupt von Essen in den sechziger Jahren des 20. Jahrhunderts, litt wie die meisten Bürger unter den Bombenfolgen des Zweiten Weltkrieges: 80 Prozent der Stadt waren zerstört, die schwerindustriellen Zentren, vor allem die Krupp-Werke waren das wichtigste Ziel der britischen Fliegerbomben. Die »Kanonenstadt« – durch die sich der deutsche Kaiser vor und während des Ersten Weltkrieges unbesiegbar wähnte, die Nazidiktator Adolf Hitler als »Waffenschmiede des Reiches« gepriesen hatte, der die deutsche Jugend »flink wie Wiesel, zäh wie Leder«, vor allem jedoch »hart wie Krupp-Stahl« haben wollte – sollte nach dem Willen der Alliierten zerschlagen werden. Historiker Golo Mann psychoanalysierte in einem unveröffentlichten Manuskript, Hitler habe an »den einen Mythos des Hohenzollernreiches, Richard Wagner, Villa Wahnfried, und an den anderen Mythos, Krupp, Villa Hügel« geglaubt. Tatsächlich blieb von Krupp am Ende des Krieges eine

Wüstenei aus verbogenen Stahlskeletten, zerborstenen Mauern, Bergen von Staub, Schutt und Asche. Die Stadt- und Industrielandschaft, durch Bomben und Feuersbrünste ihres Gesichts beraubt, schien als Industriestandort nicht mehr brauchbar, höchstens noch als Weide- und Ackerland. Es war Siegerwunsch zur Stunde Null: auf Krupp-Gelände sollten Kartoffeln, Kohl und Karotten wachsen, Schornsteine sollten dort nie wieder rauchen. »Wir brauchen nur unser Besatzungsprogramm durchzuführen, und aus Deutschland wird ein unbedeutender Bauernstaat ohne größere Industrien.« So ein Berichterstatter der Sieger nach dem Gang durch die Trümmer. Ein anderer: »Selbst die Trümmer des Ruhrgebietes sind immer noch Ausdruck teutonischer Macht. Es gab keinen besseren Aussichtspunkt, um die ganze Szenerie überblicken zu können, als jene höchste Zinne dieses riesigen, dem Gott Vulkan geweihten Tempels, der als das Hauptverwaltungsgebäude von Krupp bekannt ist.«

Diese Zinne, Turm des Hauptverwaltungsgebäudes, hatte den Krieg beschädigt überstanden. Dort fand 1945 am Tage der Amtsübernahme der britischen Militärregierung, die zwei Monate nach Kriegsende die amerikanischen Besatzer abgelöst hatte, ein denkwürdiges Zusammentreffen statt. Der britische Kommissar Oberst E. L. Douglas Fowles saß hinter einem grünen Tagungstisch der Firma Fried. Krupp. Er hatte die Krupp-Direktoren zu sich befohlen. Fast 20 von ihnen standen auf der anderen Seite des Tisches, dem sitzenden Kommissar gegenüber. Damit sie ihn besser verstehen konnten, sprach er deutsch. Dabei zeigte er aus dem Fenster, auf die Vernichtungen des Bombenkrieges: »Da draußen, meine Herren, wird nie wieder ein Schornstein rauchen. Wo einmal das Gussstahlwerk stand, werden Felder und Wiesen sein. Die britische Militärregierung hat beschlossen, mit Krupp für alle Zeit Schluss zu machen. Das ist alles meine Herren.« Zur seiner Verblüffung fragte der stellvertretende Finanzdirektor Johannes Schröder: »Wie sollen wir unsere Schulden bezahlen und die Forderungen eintreiben, Sir?« Mister Fowles schrie: »Mit welchem Recht stellen Sie mir Fragen?« Schröder leise: »Mit dem Recht eines zum Tode Verurteilten, der Anspruch auf ein letztes Wort hat.« Fowles: »Kriegsverbrecher treiben weder ihre Schulden ein, noch bezahlen sie sie an andere Kriegsverbrecher.«

Anfang des 21. Jahrhunderts liegen noch nahezu 240 Hektar ehemaliger Krupp-Stadt brach. Über 270 000 Tonnen Einrichtungen und Maschinen wurden nach 1945 als Reparationsgut abtransportiert, 80 Gebäude wurden abgerissen, 180 000 Tonnen Eisen und Stahl wurden verschrottet. Einige wenige Ruinen und die Gleise der Werksbahn erinnern an bewegte Industriezeiten, zu denen 1920 fast 115 000 Menschen in den Fabrikhallen dieses riesigen Geländes arbeiteten. Anfang des 21. Jahrhunderts ist dieser Teil von Krupp erneut erobert worden; Birkenwälder, Sommerflieder und andere Pionierpflanzen haben die Krupp-Vergangenheit überwuchert, dort sagen sich Fuchs und Hase gute Nacht. Das gewaltige, brachliegende Areal – viermal so groß wie die Essener City, 420 Fußballfelder aneinander gereiht – hatte die Entwicklung der Innenstadt und die angrenzender Stadtteile blockiert. Nun wird es zum Filetstück der Immobiliengesellschaft ThyssenKrupp. Im Jahr 2000 erhielt es einen Namen: Krupp-Gürtel. Der liegt im Westen der Stadt. Wo 1945 durch Zerstörung das Ende eingeläutet wurde, soll ein halbes Jahrhundert nach dem Krieg wieder Zukunft wachsen. Konzerneigene Immobilienhändler haben Stadt- und Raumplaner beauftragt, Zukunfts-Szenarien auf diesem historischen Neuland zu entwerfen. Essener Stadtväter hoffen, raumplanerische Visionen vermögen einen neuen Stadtteil mit eigener Identität zu gebären.

In dem kolossalen Turm aus den zwanziger Jahren des 20. Jahrhunderts, einem Bau der Vorzeige-Architektur des bedeutenden Werkbundes, aus dem heraus 1945 der Siegeroberst auf die Trümmer gezeigt hatte, wurde auch nach Kriegsende Krupp wieder verwaltet. Heute bedeckt ein Rasenstück die nicht zu zerkleinernden Fundamente. »Dass unser Turm gesprengt worden ist, das verzeihe ich nie.« Doerte von Bohlen und Halbach, die als einzige Krupp-Verwandte mit ihrem Sohn Georg noch in Essen lebt, ist empört. Das einstige, 60 Meter hohe Wahrzeichen des Industrieimperiums wurde in den siebziger Jahren des 20. Jahrhunderts abgerissen – ohne Not, sagen viele. Tatsächlich wurde der Abbruch des Kruppschen Turmhauses auch zum Signal für Politiker und Verwaltung, andere architektonische Geschichtszeugnisse per Abrissbirne vergessen zu lassen. Fabrikantenvillen, aufregend schöne Hotels der Gründerzeit, das schönste, ein Krupp-Hotel, fielen dem Bau armseliger Zweckbauten zum Opfer. Das neugotische Rathaus wurde als Kaufhaus-Baugrund verscherbelt. Auf dem Gelände der größten Maschinenhalle Europas, der einen Kilometer langen Halle M1, Stolz der Familie Krupp und der Werksangehörigen, wurden und werden Gewerbebauten versammelt; das Relikt einer gigantischen Eisenstütze ragt als magere Erinnerung an eine unvorstellbar große industrielle Vergangenheit in den Himmel. Betonrabatten verschlimmbesserten Innenstadtplätze ohne Baum und Busch, beraubten sie ihrer Seele, andere wurden abgeräumt, zugeplättet, zugepflastert, als solle die Stadt zu Stein werden, endgültig mineralisiert, als hätten Schausteller die Stadtentwicklung bestimmt, um nackte Plätze für Würstchenbuden und Kirmesvergnügen zu schaffen. Selbst Gräber waren vor Wiederaufbau- und Sanierungswut nicht sicher; Friedhöfe wurden mit Stein und Leichen ausgehoben und kilometerweit versetzt. Essen hätte bei einem europaweiten Abbruch-Wettbewerb Anspruch auf einen der ersten Plätze.

Da fällt es heute schwer, den Charme dieser Stadt auszumachen. Zu viele architektonische Relikte, die den Krieg überstanden hatten, sind in moderner Selbstüberschätzung abgeräumt worden. Nur wenige historische Orte gibt es noch. Einer ist die Villa Hügel, das von Alfred Krupp erbaute Wohnhaus der Familie Krupp. Kleine Pavillons neben der Villa beispielsweise, bescheidene Teehäuschen, sympathische Arabeske der Gigantomanie des Industriellenschlosses, verschwanden unter der allgemeinen Abrisswut. So gehören die liebevollen, familiengerechten Siedlungen von Krupp um 1900 inzwischen sogar zu den architektonischen Wohltaten der Stadt. Von Krupp? Wer damals und in späteren Jahren von Krupp sprach, der meinte nicht nur das Unternehmen Fried. Krupp, der meinte Firma und Familie. Wie kaum ein zweites Mal waren und sind beide im öffentlichen Bewusstsein miteinander verwachsen. Schulen, Straßen, Krankenhäuser tragen diesen Namen, ein idyllischer Stadtteil, die Margarethenhöhe, ist nach Margarethe Krupp benannt. Generationen zuvor war der Name noch präsenter. Ein Besucher aus dem Ausland notierte: »Überall taucht der Name Krupp auf; hier auf dem malerischen Marktplatz, an der Tür eines riesigen Geschäftshauses, dort an einem Bronzedenkmal und hier wieder an den Portalen einer Kirche ... über einer Bibliothek, zahlreichen Schulhäusern, Metzgerläden, einer Wurstfabrik, Schusterwerkstätten und Schneidereien, über Spielplätzen und Friedhöfen ... In der Nähe eines jeden Parks ist ein deutscher Biergarten, und über diesem steht jeweils schlicht geschrieben: Eigentümer Friedrich Krupp.«

Unweit des Essener Hauptbahnhofes zeugen beispielsweise Krupp-, Alfred- und Friedrichstraße von der Allgegenwart dieser Familie. Alle Straßen vom und zum Hügel der Krupps tragen Namen der von Bohlen und Halbach-Kinder. Welcher auswärtige Besucher, aber auch Essener Bürger ahnt, fährt er über die Alfredstraße zur Messe oder zum Grugapark, dass dort im 19. Jahrhundert Alfred Krupp als Temposünder ertappt worden sein soll: Auf der direkten Verbindung von der Villa Hügel zur Gussstahlfabrik mit Reit- und Fahrweg am Rande gingen die Pferde des Stahlbarons durch; der passionierte Reiter wurde angezeigt, zu schnell gewesen zu sein. Drei Thaler Strafe sollte er zahlen. Krupp wäre nicht Krupp gewesen, wenn er diese Strafe nicht heruntergehandelt hätte; es war seine Firma gewesen, die auf den Bau dieser Straße gedrängt und einen wesentlichen Teil der Kosten getragen hatte. Ob im Falle der innenstadtnahen Mustersiedlung Friedrichshof oder der Frau-Bertha-Krupp-Straße – gemeint ist jeweils weniger das Unternehmen, gemeint sind Personen, besser: die Krupps.

Die Krupps? Wer ist das? Im 21. Jahrhundert ist der Familienname bereits Geschichte. Diejenigen, die bis zum letzten Jahr des 20. Jahrhunderts in der Öffentlichkeit als »die Krupps« angesehen wurden, waren in Wirklichkeit keine. Das deutete sich bereits in einem Reim an, der Anfang der fünfziger Jahre des vergangenen Jahrhunderts in einer Essener Zeitung – vermutlich motiviert durch das Trauma der »Kanonenstadt« – gedichtet worden ist: »Der Teufel soll sie holen, die Krupp und die von Bohlen.« Auch Alfried Krupp von Bohlen und Halbach war nicht – wie gerne und häufig behauptet – der »letzte« Krupp; er war ein von Bohlen und Halbach, der den Vorzug hatte, aber auch die Last, Krupp vor seinen eigentlichen Namen schreiben zu dürfen. Seinen Sohn Arndt den letzten Krupp zu nennen, wie es wegen dessen schillernden Jet-set-Lebens oft geschehen ist, ist also auch falsch. Die letzte Krupp war die Mutter von Alfried Krupp von Bohlen und Halbach, Bertha Krupp, jene immens reiche Bürgerliche, die einst als die »beste Partie Deutschlands« galt. Als zu ihrem Andenken 1957 vor der Villa Hügel die Fahnen mit den drei Krupp-Ringen auf Halbmast gesetzt wurden, gab es keinen gebürtigen Krupp mehr.

Und doch zeigte sich der Familienname Krupp bis zum nächsten bedeutenden Todesfall zunächst resistent. Als Alfried Krupp, den man heute immer noch als »den« Krupp mit dem Erbe eines großen Industrieimperiums verbindet, zehn Jahre nach seiner Mutter 1967 starb, gab es den Familienname nur noch im Firmenkopf von Fried. Krupp. Mit dem Tode dieses Mannes, der sich als letzter der von Bohlen und Halbach-Familie Krupp nennen durfte, fand eine Attitüde aus Kaisers Zeiten ihr Ende. Wie ein monarchistisches Relikt blieb sie auch in republikanischen Zeiten recht lebendig. Als der Diplomat Dr. Gustav von Bohlen und Halbach kurz nach der vorletzten Jahrhundertwende die Hand und das Herz des schwerreichen Fräuleins Bertha Krupp gewonnen hatte, hat der Preußenkönig Wilhelm II. wohl mit seinen Finanz- und Militärgewaltigen zusammengesessen, beratschlagt und entschieden: Mit einem Industriemagnaten »nur« von Bohlen und Halbach lässt sich weniger Staat machen, obgleich er Doktor und Diplomat war. Aber mit Krupp sehr wohl. Damit zeige man Größe, denn Eisen und Stahl, Geschütz und Geschoß, Eisenplatten und Eisenbahnräder, die Kriegs- und die Handelsflotte seien die tragenden Säulen des Staates. Hoheit verfügte: Da an die Spitze von Krupp ein Krupp gehöre, dürfe sich der jeweilige Inhaber der Firma gleichen Namens mit dem stahlharten Traditionsnamen schmücken und diesen seinem Namen voranstellen.

Arndt von Bohlen und Halbach, Sohn von Alfried Krupp von Bohlen und Halbach, hätte der letzte Träger des Namens Krupp werden können. Doch Vater Alfried und vor allem dessen späterer Testamentsvollstrecker Berthold Beitz haben ihn bedrängt, das Stahlerbe nicht anzutreten, um der Rechtsform einer Stiftung, die dem Unternehmen Dauer bescheren solle, nicht im Wege zu stehen. Arndt blieb, was er war: adelig und ein von Bohlen und Halbach. Eine Apanage von zwei Millionen Mark pro Jahr sollte ihm den Verzicht auf die Ehre, wohl auch auf die daran gebundene Verantwortung, »der« Herr Krupp zu werden, versüßen. Versüßen? Ihn, der auf Milliarden verzichtete, besser: verzichten musste?

So muss fest gehalten werden: Es gibt zwei Familiengeschichten. Die eine begann mit Schweiß und Sorgen, dem Erfindergenie und Unternehmerunglück von Friedrich Krupp zu Beginn des 19. Jahrhunderts. Sie wurde durch Sohn Alfred und Enkel Friedrich Alfred Krupp erfolgreich fortgeschrieben. Das ist die *eigentliche* Familiengeschichte Krupp. Doch von einem Oktobermontag des Jahres 1906 an lässt sich die Familiengeschichte in zwei Richtungen lesen, rückwärts und vorwärts: Einmal hin zu den Wurzeln der Krupps, dann wieder nach vorne bis zu ihrem Ende im Juli 1967. Eine Familiengeschichte, in der mehr Psychologisches wirkte, als sich ahnen und sagen lässt, und die geeignet ist, Ciceros Erkenntnis zu bestätigen: »So kommt es, dass Abwesende zugegen und, was man kaum in Worte fassen kann, Tote lebendig sind.« Selbst eine lange Abhandlung darüber ist denkbar, wie die Väter von Friedrich, angefangen über Alfred, Friedrich Alfred, Gustav, Alfried bis hin zum unglücklichen Arndt, in den Söhnen gewirkt haben. Jedenfalls haben sie nicht wie ihr Werkmeister Krause oder ihr Kohlenhauer Kaczmarek in Bescheidenheit gelebt, sondern sich öffentlich zelebriert und sich selbst, dennoch vornehm – wie im Falle der Ablehnung des Adelstitels durch Vater Alfred und Sohn Friedrich Alfred – als Besondere aus der Menge herausgehoben. »Ich heiße Krupp, das genügt!« Kurz und knapp wies Alfred Krupp die Verleihung des Adelstitels zurück. Wie selbstverständlich folgte der Sohn des Vaters Bürgerstolz.

Den Beginn des »zweiten« Kapitels der Familiengeschichte läuteten Hochzeitsglocken ein. Als die Urenkelin von Friedrich, Bertha Krupp, dem Legationsrat Dr. Gustav von Bohlen und Halbach das Jawort gab, wurde Krupp zu einem Namen vor einem anderen, nur noch für die Öffentlichkeit bestimmt. Die königliche und kaiserliche Gunst bezog sich nicht auf die acht Kinder der Krupp-Enkelin Bertha. Ihrer und ihres Mannes Gustav Sprösslinge kamen alle als von Bohlen und Halbachs auf die Welt. Und doch hielt nahezu alle Welt für sie, deren Nachkommen und Eheleute nur einen Namen bereit: die Krupps. Ein Irrtum.

Einer von ihnen jedoch, Berthas ältester Sohn Alfried, wurde dann doch zum Krupp. So stand fünf Generationen lang ein Mann mit diesem Familiennamen an der Spitze des Unternehmens. Drei Generationen lang waren es geborene Krupps: Friedrich, Alfred und Friedrich Alfred; danach zwei Generationen von Bohlen und Halbachs: Vater Gustav und Sohn Alfried, mit dessen Tod der berühmte Familienname nicht länger eins ist mit dem der Firma. Fünf Generationen zwischen Emotionen und Stahl. In Unternehmen dieser Dimensionen selten: Über fünf Generationen hinweg ist der Name nicht nur Firmenname, sondern auch der des jeweiligen Inhabers. Fünf Generationen Krupp reichten, um in aller Welt zum Synonym für Deutschland zu werden. Der 78-jährige britische Schauspieler, Schriftsteller und Schelm Sir Peter Ustinov kam im Frühjahr 2000 als UNICEF-Botschafter nach Essen. Kaum eingetroffen, verkündete er vielsagend: »Der Geist von Krupp schwebt noch durchs Ruhrgebiet – ich spüre so eine Schwingung im Raum!«

Drei Generationen brauchte der kurze Name Krupp, um zum deutschen Mythos heranzureifen. Der Name Krupp von Bohlen und Halbach nimmt geradezu legendenhafte Züge an. An Dramatik und Krisen zwar reich, hielt sich nach außen hin ein weitgehend heiles Bild der Familie: Die von Bohlen und Halbachs halten zusammen. Auch nach dem Todesjahr Alfried Krupps 1967 schien alles im Lot.

Alfried Krupp von Bohlen und Halbach, der als letzter Firmeninhaber die Marke Krupp vor seinem eigentlichen Nachnamen führen durfte, vor dem Portrait des legendären Urgroßvaters Alfred Krupp. Der hatte die Erhebung in den Adelsstand noch abgelehnt – »... Krupp, das genügt!«

1992 änderte sich das. Die Neffen Alfrieds, Söhne seiner Brüder Harald und Berthold, klagten gegen das Testament des Onkels, das sie und die anderen von Bohlen und Halbachs vom Willensbildungsprozess der »Alfried Krupp von Bohlen und Halbach-Stiftung« ausschloss. Dabei wurde, öffentlich kaum beachtet, von einer Streichung im Testament gesprochen, einer Passage im Entwurf der Stiftungssatzung. Darin war die von den Klägern eingeforderte Beteiligung der Familie von Bohlen noch vorgesehen. Alfried von Bohlen und Halbach, der sich noch Krupp nennen durfte, soll diesen Passus dann gestrichen haben. Zog er den Schlussstrich? Kein Krupp mehr im Unternehmen und auch kein von Bohlen und Halbach?

Vieles ist über die wohl bekannteste und umstrittenste deutsche Unternehmerfamilie geschrieben worden. Zum Teil war es Hofberichterstattung, anderes war parteiisch und von Vorurteilen bestimmt. Romanhaft wollten andere das Phänomen Krupp enträtseln. Einiges hatte den Anspruch, historisch stichhaltig zu sein. Filmautoren versuchten, das Bild der Krupps aufzuhellen. Die Beschreibungen reichen von Heldenverehrung bis zu Verurteilung. »Alfred Krupp selbst, wie wenig passte er doch in seine Zeit, wie weit war er ihr meistens voraus! Im Zeitalter des Eisens schwor er auf den Stahl, im Zeitalter des Kapitalismus auf die wertschaffende Arbeit. Im Jahrhundert des Liberalismus war er nichts als national, und der Arbeiter war ihm der liebste Kamerad – weil auch er einer war ... Es geht ein Zug der Einheit durch diese Generationen der Besitzer und Leiter, und er geht seit einem Jahrhundert auch durch die Gefolgschaft. Es fließt ein mächtiger Strom deutschen Blutes durch das Kruppsche Geschlecht und seine Gefolgschaft.« Bombastisch und falsch schwärmte Wilhelm Berdrow 1937, Autor von *Alfred Krupp und sein Geschlecht*, ganz im Geiste der Zeit. In den ersten Krupps floss niederländisches Blut, kein deutsches.

Was Berdrow 1937 nicht hatte ahnen können: Von 1940 bis März 1945 war die »Gefolgschaft« in den 81 Fabriken nicht nur »völkisch«, die Arbeiterschaft war zum großen Teil auch »fremdländisch« – durch insgesamt 69898 ausländische Zivil- und Zwangsarbeiter sowie 23076 Kriegsgefangene und 4978 »Konzentrationslager-Insassen« aus 21 Nationen. Die Masse der Zwangsarbeiter waren Russen, Ukrainer und Polen, wie Untersuchungen des Nürnberger Kriegsverbrecherprozesses belegen, die im Zentralen Staatsarchiv Potsdam aufbewahrt werden. Exakt hatte der Abteilungsleiter im Büro für Arbeiterangelegenheiten der Fried. Krupp AG unter der Protokollnummer 112 jede Arbeitskraft für jedes Werk aufgelistet und die einzelnen Herkunftsnationen der beispielsweise zwangsweise im Panzerbau am so genannten Tigerpanzer Beschäftigten notiert: Franzosen, Serben, Russen, Italiener, Polen, Ukrainer, Kroaten, Belgier, Jugoslawen, Spanier, Slowenen, Slowaken, Bulgaren, Luxemburger, Rumänen, Litauer, Griechen, Türken, Ungarn, Tschechen, Staatenlose und – in den Werken der einstigen niederländischen Religionsflüchtlinge des 16. Jahrhunderts – Holländer.

1937 beschreibt der Schriftsteller Bernhard Menne eine »recht ungewöhnliche Tarnung« des Hauses Krupp: »Einige hundert größere Werke und Broschüren, mehr als tausend Fachveröffentlichungen sind die Zeugen einer seltsamen Publizitätsmanie, die in Wahrheit ein genialer Kunstgriff war: das wirkliche Gesicht hinter einem Wust geschickt servierter Tatsachen zu verbergen.« 1964 zeichnete der amerikanische Publizist William Manchester ein eher zwielichtiges Krupp-Bild: »Alles an der Familie Krupp war bemerkenswert: ihr Lebenswandel (undurchsichtig), ihr Auftreten (schlau, ja listig), ihr Imperium (international) und ihre Kunden (Staatschefs), aber nichts war nur annähernd so phänomenal wie ihre Gewohnheit, sich jeweils der augenblicklichen nationalen Stimmung anzupassen.«

Zu Lebzeiten Alfried Krupps und zu jenen seines Sohnes Arndt hatte sich die Regenbogenpresse der Krupps häufig bemächtigt. Der Stahlherr und seine Verwandten fanden sich in Zeitungsspalten und auf Buchseiten oft in der Gesellschaft luftig bekleideter junger Damen wieder. Klatsch und Krach. »Krupp! Ein Name wie ein Donnerhall.« So laut beginnt ein zeitgenössisches Krupp-Buch. Drei Jahrzehnte nach dem Tode des letzten Inhabers bemühte sich 1998 der Essener Journalist Frank Stenglein um Distanz zum Krupp-Mythos: »Man mag heute darüber lächeln, aber die legendäre Loyalität vieler Kruppianer hing nicht zuletzt mit diesen Eigentümern zusammen, zu denen das Würdevolle und ein wenig Entrückte gehörte, die jedoch nie von oben herab auftraten und immer selbst zu arbeiten verstanden. Diese unterm Strich glückliche Mischung begründete eine erstaunliche Popularität. Verbürgt ist, dass selbst jene Kruppianer, die als bekennende Kommunisten galten, Anfang der fünfziger Jahre glaubten, nun werde alles gut, da doch ›der Chef‹ aus dem Gefängnis freigekommen war ... All dies ist lange her, und es wird, abgesehen von den älteren Rentnern, kaum noch Krupp-Mitarbeiter geben, die sich als etwas Besonderes fühlen.« Journalist Stenglein vermutet: »Hätte sich etwa Alfried Krupp zu Lebzeiten entschlossen, eine Autobiografie zu schreiben, ... sie wäre den Buchhändlern aus den Händen gerissen worden.«

Vielleicht hätte ein anderer die Biografie schreiben sollen. Beispielsweise Golo Mann. Alfried Krupps Bevollmächtigter Berthold Beitz hatte den Historiker beauftragt, ein Essay über Alfried zu schreiben. Golo Mann, mit Werkvertrag ans Thema gegangen und von ihm gepackt, wollte mehr. 1983 schickte er Beitz die ersten 134 Seiten. Nach Beitzens Lektüre war das Ende gekommen. Krupps Nichte Diana Maria Friz, die das Fragment lesen durfte und mit Golo Mann darüber diskutierte, meint heute, Beitz habe Manns Arbeit nicht nur abgelehnt, sondern deren Vollendung unterbunden. »BB«, sagt sie, habe »in seiner Machtfülle nicht nur das Erscheinen des ersten sachlichen Buches über das schwierige Thema ›Krupp und das Dritte Reich‹ unmöglich gemacht, nein, schlimmer noch, sogar das Entstehen dieses Buches verhindert.«

Soviel auch geschrieben worden ist über Unternehmen und Familie mit dem Namen, der nahezu zum Synonym für Stahl geworden ist, es waren doch immer nur Facetten. Das wahre Gesicht der Familie Krupp bleibt unscharf wie das von Gestalten hinter einer Milchglasscheibe. Selbst die Unklarheiten sind nicht, wie Sigmund Freud empfiehlt, scharf auszumachen. Ein Geflecht aus Wahrheit und Legende liegt weiterhin über diesem Namen.

2. Die zweite Familie: Krupp von Bohlen und Halbach

Gerade 20 Jahre jung ist Bertha Antoinette Krupp, die Alleinerbin des Stahlunternehmens, als sie am Montag, dem 15. Oktober 1906, dem 16 Jahre älteren Legationsrat, Oberleutnant der Reserve bei den badischen Dragonern, großherzoglichen Kammerjunker, Diplomat in Washington und Rom, Dr. jur. Gustav von Bohlen und Halbach, in Gegenwart des kaiserlichen Trauzeugen Wilhelm II. das Jawort gibt. Die reichste Erbin Deutschlands und Europas kommt unter die Haube! Die Weltpresse hatte ihre Sensation.

Die Von-Bohlen-und-Halbach-Krupp-Allianz zwischen Bertha und Gustav nimmt im ersten Jahrzehnt des 20. Jahrhunderts ihren Anfang. Die Gründerzeit im Ruhrgebiet geht ihrem Ende zu, die großen Unternehmen haben sich konsolidiert, die Gründerfamilien sitzen fest im wirtschaftlichen Sattel, die Krupps und die Haniels, die Thyssens und die Stinnes. Die vierte Krupp-Generation beginnt ihr abenteuerliches Leben in einem Jahrzehnt der Zeitenwende. Kurz vor der Schwelle zum 20. Jahrhundert war der Marxismus zu einer ideologischen Macht geworden, aus der eine Kraft erwachsen war, die die kapitalistische Gesellschaft ernsthaft zu bedrohen schien. Den Gewerkschaften war es gelungen, den breiten Massen der Arbeiterschaft einen bescheidenen Anteil am neuen wirtschaftlichen Reichtum zu sichern – immerhin. Gleichzeitig war die lange Phase der Depression der kapitalistischen Weltwirtschaft überwunden. Eine neue, länger andauernde Phase der Prosperität hatte begonnen. Das Unternehmen Krupp profitierte davon, wuchs stetig und blühte weiter auf. Zur gleichen Zeit wurde die koloniale Aufteilung der Welt mit Macht weiter betrieben. Die guten Vorsätze der geistigen Elite und der Herrschenden Europas nach dem Sieg von 1815 über den Diktator und Imperialisten Napoleon, große Konflikte in Europa nicht nur zu vermeiden, sondern gar nicht erst aufkommen zu lassen, waren längst vergessen. Ungezügeltes Wettrüsten schürte den Geist imperialen Chauvinismus der Staaten, der obendrein immer tiefer ins Bewusstsein der Völker drang. Ein explosives Gemisch, geeignet, die Voraussetzungen für die Katastrophe des Ersten Weltkrieges zu schaffen.

Auch Bertha Krupp und ihr Mann Gustav, selbst Angehörige der Spitze deutscher Industrie- und damit wirtschaftlicher Macht, erfahren in ihrem Leben und dem ihrer gesamten Familie, dass sie mit Wirtschaft *und* Politik verwoben sind. Eine Generation später, am Ende des Zweiten Weltkrieges, erlebt die Familie dies auf dramatische Weise erneut – mit Zerstörung, Einziehung und Demontage des Eigentums, mit Verurteilung und Inhaftierung des Eigentümers. Deutsche Geschichte – am Entstehen und Werden der Firma Fried. Krupp lässt sie sich sichtbar machen, aber auch und gerade an der Familie desselben Namens.

12.45 Uhr, der 15. Oktober 1906: Gendarmen und Soldaten lassen bis auf 50 Meter keinen Menschen näher an den Bahnhof. Der liegt hangaufwärts über der Ruhr. Die Bahnstation von Villa Hügel. Was sonst nur Kaisern und Königen vorbehalten gewesen ist, Krupp besaß es: einen privaten Bahnhof. Von dort ist eine liebliche Landschaft im Blick, bewachsen mit stahlblauen Buchen, besprenkelt mit Ausflugslokalen und verstreuten, weiß getünchten Fachwerkhäusern, betriebsamen Anlegestellen für Vergnügungs- und Sportboote am Ruhrufer. Eine sanfte Natur, von der 1826 Fürst von Pückler-Muskau schwärmte, sie wäre ein Ort »für den gemacht, der sich vom Getümmel des Lebens in heitere Einsamkeit zurückzuziehen wünscht.« Trotz der qualmenden Schornsteine der neu entstandenen Bergwerke am Horizont hat die Landschaft auch 1906 von ihrer Lieblichkeit wenig eingebüßt. 60 Jahre später, am Ende der Familienära Krupp, wird sie weiterhin als grüne Lunge im Süden der Industriestadt Essen unterhalb der festungsähnlichen Krupp-Residenz von den Bürgern geliebt. Die Kaiserstandarte wird auf Villa Hügel gehisst. In einer Turmkapelle, die in nur fünf Wochen errichtet worden ist, vollendet sich, was auf einer Frühjahrsreise begonnen hatte. Mutter Margarethe Krupp besuchte mit ihren Töchtern Bertha und Barbara, ein Jahr jünger als ihre Schwester, Rom. Dort trifft Bertha ihren »Taffy«, wie sie und die Familienmitglieder ihn später nennen werden, den Doktor von Bohlen und Halbach. Wie bestellt sieht sie ihn zum ersten Mal in der Königlich Preußischen Botschaft am Heiligen Stuhl. Dort steht er als Attaché in diplomatischen Diensten. Der Amerikaner Manchester bezeichnet ihn 1964 als einen »unbedeutenden, steifnackigen kleinen Stutzer«, der stets auf seinen Vorteil und die nächste Sprosse seiner Karriereleiter bedacht gewesen sei. Er wird als solider, pflichtgetreuer Bürokrat beschrieben. Im zweiten Jahrzehnt des 20. Jahrhunderts nennt ihn der amerikanische Publizist Fred Wile einen »schülerhaft aussehenden Mann mit jugendlich bescheidenem Benehmen«, stets akkurat gescheitelt.

Bereits am 1. Juni 1906 berichtet der *Generalanzeiger* in Essen von einer durch die Stadt eilenden »freudigen Kunde«: Bertha hat sich mit dem kleineren Gustav verlobt. Diese Verbindung, vermuten damals Beobachter und spätere Chronisten, sei in Berlin in kaiserlicher Umgebung ausgedacht und in die Wege geleitet worden. Zu schnell hätte Bertha, die zuvor keinerlei Beziehung zu irgendeinem Mann gehabt hatte, mit Gustav einen »Blitzfreund« erkoren. Beim späteren hochzeitlichen Festbankett wird der Bräutigam und durch Heirat gekürte neue Krupp-Chef nicht als der Mittelpunkt des Festes betrachtet; die Aufmerksamkeit gilt Bertha und dem Kaiser. Bräutigam Gustav dagegen hält es wie in seinem früheren Beruf, er hält sich diplomatisch zurück.

Berichtet wird, Vater Friedrich Alfred Krupp, dessen Ableben 1902 zu betrauern war, habe testamentarisch verfügt, Tochter Bertha solle mit Vollendung des 21. Lebensjahres sein Erbe übernehmen. Bis dahin solle Mutter Margarethe das Vermögen treuhänderisch verwalten. Von einer Veröffentlichung des Testamentes wird übrigens nie berichtet. Nach des Vaters Tod in eine Aktiengesellschaft umgewandelt, wuchs das Werk Krupp kontinuierlich. Tochter Bertha war Hauptaktionärin der familieneigenen Aktiengesellschaft, außer ihr besaß niemand Aktien, die auch nicht an der Börse gehandelt wurden. 160 Millionen Mark Grundkapital gehörten der jungen Frau; die 4 000 Mark, die anteilig an die Direktoriumsmitglieder verteilt werden mussten, schmälerten das Vermögen der Erbin kaum. Der Dame fehlte es an nichts. Doch noch konnte sie nicht über ihren Besitz verfügen. Auch die Heirat änderte wenig daran, allerdings ging die Treuhänderschaft für Vermögen und Besitz an Werk, Grund und Boden von der Mutter auf den kleinen, zierlichen Ehemann über. Plötzlich stand der im Rampenlicht, betrat sozusagen die Weltbühne, wurde durch Berthas Jawort zum Verwalter und Wahrer des trotz Aktiengesellschaft unangetasteten Familienbesitzes.

In seinem Schlüsselroman *Union der festen Hand* von 1931 beschreibt Erik Reger, lange Jahre Pressereferent bei Krupp und nach 1945 Chefredakteur des Berliner *Tagesspiegels*, den neuen Firmenchef: »Er war ein untersetzter Mann mit einer maskenhaften Starre im Gesicht, die ebensowohl weltmännische Gewandtheit und diplomatische Undurchdringlichkeit wie ethischen Ernst oder bäuerliche Zurückhaltung ausdrücken konnte. Bis zu seinem dreißigsten Lebensjahr in den Anschauungen und Gewohnheiten eines ostelbischen Grundbesitzers verwurzelt, war er durch seine Heirat mit der Alleinerbin des Stahlmagnaten plötzlich in die erste Reihe der westdeutschen Großindustriellen gerückt. Dieser Übergang war so jäh gewesen und der Luftwechsel so umstürzend, dass eine gewisse Unsicherheit und kompromisslerische Schwäche die Folge waren. Nur schwer konnte er sich in die Rolle schicken, wo es ewig Schwierigkeiten und Aufforderungen zu schnellen Entschlüssen gab.« Gleichwohl, meint Schriftsteller und Krupp-Kenner Reger, habe er das Werk zu seiner Lebensaufgabe gemacht. In den neunziger Jahren des 20. Jahrhunderts urteilte Diana Maria Friz, Enkelin Gustavs: »Er wurde als erwählter, nicht geborener Krupp, kruppscher als ein Krupp.«

Tatsächlich fügt Gustav von Bohlen und Halbach durch seine Heirat dem des Diplomaten das Bild eines verantwortungsvollen Unternehmers an, versucht schon am Tage der Hochzeit ein Krupp zu sein. Ab Mittag an der Spitze des Werkes stehend, sieht er sich am 15. Oktober 1906 offensichtlich eingebunden in Pflicht und Gehorsam, schwört auf die Autorität, die für ihn auf dem Kaiserthron sitzt. Folgerichtig offenbart der Bräutigam dem Kaiser seinen Wahlspruch: »Der Zweck der Arbeit soll das Gemeinwohl sein.« Der neue Krupp hatte sich als Diplomat den Wahlspruch des Großvaters seiner Frau, Alfred Krupp, zu eigen gemacht.

Auf das von Alfred Krupp »erlassene« Gesetz der Firmensozialpolitik haben sich alle Nachfolger berufen. Es ist der gemeinsame gesellschaftliche Nenner, in dem sie sich wiederfinden wollen und der nach dem Tode des letzten Firmeninhabers, Alfried Krupp von Bohlen und Halbach, einmal in der Stiftung seines Namens weiterlebt, aber auch – Ironie der Geschichte – im Wollen seiner Verwandten mitwirkt, an eben dieser Stiftung beteiligt zu werden. Das sozialpolitische Credo des Urahns und sein dem Gemeinwohl dienendes Engagement entsprachen dem Selbstverständnis des zu Reichtum gekommenen deutschen Bürgertums in der zweiten Hälfte des 19. Jahrhunderts. Zahlreiche Stiftungen haben ihre Wurzeln in dieser Zeit. Doch in der Geschichte der Krupps wird dieses Bekenntnis zum Gemeinwohl wie ein Banner vorangetragen, auf dem die Namen der jeweiligen Bannerträger selbst ruhmreich aufgestickt werden. Zugleich verdeckt diese Gloriole die anderen Zwecke der Arbeit, zu denen sich gerade Dr. Gustav Krupp von Bohlen und Halbach in der Zeit des Nationalsozialismus nahezu schwärmerisch bekennt: dem Deutschen Reich und dem Führer des Reiches, Adolf Hitler, mit einem Optimum an Waffenproduktion zu dienen.

Gustav Krupps gemeinnütziges Hochzeitsversprechen ist jedenfalls ganz nach dem Geschmack des deutschen Kaisers und Preußenkönigs. Jovial lobt der das Paar: »Ohne Pflichten sind keine Rechte denkbar.« Der jungen Frau schärft er väterlich ein: »Mit goldenen Buchstaben stehe das Wort Pflicht über den Türen Ihres Heims.« Und: »Wenn Sie durch die Fabrikräume schreiten, möge der Arbeiter in dankbarer Liebe die Mütze vor Ihnen lüften.« In vielen Arbeiterküchen bewiesen Worte auf Tellern und Brotbrettern, dass das Volk diese und andere Sprüche des Kaisers verinnerlicht hatte: »Ehre Gott – diene dem König – liebe die Arbeit – pflege die Gesundheit.« Der Geist von 1873 war geblieben, als auf dem Gedenkblatt zum 25. Jahrestag der Übernahme der Gussstahlfabrik durch Alfred Krupp als Alleininhaber über dem Werk geschrieben stand: »Arbeit ist des Bürgers Zierde, Segen ist der Mühe Preis, Ehrt den König seine Würde, Ehret uns der Hände Fleiß.«

Seine Majestät brauchte die fleißigen Hände der Männer am Hammer, Seine Majestät brauchte den Amboss. So kam Seine Majestät zwar langsam, doch zielstrebig zur Sache. Immer werde das Reich seinen Amboss, nämlich Krupp, brauchen, gestand er freimütig. Diese Heirat sei keine gewöhnliche Vermählung, sprach er »meine liebe Bertha« an, und sagte offen, worum es der Regierung in Berlin bei ihrem Verhältnis zu Krupp in Essen ging: »Möge es Ihnen, meine liebe Tochter, gelingen, das Werk auf der erreichten Höhe zu halten, auf die es gehoben worden ist, unserem deutschen Vaterlande auch fernerhin Schutz- und Trutzwaffen zu liefern, welche in Fabrikation sowohl wie in Leistungen nach wie vor von keiner Nation erreicht werden.« Damit hatte der Kaiser Bertha Krupp, soeben verehelichte von Bohlen und Halbach, ob sie es wollte oder nicht, zu seiner, zur deutschen Kanonenkönigin erwählt. Eine Generation später sollte diese Geisteshaltung den Sohn Berthas, Alfried Krupp von Bohlen und Halbach, ins Gefängnis bringen.

Danach wurden kaiserliche Geschenke überreicht. Orden beispielsweise. Doch die waren zweitrangig. Ein Dokument wurde geschichtsträchtig. Des Kaisers »Namensvermehrungsbrief«, am Hochzeitstag ausgehändigt, berechtigte Gustav von Bohlen und Halbach sowie die jeweiligen männlichen Erben der Fabrik, sich zunächst Krupp und dann erst von Bohlen und Halbach zu nennen. Damit hätte der Kaiser alle überrascht! So meinten viele jahrzehntelang. Die Kinder aus dieser Ehe und auch die Enkelkinder meinten und meinen dies nicht, sie bevorzugen eine andere Version. Großmutter

Margarethe habe, zwar in nur wenigen Gesprächen, doch stets betont, dieser Plan sei schon Jahre vor der Eheschließung von Bertha und Gustav gefasst worden: eine nicht zu späte Eheschließung, aus der männliche Erben zu erwarten wären. Und, so sind die Angehörigen auch heute noch überzeugt, es sei ein Glück gewesen, dass Bertha sich in einen Juristen verliebt habe, der die Voraussetzungen mitgebracht hätte, ein vielschichtiges Unternehmen überblicken zu können. Er wäre eben nicht nur der »Prinzgemahl« gewesen, wie er zu seiner Zeit hinter vorgehaltener Hand genannt worden war. Tatsächlich: Als eifere er Alfred Krupp und dessen Wünschen nach, jeder Kruppianer solle »von oben bis zum Geringsten beseelt« sein vom Krupp-Geist, solle zum Muster an Wahrhaftigkeit und Pflichterfüllung werden, so schien der Neue von Anfang an zu leben.

Nach den Freuden der Flitterwochen bestimmte der neue Firmenchef nüchtern und korrekt das Klima bei Krupp: 13 Grad im Arbeitszimmer, wärmer sollte es nie werden, auf Villa Hügel nie mehr als 18 Grad. So soll sich Ehefrau Bertha, saß sie am Schreibtisch in Taffys Zimmer, wärmende Pelze umgehängt haben, manchmal soll sie auch zum Aufwärmen zum Hausmeister geflohen sein. Doch dieser Mann tat nichts unbedacht: Wegen der Kühle fasste sich jeder vortragende Direktor kurz, blieb nie länger, als unbedingt nötig. Jedes Wort, das nicht zum Thema gehörte, war verpönt. Gustav Krupp war ein Fanatiker der Ordnung. Mit ihm begann die Herrschaft der Uhr. Er kontrollierte selbst die Länge seiner Ferngespräche und ließ nachforschen, wie viel Zeit das Fräulein vom Amt notiert hatte. Jeden Abend rechnete er mit seinem Kammerdiener, an den er nie ein persönliches Wort richtete, pedantisch ab. Doch selbst tadelte er kaum; was ihm auf dem Hügel missfiel, musste seine Frau abstellen.

Vor allem ist der zum Krupp gewordene Gustav von Bohlen und Halbach ganz Preuße gewesen. Er ließ sich nicht aus der Fassung bringen, verlor nie die Beherrschung. Nie zeigte er menschliche Schwäche. Er nahm sich selbst in die Zucht, also tat er es mit anderen auch, vor allem mit seinen Kindern. Als Fanatiker der Sachlichkeit und Pflicht kannte er offenbar nur den Gussstahl, die Stahlprozesse, die Hochöfen, die Maschinen, den ständig sich steigernden Arbeitsprozess, die Bilanzen, das Werk und sonst nichts, dessen Wohl auch Familienfeste und das gesellschaftliche Leben untergeordnet waren. Gäste auf Hügel erlebten es. Abends um 22.15 Uhr zog sich der Krupp zurück und ging zu Bett. 15 Minuten vor 22 Uhr war der Diener geräuschlos erschienen, hatte den Gästen ins Ohr geflüstert, die Wagen wären vorgefahren. Ein einziges Mal war diese heilige Hausordnung aus den Fugen geraten. Oscar von Miller, Gründer des Deutschen Museums in München, ignorierte diesen Kruppschen Gutenachtgruß und blieb mit der Bemerkung sitzen, er gehe, wann es ihm passe.

Zu anderen Tageszeiten als jenen am Schreibtisch muss es erhitzter zugegangen sein. Gustav kam seinen Erzeugerpflichten fleißig nach. Regelmäßig wird Frau Bertha Krupp schwanger, wird Mutter, zum ersten Mal 1907, als sie volljährig ist, zuletzt 1922 zum achten Male mit 36 Jahren. Buchhalterisch trug Gustav seine ehemännlichen Erfolge in eine Akte ein. Zweiter Sohn: 1908. Dritter Sohn: 1910. Erste Tochter: 1912. Und so weiter. Mit der Zeugung männlicher Erben hatte Gustav das dynastische Problem gelöst, das Schwiegermutter Margarethe, die Führungsspitze der Aktiengesellschaft Fried. Krupp und auch den Kaiser beunruhigt hatte.

Aus diesen Geburtsaktenvermerken und zahlreichen anderen Pedanterien entstand das Bild eines vor allem nur »pflichtgetreuen Erzeugers«. Schwiegertöchter und Enkelkinder möchten es in den Bereich der Legende verweisen. Bertha und Gustav wären ein »außerordentlich glückliches Paar« gewesen, sagen sie: »Mama liebte Taffy heiß und innig.« Er sei nicht etwa nur »Kindermacher« gewesen, beider Kinder seien Liebeskinder gewesen. Und keinesfalls stimme es, dass, sei es einmal zu Unstimmigkeiten zwischen den Eheleuten gekommen, sie ihn hätte spüren lassen, wem er die Milliarden und die Position als Firmenchef zu danken habe. Als Beweis führen Schwieger- und Enkelkinder die stetigen Korrekturen Berthas an, die, wenn sie mit »Frau Krupp« angesprochen worden sei, freundlich, doch

Eine stattliche Familie: Dr. Gustav Krupp von Bohlen und Halbach mit Ehefrau Bertha und ihren Kindern. Rechts neben dem Vater sitzend der spätere Firmeninhaber Alfried. Hinter den Eltern steht Claus, links außen sind Berthold und Harald in zeittypischen Matrosenanzügen. Auf Mutter Berthas Schoß sitzt Eckbert. Rechts außen steht Irmgard. Vater Gustav hält Waldtraud im Arm, einzige 2000 noch lebende Nachfahrin.

bestimmt gesagt hätte: »Ich bin Frau von Bohlen und Halbach, und eine gnädige Frau bin ich auch nicht.«

Er musste zum Herrn der Krupp-Werke werden. Als »Erster und Letzter der Firma« hätte er sich empfunden, beteuern seine heutigen Nachgeborenen. Deshalb habe er offenbar stets so handeln wollen, dass er als »der erste Diener seiner Firma« gesehen werden konnte. 1942 schrieb er über sich selbst: »Als dem Treuhänder eines verpflichtenden Erbes war es mir selbstverständliche Pflicht, an die bewährte Tradition anzuknüpfen, in deren Formen nicht nur, sondern auch in deren Geist einzudringen ich mich ehrlich bemühte. Es war nicht nur eine Tradition der Erzeugung, sondern auch der Menschenführung.« Tatsächlich ist dieser Mann in die Aufgabe, die Krupp-Werke zu leiten, hineingewachsen und schließlich darin aufgegangen. Aber alles in schöner Ordnung. In aktenmäßige Erledigung verliebt, wurde sein Notizbüchlein legendär, aus dem er oft Fragen hervorholte, die Mitarbeiter längst vergessen hatten.

Seine Frau Bertha Krupp wurde zur Herrin auf Hügel. Bertha war liebenswürdige Gastgeberin in der 220-Zimmer-Villa. Was am 15. Oktober 1906 mit pommerscher Entensuppe, Seezungenschnitte, Rehmedaillons, französischen Masthühnern und Richard Wagners »Einzug der Gäste«, mit Mutter Margarethe in silberner Samtrobe, Braut Bertha in schlichtem Seidenkleid mit Myrtenkranz, dem Kaiser in prächtiger Generalsuniform, Kaiserbruder Prinz Heinrich mit dem Kabinett als Geleit für die Braut, mit Generälen und Admiralen, Freiherrn und Freifräuleins, Kommerzienräten und einigen Krupp-Arbeitern in Festtagskleidung und – nicht zuletzt – mit Bräutigam Taffy in seriösem Schwarz festlich und feierlich begonnen hatte, setzte sie als *die* Gastgeberin auf dem Hügel jahrzehntelang fort. Die Mächtigen aus Politik und Wirtschaft empfing sie und ließ sie bewirten. Viele lud sie ein. Der letzte deutsche Kaiser logierte oft in der Villa. Selbstverständlich bewohnte der Monarch eigene Zimmer, die sonst keiner beziehen durfte. Eine Generation später war das gänzlich anders: Im Mai 1945 war das 22. US-Corps in Villa Hügel eingezogen; die amerikanischen Weltkriegssieger hatten im Krupp-Palast ihr Quartier aufgeschlagen. Im Bett des Kaisers lag der Kommandierende Offizier.

Einen anderen deutschen Machthaber, für den Villa Hügel Symbol unbesieg- und unzerstörbaren Stahls und damit deutscher Stärke war, der diese Sicht auch anderen suggerieren wollte und millionenfach konnte, der sich auch an diesem Ort in seiner Herrschaftsrolle sonnen wollte, hat Bertha hingegen nie eingeladen: Adolf Hitler, Nazi-Diktator und Führer der Deutschen. Sie schützte Migräne vor, als Hitler zum ersten Mal Villa Hügel betrat. Sie bat ihre älteste

Tochter Irmgard, die als lästige Pflicht empfundene Begrüßung zu übernehmen. Als später dann doch die schwarz-weiß-rote Kaiserflagge, an der die majestätsgläubige Bertha Krupp weiterhin gehangen hatte, auf Hügel eingeholt werden musste, und an deren Stelle auf dem Hause der Krupps die Hakenkreuzfahne der Nazis im Winde knatterte, sagte die Hügel-Herrin Bertha zur Erzieherin ihrer jüngsten Kinder: »Gehen Sie hinunter und sehen Sie, wie tief wir gesunken sind.« Doch Jahre später konnte sie sich nicht dagegen wehren, dass Hitler ihre Hand küsste und anschließend mit ihr und ihrem Mann durch die Parkanlagen des Kruppschen Hügels lustwandelte.

Stolz nahm Gatte Gustav am 1. Mai 1940 aus der Hand des »Organisators der nationalen Wehrkraft«, Reichsminister Dr. Fritz Todt, die »Goldene Fahne eines NS-Musterbetriebes« entgegen. Das Regime hatte Gustav Krupp damit besonders ausgezeichnet: Als erster Deutscher wurde er zu seinem siebzigsten Geburtstag mit dem »Goldenen Ehrenzeichen« und dem »Kriegsverdienstkreuz 1. Klasse« für »Verdienste um die Rüstung der deutschen Wehrmacht« vom Kriegsherrn Hitler dekoriert. Bei dieser und anderen Gelegenheiten tat sich ein reichsbekannter Säufer lautstark hervor: Dr. Robert Ley, Vorsitzender der so genannten Deutschen Arbeitsfront. Im Ruhrgebiet war er vor allem durch eine Spottgeschichte bekannt. Heinz Renner, kommunistischer Abgeordneter in Essen und nach 1945 von den Briten als Oberbürgermeister eingesetzt, fragte Anfang der dreißiger Jahre im Düsseldorfer Landtag einmal den am Pult angesäuselten Redner Ley: »Robert, wo hast dein Windjack?« Die Windjacke hatte Ley in einem Kölner Bordell als Pfand hinterlassen müssen, da er den Liebesdienst nicht hatte bezahlen können. Von den Tränen der Bertha Krupp angesichts der Zusammenarbeit ihres Mannes mit solchen Menschen wird noch heute erzählt.

Wegen der von den Nationalsozialisten herausgehobenen Rüstungsverdienste sollte Dr. Gustav Krupp von Bohlen und Halbach nach 1945 durch die alliierten Siegermächte als Kriegsverbrecher der Prozess gemacht werden. Dazu kam es nicht. Gustav Krupp, schwer krank, wurde von seiner Frau Bertha in Blühnbach, dem österreichischen Ferien- und Ruheplatz aller Krupps und von Bohlens, bis zu seinem Tode 1950 gepflegt. Auf der Anklagebank in Nürnberg 1947/48 musste ein anderer Krupp Platz nehmen: Alfried, Gustavs Sohn. Er säße hier anstelle seines Vaters, führte der als Entlastung an. Doch das Urteil, zwölf Jahre Haft, galt ihm.

* * *

Im Grunde seien alle von Bohlen und Halbachs gewesen, einschließlich der Krupp-Namensträger. Diana Maria Friz (»Bitte ohne t, wir Krupps sind sparsame Leute.«), Nichte Alfried Krupps, sagt das am Ende des 20. Jahrhunderts voller Überzeugung. Sie spricht es für viele aus, für alle von Bohlen und Halbachs, deren Familienrat sie zur Sprecherin bestimmt hat: »Der Name Krupp war für die Öffentlichkeit bestimmt, um der Firma einen Repräsentanten dieses Namens zu geben.« Es gibt Zeugnisse genug, dass sich der letzte Firmeninhaber als »Herr von Bohlen« verstand; beispielsweise war im Verteiler der Rundschreiben, als er die Firma übernahm, der erste Name »A. von Bohlen« und nicht »A. Krupp«. Vater und Sohn, Dr. Gustav Krupp von Bohlen und Halbach und Alfried Krupp von Bohlen und Halbach, also zwei von ihrer Familie, den B und Hs, und nicht von den Krupps? Eitel Sonnenschein oder Familienstreit der Lebenden mit dem »letzten« Krupp, Alfried? Nach dem Tode des letzten Firmeninhabers, ihres Verwandten Alfried Krupp von Bohlen und Halbach am 30. Juli 1967, gab es keine sechste Generation der Krupps mehr. Danach gab es und gibt es nur noch »die Familie«. So nennen und empfinden sich die B und Hs, die von Bohlen und Halbachs. Selbstbewusst reklamieren sie den »Kruppschen Geist« für sich. Deshalb wollen sie eine Entscheidung des Bundesgerichtshofes, der höchsten deutschen richterlichen Instanz. Er endlich könnte ihnen diesen Kruppschen Geist quasi auch juristisch zuerkennen.

Tatsächlich waren nach dem Tode Bertha Krupps 1957 bis auf ihren Sohn Alfried alle nur Familienmitglieder der großen Schar von Bohlen und Halbachs. Doch da saß einer von ihnen vor dem Bild des

Mannes, den wohl jeder von ihnen als »den« Stammvater vereinnahmen wollte, saß da vor dem Bildnis des Urgroßvaters Alfred, der Krupp zu Krupp gemacht hatte. Still, stolz lächelnd, sogar ein wenig hochmütig, etwas von Unnahbarkeit in der Haltung, als wäre er einer aus diesen früheren Zeiten: Alfried Felix Alwyn von Bohlen und Halbach, der vor seinem Namen mächtig und stahlhart den Namen Krupp trug. Die Statur des Großvaters und seine ähnlich: groß, schlank und aufrecht. Der Blick des Urgroßvaters und der des Nachfahren nahezu gleich. Ähnlich auch die Brauen. Die gleiche gerade, beinahe griechisch lange Nase, auch die hohe, glatte Stirn, verblüffend ähnlich auch die Mundpartie. Nur der Bart des Ahnen stört, das Kraushaar lässt keinen Vergleich zum Kinn des Nachkommen zu. Ein Faktotum unter den Bediensteten der Villa Hügel soll in den sechziger Jahren des 20. Jahrhunderts Besuchern manchmal bei Betrachtung von Bildern des Urkrupps Alfred gesagt haben: »Nehmen Sie ihm den Bart ab, und Sie glauben, es ist Herr Alfried.« Für Fotografen setzte sich »Herr Alfried« gern unter Urgroßvaters Bild. Ahne Alfred und er, Nachfolger Alfried, wie ähnlich sind sie doch! Folgerichtig erklärte Alfried Krupp: »Ich glaube daran, dass ich den Willen meines Urgroßvaters achten muss, selbst wenn er jetzt schon hundert Jahre alt ist.« Mit der Errichtung der gemeinnützigen Stiftung, die seinen Namen führt, lebt jene Arbeit des Urahnen weiter, die der 1836 mit der freiwilligen »Hülfskasse für Krankheit und Not« für damals nur 80 Arbeiter gründete. Alfred und Alfried – beide starben in einem Juli, der eine 1887, der andere 80 Jahre später.

Und wie der Urgroßvater war auch der Alfried des 20. Jahrhunderts letzter Träger des Namens Krupp, als Ingenieur von allem technisch Machbaren fasziniert. Eine Begebenheit am Rande macht dies deutlich. Bertha Krupps Fahrer, der nach Alfrieds Haftentlassung auch den Sohn gefahren hatte, hat seinen Fahrgast wortkarg, ja schweigsam erlebt. Ein einziges Mal jedoch hat ein technisches Problem aus dem Schweiger einen zwar sachlichen, doch interessanten und ausdauernden Erzähler gemacht: Als Alfried Krupp vom Flughafen Salzburg mit dem Auto zur Fahrt zum Familienschloss Blühnbach abgeholt wurde, erläuterte er exakt und eingängig, wie es bei Flugzeugen zur Vereisung von Motoren und anderen technischem Gerät kommen kann, hielt sozusagen während der Fahrt durchs Salzkammergut ein Technik-Referat. »Doch sonst sagte Herr Alfried fast nie etwas, immer nur freundlich guten Tag, mehr aber auch nicht«, berichtet der Cheffahrer. Auch bei den meisten anderen Aktivitäten schien der Alfried der fünften Generation dem großen Urahnen Alfred im Wollen und Wirken nachzueifern, schien aber so auch dem Beispiel seines Vaters Gustav nachfolgen zu wollen. So vermittelte er das Bild eines korrekten, pflichtbewussten Mannes, dem Disziplin und Pflicht eine zweite Natur zu sein schienen, beherrscht, nahezu kühl, oft verschlossen, der Emotionen vor allem nur dann zeigte, wenn es um das Wohl von Firmenangehörigen, der so genannten Kruppianer, ging. Doch von sich aus sei er kaum auf Menschen zugegangen, sagen seine Verwandten.

Nachdem er 1957 zum zweiten Mal geschieden worden ist, sollen ihn nur wenige befreit lachend erlebt haben. Selbst die wenigen Bilder, die ihn lächelnd zeigen, wirken, als halte ein tiefer Ernst wirkliches Lachen zurück. Mitleid mit dem Mächtigen und Reichen, dem die Pflicht, dem Bild des letzten Krupps zu entsprechen, offenbar mehr als Mühe bereitete? In Argentinien, auf der Veranda seiner Hazienda Estancia Ampascachi, die Beine auf der Brüstung, ein Glas Whisky neben sich, da soll Alfried Krupp von Bohlen und Halbach locker gewesen sein. So jedenfalls berichten die, die ihn dort gesehen haben. In der Öffentlichkeit vor allem zurückhaltend, lebte er bei der Jagd und auf seinem Boot auf. Da wäre er auch witzig gewesen, scharfzüngig, habe sich dann auch manchmal sprachlich gehen lassen (wie es Verwandte mehr als vorsichtig ausdrücken: »Ach, Alfried konnte so herrlich ordinär sein.«). Bei solcher Gelegenheit und in solcher Umgebung sollen ihn einige sogar lustig, manchmal heiter erlebt haben. So entsprach er in vieler Hinsicht kaum den Vorstellungen, die gewöhnlich mit dem Namen Krupp verbunden werden. Den großen Namen trug er wohl wie eine Last. Im Februar 1954, ein Jahr nach seiner Rückkehr nach Essen, erklärte Alfried Krupp: »Seitdem ich die Leitung der Firma wieder übernehmen konnte, bin ich dem Grundsatz gefolgt, die Vergangenheit ruhen zu lassen und den Blick in die Zukunft zu richten.«

1958 beispielsweise. Ein strahlender Sonntag in Melbourne. Alfried Krupp steigt bei einer Geschäftsreise aus dem Flugzeug. Da bewirft ihn eine Gruppe Demonstranten mit Tomaten und nennt ihn schreiend »Judenmörder!«. Alfried von Bohlen und Halbach musste mit den Urteilen leben, die über den Namen Krupp gefällt worden waren. Beispiel: »Sein Name ist gleichbedeutend mit Aggression, Tod und Zerstörung.« Der australische Oppositionsführer hatte so Alfrieds Ankunft auf dem fünften Kontinent kommentiert. Und Krupp? »Es tut mir leid, dass einige Menschen hier gegen meinen Besuch in Australien sind.« Understatement. Trotz Tomaten und Judenmörder-Beschimpfungen bleibt er äußerlich kühl, wirkt unbeeindruckt, wahrt sein Gesicht. Er musste anfangs, nach seiner Haftentlassung und dem Wiedereintritt in die Firma, mit Kundgebungen vor den Hotels, in denen er abstieg, leben. Die britische Zeitung *Time* bezeichnet ihn einmal sogar als »Kaufmann des Todes«. Und auch dabei scheint es, als gestattete er sich als Inhaber von Krupp keine Regung, als sei er dagegen gefeit, ließe sich zu keiner unbedachten Gefühlswallung hinreißen.

Alfried Krupp von Bohlen und Halbach ist *die* Schlüsselfigur in einer an Schlüsselfiguren nicht armen Familiengeschichte. Ein Mensch, in dem gewissermaßen die Geschichte mehrerer Generationen kulminiert: Die Schuld des Vaters aus wechselvollen Verstrickungen in die Kriegsproduktion im Ersten wie auch im Zweiten Weltkrieg auf sich nehmend, für ihn in Festungshaft, dort am Amboss arbeitend wie die Arbeiter zu Beginn ihrer Laufbahn in seiner eigenen Firma, als Gefangener bereits ein Mann ohne Heller und Pfennig, dort obendrein von Enterbung vom verbliebenen Familienvermögen durch Mutter und Geschwister bedroht (die erste Enterbung hatten Vater Gustav und Mutter Bertha in den vierziger Jahren angedroht, falls er sich nicht scheiden ließe), später in der Freiheit stets dem erwarteten Bild des Firmenprinzipals entsprechen müssend, der für jeden seiner Arbeiter einstand und der ihre Ansprüche stets höher stellte als die der Direktoren. Und immer eine tadellose Figur abgeben! In der Tat: Der schlanke, groß gewachsene, stets korrekt gekleidete Herr war weder zu übersehen, noch zu übergehen, fiel trotz Understatements auf – und vielleicht gerade deswegen. Seine Erscheinung schien geeignet, Distanz zu halten – aus Respekt, in vielen Fällen aus Unsicherheit, aus Furcht wohl kaum.

So einer, obendrein in unzugänglichen Höhen wirtschaftlicher Macht lebend, entgleitet wohl auch verwandtschaftlichen Bindungen. Genau wird das niemand erkunden. Wenn es hieß, heute müsse man zu Alfried, oder, Alfried käme auch, sei die Stimmung nicht so natürlich gewesen wie bei Besuchen von anderen Verwandten, gestehen Familienmitglieder freimütig. Dann sei die Atmosphäre immer »etwas angespannt gewesen«. Einfach mal bei Alfried – dem Schwager, Bruder, Onkel – in dessen Privathaus vorbeischauen? Auch enge Verwandte wurden nicht ohne telefonische Voranmeldung in sein Sieben-Zimmer-Haus eingelassen, in dem er bescheidener lebte als weitaus weniger vermögende Industrielle oder Manager. Selbst dann stand da zunächst sein Diener mit der stereotypen Bemerkung, er werde fragen, »ob Herr von Bohlen zu sprechen ist«. Oft stand in solchen Situationen der Herr von Bohlen bereits still einige Schritte hinter seinem Diener. Einen »Mangel an Herzlichkeit, an Zuwendung, an Interesse« erlebten seine Verwandten in den letzten Jahren an ihm, berichtet Nichte Diana.

Je älter Alfried geworden sei, um so mehr habe er sich zurückgezogen, sei ernst, manchmal mehr als wortkarg gewesen. Der reiche Mann wurde regelrecht still, als würde er seinem Urahn Alfred immer ähnlicher. Als Urgroßvater Alfred in Südfrankreich kurte, nannten ihn andere Kurgäste wegen seines unverwandt ernsten Gesichtsausdruckes und seiner Schweigsamkeit den »steinernen Gast«. Auch durch seltsame Marotten wurden Alfred und Alfried immer ähnlicher. Im Stammhaus der Krupps, einem als kleines Museum eingerichteten Aufseherhäuschen, ist eine Sitzwaage zu sehen. Damit wurden nicht nur Familienmitglieder, sondern auch Besucher und andere gewogen und danach deren Gewicht notiert. Weshalb? Keiner weiß es. Rudolf Augstein hat Alfried Krupp einmal in einer Nebenstraße von Kampen auf Sylt sitzend angetroffen – mit einem Zettel in der Hand. Was Krupp dort treibe, wollte er wissen. »Ich zähle die Autos, die hier vorbeikommen. Es sind schon 27 Borgwards vorbeigefahren.« Ob er denn dazu Zeit habe, fragte Augstein. Die Antwort von einem der reichsten Männer seiner Zeit: »Die Zeit, die habe ich schon, aber das ist nicht so wichtig. Ich weiß, dass da einer ist, der dafür sorgt, dass die wirklich wichtigen Sachen gemacht werden.« Ein frischer Protokollchef, mit Krupp-Sitten noch nicht recht vertraut, trat bei einer Jubilarfeier an Alfried Krupp heran und meinte, das obligatorische Glas Kognak sei geleert, nun müsse es ein zweites Glas auf das Wohl von Familie und Firma geben. Alfried: Ein Glas sei bei Krupp üblich, mehr nicht! Für die meisten nahezu so entrückt wie der Urgroßvater Alfred, ist Alfried von Bohlen und Halbach jedoch bei Firmenangehörigen, den Kruppianern, präsenter und beliebter geworden als mancher Firmenchef »zum Anfassen«.

An den Leben der Krupps, vor allem am Leben des letzten von ihnen, ließe sich die alte Frage diskutieren, ob Reichtum und Glück Geschwister sind. Im Falle Krupp waren sie es kaum. Alfried sei der einsamste Mann, den sie kannten, sagten enge Mitarbeiter von ihm. Diener und Kellner auf Sylt, wo Alfried Krupp segelte und seine Ferien verbrachte, bedauerten ihn als einen »äußerst unglücklichen Mann«. Ende der fünfziger Jahre des 20. Jahrhunderts gestand sogar ein Essener Kommunistenfunktionär, Krupp täte ihm leid, doch sein Mitleid habe mit Politik nichts zu tun: »Er ist eben ein armer Kerl.« Berthold Beitz, sein Vertrauter in Firmenangelegenheiten, der Alfried Krupp als einen »sehr empfindsamen und verschlossenen Menschen« bezeichnete, deutete einmal an, wo die Wurzeln des Seelenlebens dieses Mannes zu suchen wären: »Alfried hatte eine harte Jugend gehabt. Der Vater, der mit ihm in der Villa Hügel wohnte, die ständige Kontrolle, diese Pflicht, auf die er getrimmt und trainiert wurde, das alles hat ihn doch sehr geprägt. Nur manchmal, wenn wir auf Sylt waren, lebte er auf. Dann rührte er die Cocktails, Jean Sprenger kümmerte sich um den Wein, ich kochte das Essen und dann erzählte er auch.« Sohn Arndt von Bohlen und Halbach charakterisierte seinen Vater als einen »in sich gekehrten Menschen, der die Einsamkeit liebt und nicht gern Menschen um sich sieht«. Der amerikanische Schriftsteller Norbert Mühlen fasste 1960 Krupps Eindruck auf andere Menschen so zusammen: »Menschen, die ihn kennen, sind tiefer beeindruckt von seinem persönlichem Unglück als von seinem Vermögen, das ihn zu einem der reichsten Männer der Welt macht.«

In der großen Halle von Villa Hügel blicken die Krupps aus der Vergangenheit von großformatigen Gemälden auf die große Schar der Besucher herab, gerahmt von Kaisern und Königen. Das letzte Bild der Ahnengalerie mit monarchistischen Ergänzungen ist das kleinste in der Reihe: Alfried Krupp von Bohlen und Halbach. »Ein scheußliches Bild«, klagt Schwägerin Doerte von Bohlen und Halbach. Auf dunklem Hintergrund zeigt es einen Mann mit nach vorn gebeugtem Haupt. Er trägt fast geisterhafte Züge. Von Verwandten zur Rede gestellt, verteidigte Maler Matthias Padua seine Sicht als jene, die hinter die Fassade blicke, und die habe ihm einen kranken Mann gezeigt. Nein, widersprechen Angehörige, so krank er am Ende auch gewesen sei, so zusammengesunken hätten weder sie noch andere ihn je erlebt, bis zum Schluss sei er »der« Alfried geblieben: aufrecht! Schwägerin Doerte: »Sicher, er hat nur noch ganz leise gesprochen, da er ja kaum Luft bekommen hat. Aber er hat, wie immer, den Kopf hoch getragen. Und er hat uns, gentlemanlike wie er war, beim letzten Besuch bis zur Tür begleitet.« Das war wenige Tage vor seinem Tode.

Diese bis zum Tode währende Selbstbeherrschung von Alfried Krupp wird im Nürnberger Krupp-Prozess sowie in der Haft in Landsberg besonders deutlich. Die Reaktion auf seine Verhaftung war ein Akt der Wirklichkeitsverdrängung. Alfried Krupp von Bohlen und Halbach hatte die Lage am Ende des Krieges offensichtlich falsch eingeschätzt. Am Vorabend seiner Verhaftung spielt er mit drei Krupp-Direktoren auf Villa Hügel Skat. Am Morgen des

Stunde Null: Am 11. April 1945 wird Alfried Krupp von Bohlen und Halbach durch amerikanische Soldaten von Villa Hügel abgeführt.

nächsten Tages, dem 11. April 1945, fährt ein Jeep mit amerikanischen Soldaten vor Villa Hügel vor. Alfried Krupp hat ihn von seinem Fenster aus herannahen sehen. Doch der Inhaber der Firma Fried. Krupp kleidet sich vollendet an: Anzug, Krawatte, Hut, ein ganzer Krupp, korrekt auch in der Niederlage. Als ginge es zu einer Wirtschaftsverhandlung oder Direktoriumssitzung, als sei auf Hügel die Welt in Ordnung und oben nicht bekannt, dass unten die Stadt in unvorstellbaren Trümmern liege und Not leide. »Es ist soweit«, sagte er zu seinem Diener. »Gehen Sie hinunter, Dohrmann.« Gewehrkolben schlagen gegen die Tür. Diener Dohrmann öffnet, ja empfängt, wie sein Herr selbst korrekt gekleidet, die Männer in Uniform, mit Stahlhelmen und MP: »Meine Herren, Herr von Bohlen erwartet Sie. Darf ich Sie bitten, näher zu treten?« Welten prallten aufeinander. »Sind Sie Krupp?« »Ja, ich bin Krupp von Bohlen und Halbach.« Eine leichte Vorbeugung, weniger vollzogen, mehr angedeutet. Selbst da bewahrt Krupp das, wozu er erzogen worden ist: Haltung. Dass Alfried Krupp, in den Polizeigriff genommen, auf einen Militärjeep verfrachtet wird, für die Bediensteten ist es unfassbar. Dass alles verloren ist, dass Sieger gekommen sind, Krupp scheint es nicht zu erkennen. Als ihn wenig später ein Wachsoldat nach der Zukunft fragt, weiß er nur: »Ich werde selbstverständlich meine Werke wiederaufbauen und die Produktion aufnehmen. Wie Sie wissen, bin ich Geschäftsmann und kein Politiker.«

Neben dem fundamentalen Irrtum, in Kürze zur Tagesordnung übergehen zu können, wird die durch Generationen verlaufende rhetorische Abgrenzung zur Politik in ihrer ganzen Absurdität deutlich. In der Gegenwart betonen Verwandte und Nahestehende, Gustav und Alfried sowie Friedrich Alfred und Alfred hätten stets als Unternehmer gehandelt, deren Ziel es stets gewesen sei, dass das Werk floriere. Mit der Politik wollten sie nie gemein gemacht werden. Plötzlich, durch Verhaftung, Internierung und Anklage, wird dieser Alfried Krupp mit Schuld konfrontiert, werfen ihm die Sieger die amoralischen Verstrickungen mehrerer Generationen vor. Da ist er wohl noch schweigsamer geworden, als ihn Erziehung und Pflicht schon gemacht hatten. Als in Essen der Krieg zu Ende ging, hatte er für Alfried Krupp wohl erst begonnen.

Dr. Gustav Krupp von Bohlen und Halbach, den der sowjetische Staatschef Stalin ausdrücklich als »deutschen Wirtschaftsführer« auf der Anklagebank sehen wollte, saß am 6. Oktober 1945 nicht vor den Richtern des Nürnberger Kriegsverbrecherprozesses. Ärzte der Siegermächte hatten ihn mehrfach in Blühnbach, dem österreichischen Feriensitz der Krupps, untersucht – einmal zwei amerikanische, später noch einmal ein amerikanischer, ein britischer, ein französischer Arzt sowie drei sowjetische Ärzte. Sie hatten ihn psychisch und physisch als nicht verhandlungsfähig im Krankenbett vorgefunden. Er, als Oberhaupt der Familie, die die Ankläger »als Brennpunkt, Symbol und Nutznießer der unheilvollen Kräfte, die den Frieden Europas bedrohen«, sahen, erhielt zwar als 76-Jähriger die Anklageschrift, doch konnte er sie weder lesen noch verstehen – erst recht konnte er nicht nach Nürnberg vor Gericht gebracht werden. Als der britische und amerikanische Vorschlag, gegen Gustav Krupp in Abwesenheit zu verhandeln, mit der Begründung abgelehnt worden war, es entspreche nicht der Gerechtigkeit, über einen Menschen zu Gericht zu sitzen, der sich nicht verteidigen könne, schlug der französische Ankläger Alfried Krupp von Bohlen und Halbach, den Sohn, als »Alternativangeklagten« vor. Der amerikanische Richter Robert Jackson stimmte dem Vorschlag zu: »Öffentliche Interessen, die über alle privaten Überlegungen hinausgehen, verlangen, dass Krupp von Bohlen und Halbach nicht außer Verfolgung gesetzt wird, ohne dass ein anderer Repräsentant der Kruppschen Rüstungs- und Munitionsinteressen an seine Stelle tritt ... Die Vereinigten Staaten stellen respektvoll fest, dass dem zukünftigen Frieden der Welt kein schlechterer Dienst erwiesen werden könne, als wenn die ganze Familie Krupp frei ausginge.« Ein Mitglied der Familie müsse mindestens angeklagt werden, meinte Jackson. Dieses eine Mitglied wurde schließlich Alfried Krupp von Bohlen und Halbach, auch wenn er vom eigentlichen Nürnberger Kriegsverbrecherprozess verschont blieb. Der französische Richter hatte seine Kollegen mit der

Frage irritiert, ob man von einem Gerichtshof verlangen könne, den Namen eines Beschuldigten durch den eines anderen auszutauschen.

So war Dr. Gustav Krupp von Bohlen und Halbach am 1. Oktober 1946 nicht mit den 22 »Hauptkriegsverbrechern« verurteilt worden: kein Freispruch, keine Gefängnisstrafe, keine Todesstrafe. Das Urteil über seinen Sohn wurde erst am 31. Juli 1948 verkündet: zwölf Jahre Gefängnis und Einziehung des gesamten Eigentums. Es war kein Internationales Militärgericht, das über Alfried Krupp und elf Krupp-Direktoren richtete. Es wurden keine internationalen Prozesse mehr geführt. Die Amerikaner hielten den Prozess gegen Krupp aufgrund alliierten Rechts allein ab. In der amerikanischen Öffentlichkeit hatten sich Proteste gegen weitere Siegergerichte erhoben; drei mögliche Prozesse blieben übrig: gegen Friedrich Flick und Kollegen der Ruhr-Schwerindustrie, gegen IG-Farben und gegen Alfried Krupp, den berühmtesten der deutschen Industriellen.

In Essen, der Krupp-Stadt, scheint dieser Nürnberger Krupp-Prozess vergessen. War er jemals im Essener Bewusstsein? Zwar ist ein Krupp-Archivar nicht Sprachrohr der Krupps, doch die Veröffentlichungen eines von der Familie ausgesuchten Archivars sprechen für sich. 1984 erschien die »3. durchgesehene und erweiterte Auflage« des schmalen Bandes *Krupp. Die Geschichte einer Unternehmerfamilie* des Krupp-Archivars i. R. Ernst Schröder. An ihrem Ende eilt der Autor mit Siebenmeilenstiefeln über jüngste Geschichte hinweg: »Am 11. April 1945 wurde Alfried Krupp auf dem Hügel von den einmarschierenden Amerikanern gefangen genommen. Über den Nürnberger Krupp-Prozess, in welchem Sieger über Besiegte zu Gericht saßen, schweigt man heute am besten.« Schröder steht in der Tradition Kruppscher jüngster Geschichtsschreibung. In der Schrift zum fünfzigsten Geburtstag von Alfried Krupp von Bohlen und Halbach am 13. August 1957 heißt es: »Über Ereignisse des deutschen Zusammenbruchs und über die Handlungen der Sieger in den Nachkriegsjahren wird heute allgemein der Mantel der Nachsicht gebreitet – mit gutem Grund, da aus dem Berühren alter Wunden wenig Gewinn zu ziehen ist. Aber die Tatsache ist unabänderlich, dass der,

der von dem Zorn der Sieger betroffen wurde, die daraus herrührenden Erlebnisse Tag für Tag und Stunde für Stunde durchstehen musste. Sie sind auch aus dem Leben von Alfried von Bohlen nicht wegzudenken, sie haben sein Wesen mitgeprägt, sie mussten erlitten, durchgestanden und überwunden werden.«

In den Internierungslagern und in Landsberg hatte Alfried Krupp nicht erfahren, dass ihm der Prozess gemacht werden sollte. Elf Monate lang saß er vom 7. November 1947 an rechts außen neben seinen Direktoren im Gerichtssaal – stoisch, fast bewegungslos, hager, ernster als je zuvor, keine Regung zeigend. »Ich betrachte mich als Nachfolger meines Vaters auf der Anklagebank«, sagte Alfried Krupp vor Gericht. »Ich stehe hier an Stelle meines Vaters.« Nach diesen und anderen Aussagen saß der Angeklagte des Prozesses »Vereinigte Staaten versus Alfried Felix Alwyn Krupp von Bohlen und Halbach et. al.« wieder regungslos auf seinem Platz. Auch wenn er sprach, meinten amerikanische Prozessbeobachter, habe er sich »mit undurchdringlicher Sachlichkeit gepanzert«.

Bei seiner persönlichen Erklärung am 30. Juni 1948 fällt vor allem jenes auf, das ihn später auch als Firmenchef auszeichnet: zuallererst Einsatz für die Mitarbeiter. Krupp begann damit, zu betonen, er spräche für seine Mitangeklagten, die in dem Bewusstsein in seine Firma eingetreten seien, nichts könne den guten Ruf des Unternehmens erschüttern. Nun seien sie jedoch Opfer einer Legende geworden: »... der Name Krupp stand auf der Liste der Kriegsverbrecher ... wegen einer Vorstellung, die ebenso alt wie irrig ist: Krupp wollte Krieg, und Krupp führte Krieg.« Die Firma Krupp aber sei ein normaler Geschäftsbetrieb. Nun aber werde der Name zum Symbol für Angriffs- und Kriegslust gemacht. Weder in seiner Kindheit noch als Erwachsener habe er in der Villa Hügel jemanden den Krieg preisen hören. Die Richter mögen sehen, dass »das Symbol unseres Hauses keine Kanone darstelle, sondern drei ineinander greifende Ringe, ein Emblem friedlichen Handels«. Der Mensch sei in der gesamten Firmengeschichte stets wichtiger gewesen als das Geld. »Meine ganze Erziehung lehrte mich, die Firma den Menschen, die für sie arbeiteten, oft in der zweiten und dritten Generation, dienstbar zu machen. Dieser Geist herrschte in der ganzen Fabrik. Können Sie glauben, dass etwas, das in einem Jahrhundert gewachsen ist, schlagartig verschwinden kann?« Prozessbeobachter sagen, er habe es so vorgetragen, dass man annehmen konnte, es sei ihm ernst. Der vor Gericht stehende Krupp-Chef erklärte, sich »keiner Verletzung der Menschenrechte bewusst« zu sein. Die Misshandlungen der Zwangsarbeiter bedaure er, doch habe er nichts davon gewusst. Nach dem Urteil schrieb er an den Chef der amerikanischen Militärregierung, General Clay: »Wenn man glaubt, irgendjemand für angebliche Verbrechen der Firma Krupp verantwortlich machen zu müssen, dann sehe ich es als meine Aufgabe an, mich für die Firma zu verantworten.«

Die deutsche Verteidigung sammelte überall Beispiele »für das vorbildliche Verhalten der Firma ... unter Führung von Herrn Krupp v. Bohlen und Halbach«. Der Leiter des Essener Arbeitsamtes schrieb 1947 den Verteidigern unter anderem: Als Gewerkschafts-Bevollmächtigter des Metallarbeiterverbandes habe er Herrn Krupp nicht einmal zu Gesicht bekommen (gemeint ist Vater Gustav, nicht Sohn Alfried), da »Herr Krupp ... zu arrogant« gewesen sei, »um sich mit Gewerkschaftsvertretern zu unterhalten ... Diese Einstellung des Herrn Krupp und der gesamten Firmenleitung änderte sich jedoch mit der Machtübernahme durch die Nazis, die mit den führenden Herren der Firma Krupp ein sehr gutes Verhältnis nachzuweisen in der Lage waren. Ich darf auch darauf hinweisen, dass die sozialen Einrichtungen bereits unter den Vorfahren der letzten Firmenleitung durchgeführt worden sind, also keine soziale Tat der letzten Firmeninhaber darstellen.«

Es soll Alfried Krupp auch keine Regung anzumerken gewesen sein, die als Reue gedeutet werden konnte, berichteten Prozessteilnehmer. Eine amerikanische Beobachterin, die ihn »unendlich faszinierend« fand und als »deutsches Gegenstück zur Henry Ford II.« ansah, notierte: »Es ist schwer, dieses vornehme Patriziergesicht mit der Rücksichtslosigkeit und Grausamkeit zu assoziieren, wie er sie

»Deutsches Gegenstück zu Henry Ford II.« – Alfried Krupp von Bohlen und Halbach (re.) wird von einem amerikanischen Beamten im Zuge des Nürnberger Prozesses 1948 vernommen.

während der Hitlerzeit tatsächlich zeigte.« Selbst die schockierendste Aussage hätte keinen wahrnehmbaren Eindruck auf ihn gemacht. Erst das Urteil hätte Wirkung gezeigt: »… zwölf Jahre Gefängnis und … Einzug Ihres gesamten Eigentums, sowohl des unbeweglichen als auch des persönlichen«.

Ein Prozessbeobachter beschrieb den Eindruck, den der 40-Jährige auf ihn gemacht hatte, so: Es schien, als habe er eine Gefängnisstrafe erwartet. Alfried Krupp hätte sich so verhalten, »als ob ihn das ganze Theater nichts anginge«. Ein anderer meinte, es sah aus, als ließe ihn das alles kalt: »Er war während des ganzen Verfahrens eine Sphinx gewesen, und die Verurteilung zu zwölf Jahren überraschte ihn nicht; er zuckte nicht mit der Wimper.« Doch dann habe es eine Veränderung gegeben. Alfried Krupp stand während der Urteilsverkündung wie jeder andere Angeklagte auch. Beim zweiten Teil des Urteils, berichtete der Beobachter, dass Krupp, »als die Beschlagnahme verkündet wurde, weiß wie ein Laken wurde. Ich dachte, er würde ohnmächtig werden. Er schien am Rande des Zusammenbruchs zu sein.«

Ausgerechnet das Gefängnis der Festung Landsberg am Lech wurde für Jahre der Aufenthaltsort von Alfried Krupp. Eine anderer Deutscher war Jahre zuvor gleichfalls dort inhaftiert gewesen: Adolf Hitler. Alfried Krupps Sohn Arndt hat die Vorstellung schaudern lassen, Hitler wäre, wie von jenem erwogen, sein Taufpate geworden: »Das hätte mir gerade noch gefehlt! Kannst du dir vorstellen, wenn es Bilder von mir im weißen Taufkleidchen gegeben hätte, auf dem Arm des Führers?«

In Landsberg inhaftiert, arbeitete Alfried Krupp in der Schlosserei und in der Schmiede. In seiner eigenen Firma hatte er in diesen beiden Werkstätten seine Berufsarbeit begonnen. Hitler hat sich gern in Ritterrüstung mit eines Schmiedes Vorzeigeprodukt plakatieren lassen, mit Schwert, als wäre er die germanische Erlöser- und Christusgestalt Siegfried selbst, Richard Wagners Opernheld. Nein, Alfried Krupp hat in Landsberg keine Schwerter geschmiedet; es waren Leuchter und Vasen und Schalen, deren Verbleib unbekannt ist. Vielleicht habe er sie an Wächter verschenkt, vermuten Zeitgenossen. Für eine benachbarte Kirche schweißte er in der Freizeit Kerzenleuchter.

Jahre zuvor spielte ein Schwert aus Essen die verbindende Rolle zwischen Unternehmen und Familie und den politisch Mächtigen, als solle damit eine Waffenbrüderschaft begründet werden. Ende 1940 präsentierte die *Zeitschrift der Kruppschen Betriebsgemeinschaft* den »Volksgenossen« an den Werkbänken das Bild eines funkelnden Schwertes: einen Meter und 45 Zentimeter lang, sechs Kilogramm und 25 Gramm schwer, »aus Frankensteiner Nickelerzen und Salzgitter Eisenerzen, in Kruppschen Rennanlagen verhüttet, hergestellt und in der Kruppschen Versuchsanstalt geschmiedet«. Der Knauf war »aus Silber gegossen und getrieben, ... von Lorbeerblättern und rd. 370 kleinen, in den Schlesischen Nickelwerken erschürften Chrysoprasen geziert«. Ein Schwert wie ein Geschmeide, ganz nach dem Kitschgeschmack dessen, für den es bestimmt war: für den in der Naziregierung für Wirtschaftsfragen zuständigen Mann; die Klinge trug neben den drei in sich geschlungenen Krupp-Ringen diese Inschrift: »Dem Schmied des Vierjahresplanes, Reichsmarschall Hermann Göring, die deutsche Waffenschmiede.« Die Betriebszeitung berichtete ihren Lesern vom Sinn und Zweck dieser Schmuckwaffe: Das Geschenk der Firma Krupp zum Abschluss des Vierjahresplans an Göring solle »die Mitwirkung der Krupp-Werke bei der Durchführung des Vierjahresplanes und der Wiederwehrhaftmachung des deutschen Volkes versinnbildlichen«.

Dieses Soldatenwerkzeug ging nicht per Post an den dicken Reichsmarschall Göring, der seine weiße Uniform gern durch prächtige Orden und vielerlei Ehrenzeichen zum Fantasiegewand verwandelte. Die Firmenspitze selbst klopfte bei Göring an. Die Krupp-Zeitschrift dazu: »Herr Dr. Krupp von Bohlen und Halbach und Herr Alfried von Bohlen und Halbach überreichten es am 13. November 1940 ...« Nicht nur aus der Hand des Vaters, auch aus der des Sohnes empfing der Vertreter der nationalsozialistischen Diktatur dieses uralte Waffensymbol als Ergebenheitsgeste. Da war der 34-jährige Alfried noch nicht Herr Krupp. Zu Krupp wurde er erst drei Jahre später, als er im Dezember 1943 in der gleichen Werkszeitschrift zum ersten Mal mit »Alfried Krupp v. Bohlen und Halbach« eine Botschaft »An die Gefolgschaft der Krupp-Werke« unterschrieb und die Kruppianer mit »Heil Hitler« auf »Führer, Volk und Reich ... im schwersten Schicksalskampf unseres Vaterlandes« einschwor. Reichsmarschall und Luftwaffenchef Hermann Göring ist jener Mann gewesen, der Meier heißen wollte, überfliege ein feindliches Flugzeug die deutschen Grenzen. Sie haben Angriff auf Angriff geflogen und Krupp zählte zu den bevorzugten Zielen.

Besuchte Mutter Bertha Sohn Alfried im Gefängnis, erzählte der gern von seiner Arbeit mit Stahl und Eisen, als schüfe sie eine Verbindung zum ehemaligen Besitz – damals war er nur noch der einstmals mächtige und reiche Industrielle, dessen Besitz konfisziert worden war. Denn Alfried Krupp ist der einzige der nahezu 200 in Nürnberger Kriegsverbrecherprozessen verurteilten Deutschen, der enteignet worden ist. Bisher gibt es keine offizielle Erklärung dafür, warum der amerikanische Justizgrundsatz der Gleichheit vor dem Gesetz bei Krupp sozusagen außer Kraft gesetzt und nicht angewendet worden ist.

Einmal im Monat durfte Bertha Krupp mit ihrem Sohn zwei Stunden zusammen sein. Sie kam von Schloss Blühnbach, dem Feriensitz der Krupps. Wie sie stiegen auch Frauen und Mütter anderer als Kriegsverbrecher Verurteilter im einstmals besten Hotel Landsbergs ab, das im Volksmund schnell den Namen »Witwen-Hotel« erhielt. Um den dort und vor dem Gefängnis postierten Pressefotografen nicht vor das Objektiv zu laufen, tauschte Berthas Fahrer die Werkskleidung von Krupp und die Mütze mit den drei Ringen gegen Windjacke und eine unverfängliche Kopfbedeckung. Ob Bertha Krupp zur Sterbenszeit ihres Mannes mit ihrem Sohn auch jene Frage erörtert hat, die im Januar 1950 von der *Frankfurter Allgemeinen Zeitung* öffentlich gestellt worden ist? »Wem gehören die Krupp-Werke?« Der Anwalt George T. Davis aus San Francisco verblüffte Mitte Januar 1950 die Öffentlichkeit mit seiner Absicht, einen Prozess anzustrengen, der zu einer Auseinandersetzung vor einem »Weltgericht« führen sollte. Prozessgegenstand: Rückgabe von Krupp im Werte von 508 Millionen Dollar an die frische Witwe. Denn: Bertha wäre immer Eigentümerin von Krupp gewesen, mit dem Tod ihres Mannes Gustav könne sie nun diesen Anspruch geltend machen. Ein erfolgreicher Prozess-Ausgang wäre einer Enterbung des inhaftierten und mittellosen Alfried Krupp gleichgekommen, am Ende gar seiner Namensänderung von Alfried Krupp wieder zu jenem, der er eigentlich war, zu Alfried von Bohlen und Halbach. Zu einer gerichtlichen Entscheidung kam es nicht. Die Begnadigung von Alfried Krupp durch den amerikanischen Hohen Kommissar McCloy im Januar 1951 änderte die Lage. Alfried war wieder Eigentümer von Krupp.

Bei Mutters Besuchen durchaus gesprächig, war der prominenteste Gefangene Landsbergs sonst meist schweigsam. Mit den mitgefangenen Krupp-Direktoren sprach er schon eher, mit Wächtern und Mitgefangenen kaum. Ein amerikanischer Wachsoldat deutscher Abstammung berichtete von einer Unterhaltung mit Alfried. Wie er ihn ansprechen solle, wollte der GI wissen: Herr Krupp, Herr von Bohlen und Halbach oder Herr Krupp von Bohlen und Halbach? »Nennen Sie mich Krupp. Wegen dieses Namens bin ich hier. Diese Zelle ist mein Anteil an dem großen Krupp-Erbe.« Dann kein Wort mehr. Der Gefangene sei dabei ernst gewesen, berichtete der amerikanische Wachsoldat. Kein Lächeln.

Die Berichte über Alfried Krupp aus der Festung Landsberg am Lech zeigen wieder einmal mehr einen Mann mit eiserner Beherrschung. Alfried Krupp beklagte sich weder bei Wächtern, noch klagte oder stöhnte er im Kreis von Mitgefangenen. Gefangen unter Mördern und anderen Schwerkriminellen, aber auch Mithäftling von Generälen, Widerstandskämpfern, Industrie-Direktoren, Diplomaten und jenen, die wie er als Kriegsverbrecher zu Festungshaft verurteilt worden waren, blieb er auch in der rot-weiß gestreiften Gefangenenkluft korrekt, hielt sich gerade und aufrecht – galt als Mustergefangener. Sein Sohn Arndt, der ihn dort besuchen durfte, nannte diese Zeit der Begegnungen mit »dem großen, hageren Mann hinter Stahlgittern«, dem er nicht einmal die Hand geben konnte, die für ihn schlimmste. Bei Arndts Besuchen wurde der Vater von zwei polnischen Soldaten überwacht, die Deutsch verstanden. Den Stoß mit dem Gewehrkolben in den Rücken des Vaters, als dieser einmal das schlechte Essen erwähnte, hat der Sohn nicht vergessen. Doch dies scheint das einzige Mal gewesen zu sein, dass Alfried Krupp kritisch über die Gefängnisbedingungen gesprochen hat. Ansonsten war er der schweigsame Gefangene, der mit jedem seine Zigaretten und die von den Verwandten geschickten Lebensmittel teilte, der aber jedes Gespräch abbrach, in dem auch nur entfernt die Jahre des Nationalsozialismus vorkamen. Gerade dies war unter den Mitgefangenen ein Dauerthema.

Er sei in den letzten Jahren »immer stiller geworden«, sagen Angehörige. In seinen letzten Tagen habe ihn die Krankheit gar an den Rand der Stummheit gebracht. Vor diesem Hintergrund ist die letzte Entscheidung des Alfried Krupp von Bohlen und Halbach umso staunenswerter. Vier Monate vor seinem Tod am 30. Juli 1967 gab er bei der fünfzigsten Jubilarehrung der Firma das grandiose Kernstück seines Testamentes bekannt. Er sprach sicher, kraftvoll, nichts war zu spüren von Kühle und Zurückhaltung, auch nichts von Introvertiertheit: »Ich habe mich entschlossen, die Firma über eine Stiftung, die Ausdruck der dem Gemeinwohl verpflichteten Tradition des Hauses Krupp sein soll, in eine Kapitalgesellschaft umzuwandeln.«

***

Als Alfried von Bohlen und Halbach 1907 geboren wurde, war das erste deutsche Unterseeboot von der Krupp-Germania-Werft in Kiel vom Stapel gelaufen.

»Hügel, den 13. August 1907 – 2 Uhr 15 Min. nachm. Direktorium Fried. Krupp – Essen – Dem Direktorium drängt es mich zugleich im Namen meiner Frau in erster Stunde mitzuteilen, dass uns soeben ein kräftiger Junge geboren wurde, dem wir in Erinnerung an seinen großen Ahnen den Namen Alfried beilegen wollen; möge er in den Kruppschen Werken aufwachsend in praktischer Arbeit sich die Grundlagen schaffen zu der wichtigen Übernahme der verantwortungsvollen Pflicht, deren Größe ich mit jedem Tag mehr erkenne. Krupp Bohlen Halbach.« Eine Geburtsanzeige wie eine Geschäftsanzeige. Absender des Telegramms ist Dr. Gustav Krupp von Bohlen und Halbach. Das erste Kind des neuen Krupps, ein Sohn, der in den Jahren des Ersten Weltkrieges aufwuchs und im darauf folgenden Krieg zum »neuen« Krupp wurde.

Viel später, im Februar 1942, empfing er als Direktor Alfried von Bohlen Kapitän und Offiziere eines Unterseebootes eben dieser Germania-Werft, für das die Stadt Essen die Patenschaft übernommen hatte. Dabei betonte er »die enge Verbundenheit der Krupp-Werke mit der U-Boot-Waffe, die heute im Vordergrund des Kriegsgeschehens« stehe. Kurz nach Alfrieds Geburt wurde die fünfzigtausendste Krupp-Kanone in Essen ausgeliefert. Doch die Worte Kanone und Krieg waren von Alfried Krupp in seinen Jahren als Firmenchef nach 1953 kaum zu hören.

Zu seiner Tauffeier mit allem Pomp kam der Kaiser zum Hügel, hielt Täufling Alfried auf seinen Armen, erlebte eine Feier, als gelte es, einen Thronfolger mit Weihwasser zu installieren. Die Heranzucht war dementsprechend: als Erbe gezeugt und zum Nachfahren bestimmt. »Als er ein Jahr alt war, konnte Alfried allein aufrecht im Bett stehen.« Stolze Eintragung im Familienbuch. 54 Zentimeter groß bei der Geburt, einen Meter und 82 Zentimeter groß als erwachsener Mann. Regelmäßig ist der Kronprinz der Stahldynastie vermessen worden. Schon als Knirps gaben ihm Minister und andere Größen die Hand, musste er denen Händchen geben. Er hat zwar im Nürnberger Prozess betont, auf Villa Hügel sei nie von Krieg gesprochen worden, doch unter Waffen und mit Waffengeist ist er aufgewachsen. Zum hundertjährigen Jubiläum der Firma im Jahre 1912 hatten die Eltern den Fünfjährigen als stolzen Knappen auf sein Pony gesetzt – als einen der Mitwirkenden in einem Stück, das die Feuerwaffen pries. Auf Villa Hügel war es um diese Zeit üblich, Gästen vergoldete Krawattennadeln in Form winziger Kanonen zu schenken.

Vater Gustav hatte das Ritterspiel erdacht, das zu Kaisers Ehren und zum Hundertjährigen von Krupp aufgeführt werden sollte. Höhepunkt sollte das Ritterturnier »Hie, Sankt Barbara! Hie, Sankt Georg!« werden. Aufgeklärte Geister rieten Krupp vergeblich davon ab. Doch das Spektakel war ganz nach dem Geschmack des Kaisers und entsprach der Deutschtümelei allerorten. Gustav hatte Georg als Schutzpatron des Ritterstandes gewählt. Von den über 100 Patronaten der meistbeschäftigten Heiligen der katholischen Kirche, der Heiligen Barbara, hatte er nicht etwa das Patronat der Bergleute, Apotheker, Hüttenleute oder Tapezierer im Sinn, sondern das der Artilleristen und Schützen. Nach buntem Umzug in Kostümen, die einen Monat lang von einer Düsseldorfer Kostümschneiderei im Schichtbetrieb genäht worden waren, nach einem Turnier mit echten

Lanzen und stählernen Rüstungen, sollten »die Feuerrohre, die wir der heiligen Barbara geweiht«, in diesem Ritterspiel verherrlicht werden, um sich dem Kaiser und der Welt als Waffenlieferant anzudienen. Bei diesem Ritterspiel hatte Gustav Krupp wohl auch seinen Schwiegervater Friedrich Alfred und dessen Händchen für Eigenwerbung im Sinn.

Es kam ganz anders. In der zweiten Szene wollte Dr. Gustav Krupp von Bohlen und Halbach in seinem eigenem Stück auftreten – mit den Worten: »Ihr Zerberusse, wahrt nur euer Reich! Dies ist die Stechbahn, liebe Bertha, drin ich heut' vor dir und vor dem Kaiser reite. Ich bitt' um deinen Segen, Liebste.« (Sie gibt ihm ihren Schleier, er küßt ihr die Hand): »Danke! Reit' mit dem Kleinen einmal auf und ab.« So sollte es sein. Gerade saß Söhnchen Alfried in rotbraunem Wams auf seinem Pony, auf dem er täglich Reitstunden absolviert hatte, hinter ihm im Damensattel, in Tüll und Seide und mit Federhut, Mutter Bertha, und hinter beiden steckte Vater Gustav steif und verschraubt in seiner eisernen Ritterrüstung als der erfundene Graf Helfenstein, als eine Nachricht diesen Mummenschanz beendete. Schutzpatronin Barbara hatte versagt. Überall dort, wo es kracht, donnert, blitzt, brennt, stinkt und stürzt, sagt man ihr nach, sie sei da. Im Bergwerk »Lothringen« bei Bochum war sie es nicht. Bei einer Schlagwetterexplosion hatten 110 Bergleute ihr Leben verloren.

Die Aufführung fand nicht statt. Pathetisch deutsche Töne gab es doch. Krupps Generaldirektor Hugenberg, später Ufa-Filmboss und einer jener deutschnationalen Politiker, die Hitler den Weg geebnet hatten und in seinem ersten Kabinett als Wirtschaftsminister vertreten war, schwelgte: »Eines Kaisers Auge ruht wieder auf uns und verfolgt stolz den Siegeslauf heimischen Gewerbefleißes. Die Taten, die kraftvoll und wuchtig diesen Wandel der Zeiten von 1812 bis 1912 erzwangen, bannen alle Zweifel: Noch sind wir ein jugendliches Volk. Zu den Tugenden unseres Volkes, die es zu erhalten gilt, wenn es jung und kräftig bleiben soll, gehört auch die alte germanische Wehrhaftigkeit und Waffenfreude.« Liebevoll soll aller Blick auf dem kleinen Alfried geruht haben.

Den Vater soll er gefürchtet haben. So rühmte er auch beim ersten Zusammentreffen mit seinem späteren Generalbevollmächtigten Beitz seine Mutter Bertha Krupp, schwärmte nahezu von ihr. Es wird berichtet, er war ein stiller, in sich gekehrter Junge. Die Mutter notiert, von all ihren Kindern sei Alfried »das ernsteste« gewesen. Ein Hauslehrer wacht über seine Ausbildung. 1917 wird er von diesem Lehrer gerügt, der den Eltern mitteilt, Alfrieds Leistungen in Turnen und Staatsbürgerkunde seien »leider ungenügend«. Stetig von Lehrern und Erziehern umgeben, die ihm die besondere Wichtigkeit eines Krupps einflößen, bleiben dem Jungen offenbar kaum Fluchtmöglichkeiten, außer in sich zu gehen und still zu werden. Dies wurde ein charakteristischer Zug seiner Persönlichkeit.

Fußspitzen senken und Kopf hoch! Keiner der angeordneten täglichen Ausritte blieb ohne Aufsicht. Den Zwölfjährigen schleppt der Vater in die Kohlengrube Hannover-Hannibal, den Sprößling anspornend, ein ganzer Kerl zu sein. Später muss er mit einem Ausbilder in die Erzgruben des Siegerlandes einfahren.

Einige Lehrer des Bredeneyer Gymnasiums darf er duzen, seine Mitschüler rufen ihm beim ersten Betreten der Klasse zu: »Na, Krupp, was macht dein Blechladen?« Doch das Gymnasium liebt er mehr als den Mammutbau auf dem Hügel. Er wird Obmann der Schüler-Ruderriege, dafür kommt er für die Kosten der Schulmannschaft auf. Klassenkameraden besuchen ihn kaum auf Hügel. Ein Mitabiturient, von dem Alfried manchmal abgeschrieben hatte, erzählte: »Wenn man Alfrieds Vater die Hand gab, lief es einem kalt über den Rücken, und besonders schlimm war es mit dem Essen. Kaum hatte man etwas auf dem Teller, wurde von einem Lakaien der Teller schon wieder weggerissen. Eis musste nach der Tischordnung immer so schnell gegessen werden, dass einem davon die Zähne wehtaten. Es war schon eine tolle Hofhaltung.«

Der Pennäler fuhr einen Motorroller aus Kruppscher Produktion. Der fertige Abiturient, von der mündlichen Prüfung war er wegen seiner guten Leistungen befreit worden, brauste damit zur Lehrwerkstatt, wo er wie jeder andere Kruppianer auch seine Arbeitskarte abstempeln musste und beim Zuspätkommen als Bummelant ans schwarze Brett kam, was nur zweimal geschehen sein soll. Schmied, Dreher, Schlosser – das waren die Handwerke, in denen er sich übte, zwölf Pfennige die Stunde waren sein Lohn. 1928 beginnt er in München sein Technik-Studium. Da fährt er bereits einen Sportwagen. Das politische und soziale Leben der Studenten scheint ihn weder in München, noch später in Aachen zu interessieren. Der junge Herr Alfried, wird gerühmt, studiere fleißig. Als er an der Technischen Hochschule Aachen sein Diplom als Ingenieur mit Auszeichnung ablegt, kutschiert er einen teuren Daimler. Später als Firmenchef lenkt er häufig seinen Porsche selbst; auch seine Brüder lieben schnelle, schicke Automobile. Doch der Vater nimmt ihn in die Pflicht, auf dem Erziehungsplan stehen Soll und Haben: Alfried wird Volontär bei der Dresdner Bank in Berlin.

Eine Fotografie aus dem Jahr 1910 zeigt den Dreijährigen am Ruder der Krupp-Yacht »Germania I«. 26 Jahre später scheint das Leben des Alfried von Bohlen unbeschwert. Als Mitglied der Crew der Segelyacht »Germania III«, die bei der Olympiade 1936 in der Kieler Förde in der Klasse 8-m-R startet, hat er Anteil am Gewinn der Bronzemedaille. Ein Jahr später gerät der gut aussehende junge Mann in gefährliches Fahrwasser. Er verliebt sich. Ein Gefühl, das einem angehenden Krupp offenbar verordnet oder zumindest gestattet werden muss. Seine Liebe gilt der Tochter eines Hamburger Großkaufmannes, vor allem aber ist sie die geschiedene Frau eines anderen Hamburger Großkaufmannes. Und die, eröffnet Alfried seinen Eltern, die wolle er heiraten. Unvorstellbar! Jedes Mal, wenn sie ihn sehe, rege sie sich auf, hatte Bertha Krupp Jahre zuvor nach der Scheidung eines Krupp-Direktors gesagt. Der Mann wurde entlassen. Mit Alfried sollte ähnlich verfahren werden. 1937 war es wie zu Zeiten des Urkrupps Alfred am Ende des 19. Jahrhunderts. Jahrelang hatte der die Heirat seines Sohnes Friedrich Alfred mit Margarethe Freiin von Ende verhindert. Nun warnten Gustav und Bertha ihren Sohn, Anneliese Bahr zur Frau zu nehmen. Alfrieds Eltern nannten seine Liebe höhnisch »Bar-Mädchen«. Alfried heiratete sie dennoch.

1938 wird beider Sohn geboren, dem sie den Namen Arndt geben, eine Hommage an den ersten Krupp aus dem 16. Jahrhundert.

Da greifen die Eltern zum heftigsten Druckmittel: Enterbung. Sogar ein Alternativerbe soll schon ausgeguckt worden sein, der jüngere Bruder Claus, quicker und forscher als Alfried. Nach vier Jahren gibt Alfried nach, lässt sich 1941 scheiden. Die Eltern belohnen ihn mit einem Direktorenposten, 60 000 Reichsmark Jahresgehalt für den 33-Jährigen und die Zusicherung der Erbfolge. 1943 überträgt Mutter Bertha ihr Vermögen auf den Sohn. Hitler erlässt das berühmte Gesetz, »Lex Krupp«, durch das aus Alfried von Bohlen und Halbach Alfried Krupp von B u H geworden ist. Die *Lex Krupp* ist einmalig, keiner anderen Industriellenfamilie wurde dieses Privileg zuteil. Bereits Urahn Alfred Krupp hatte in seinem Testament, um der Zersplitterung des Fabrikeigentums vorzubeugen, die Erbfolge für drei Generationen so festgelegt, dass nur ein künftiger Erbe, der älteste, das Fabrikvermögen erben sollte. Sein Sohn Friedrich Alfred hatte, da er nicht Vater eines Sohnes war, durch die Umwandlung der Firma in eine Aktiengesellschaft seiner Tochter Bertha als Erbin Verantwortung und Aufgaben der Geschäftsführung erleichtern wollen. Berthas Mann nun, Dr. Gustav von Bohlen und Halbach, war als Fabrikleiter quasi nur der Geschäftsführer seiner reichen Frau. Aber auch dieses Ehepaar wollte die weitere Erbfolge so festlegen, wie es der Urkrupp Alfred gewünscht hatte. Doch die Gesetzeslage um 1940 ließ dies auf einen längeren Zeitraum nicht zu. Deshalb die Rückführung der Gussstahlfabrik von der Form einer Aktiengesellschaft wieder in die ursprüngliche Form einer Einzelfirma. Und um die im damals geltenden Recht nicht vorgesehene Erbfolge im Sinne Alfred Krupps zu ermöglichen, trat nach einjähriger Verhandlung die »Lex Krupp« als Führererlass im November 1943 in Kraft.

Das Eingreifen der Staatsmacht in sein Schicksal, hier in Gestalt von Adolf Hitler, muss den Mann verändert haben. Mit seiner Ankündigung im April 1967, die Firma erneut in eine Kapitalgesellschaft umzuwandeln, macht er erneut Gebrauch vom Gesetz des Jahres 1943. Die »Lex Krupp« räumt dem Inhaber das Recht ein, schon zu Lebzeiten auf die Inhaberschaft zu verzichten und damit die Nachfolge herbeizuführen.

Viel wird von seinem glücklichen Lächeln jener Jahre erzählt, als er mit Anneliese zusammen war. Ein Angestellter des engsten Familienkreises erinnerte sich später: »Das waren die einzigen Jahre, in denen ich Alfried lächeln sah.« Es gab danach nicht mehr viel zu lachen. Krupp und die Stadt Essen wurden Ziel unzähliger Bombenangriffe der britischen Luftwaffe. Villa Hügel, in Wäldern und am See gelegen, wird Notquartier: Ausgebombte Krupp-Büros, ausgebombte leitende Angestellte wohnen mit Alfried Krupp unter dem grün angelaufenen Kupferdach. Er ist der einzige Krupp im Krupp-Gebäude. Mutter Bertha lebt mit dem schwer kranken Mann im sicheren Schloss Blühnbach im Salzkammergut. Doch des Vaters Erwartungen erfüllt der Sohn auf Hügel weiter in »verantwortungsvoller Pflicht«.

Am 11. April 1945 auf Villa Hügel durch amerikanische Fallschirmjäger verhaftet, erfahren Alfried Krupp und seine gleichfalls festgenommenen elf Direktoren erst im August 1947, wessen sie angeklagt sind: Verschwörung gegen den Frieden, Hitlers Angriffskrieg vorbereitet zu haben, Plünderung und Sklavenarbeit. Ausgerechnet auf dem Platz des Nazi-Reichsmarschalls Göring, dem er und sein Vater 1940 ehrerbietig ein kostbares Krupp-Schwert überreicht hatten und der den Selbstmord mit einer Giftkapsel dem Tod durch den Strang als Kriegsverbrecher vorgezogen hatte, musste Alfried Krupp während der Verhandlung und beim Urteilsspruch in Nürnberg sitzen.

Während in Essen Krupp-Denkmäler gestürzt oder von Kruppianern vor dem Stürzen geschützt werden, viele Teile der Krupp-Werke demontiert und dadurch 40 Prozent der Gussstahlfabrik vernichtet werden, die Stadt Essen sich vom Mythos der Waffenschmiede befreien will (unter anderem mit der Leuchtreklame am Hauptbahnhof: »Essen – die Einkaufsstadt«) und im März 1946 Gustav und Bertha aus der Liste der Ehrenbürger streicht, schweißt und schmiedet Alfried Krupp in der Festungshaft, flickt Krupp-Direktor Dr. Jansen dort Unterhosen. 6.30 Uhr – Aufschließen der Zellen, 7 Uhr – Herausbringen der Abortkübel, Arbeiten in den Gefängniswerkstätten, 17.30 Uhr – Einschließen der Gefangenen.

Unmittelbar nach der Urteilsverkündigung hatte der amerikanische Gerichtspräsident Anderson die Urteile als überzogen kritisiert und die Beschlagnahme des Krupp-Vermögens als nicht rechtens bezeichnet. In den USA wurde noch lange Jahre die Frage erörtert, ob Alfried Krupp für Verbrechen verantwortlich gemacht werden konnte, für die er nicht verantwortlich gewesen sei. Er hatte, so meinten die Kritiker, nur die Verantwortlichkeit als Namensträger geerbt – am Ende von fünf Krupp-Generationen. Alfried Krupp empfand nicht nur sein Urteil als ungerecht, sondern auch das gegen die Krupp-Direktoren, das gegen Ewald Löser besonders. Jener, knapp dem Todesurteil durch den Volksgerichtshof der Nazis entgangen, wurde als kranker Mann von den Amerikanern zu sieben Jahren Gefängnis verurteilt. Löser, von dem Widerständler und Leipziger Bürgermeister Goerdeler an Krupp empfohlen, leitete bei Fried. Krupp das Verwaltungsdezernat und die kaufmännische Abteilung – war weder der NSDAP, also der Nazipartei, noch der Staatsführung genehm. Auch an dessen Verurteilung entzündete sich 1948 die Diskussion über die Strafmaße. Kruppianer demonstrierten für ihren Chef. Der Betriebsrat, der auch für 16 000 Krupp-Pensionäre sprach, und der Rat der Stadt forderten eine Revision des Urteils.

Der amerikanische Gerichtspräsident sollte Recht behalten. Im Dezember 1949 besagte eine Pressemeldung, »die westdeutsche Regierung habe ... eine Amnestie ... für den Rüstungsindustriellen Alfried Krupp und eine Anzahl anderer Verurteilter anbegehrt«. Januar 1951 reagiert John J. McCloy, der Hohe Kommissar der Vereinigten Staaten: Er begnadigt Alfried Krupp, hebt die Vermögensbeschlagnahme auf. »Sogar Angeklagte, die persönlicher Teilnahme an den verabscheuungswürdigsten Verbrechen schuldig befunden, haben keine Vermögensbeschlagnahme erlitten«, begründet McCloy seine Begnadigung. Diese Beschlagnahme zähle nicht »zu den Gepflogenheiten unseres Rechtssystems und widerspricht im Allgemeinen dem amerikanischen Rechtsbegriff. Ich vermag … bei dem Angeklagten Krupp keine persönliche Schuld zu finden, die ausreichen würde, ihn über alle durch die Nürnberger Gerichte Verurteilten herauszuheben.«

Nach sechsjähriger Haft war Alfried Krupp wieder frei. Zum Zeitpunkt seiner Entlassung verstummten die zischenden Schweißbrenner und die kreischenden Trennscheiben, mit denen intakte Maschinen der Kruppwerke demontiert worden waren. Zur Begrüßung des Freigelassenen hatte der Wirt eines Hotels in Blühnbach eine Flasche Sekt kalt gestellt. Alfried Krupp war dies insgeheim nicht recht. Als habe er es geahnt: In den Zeitungen wurde von einem »Sektempfang für Krupp« berichtet. Außer Alfrieds Freiheit gab es kaum Grund zum Anstoßen. Die Besatzungsbehörden hatten Krupps Rückkehr in die Industrie nur unter der Auflage zugestimmt, dass er seinen Kohle- und Stahlbesitz bis zum Jahre 1959 verkaufe. Weigere er sich, wollten die Siegermächte die Firma Krupp liquidieren und deren Werte selbst veräußern. Im so genannten »Mehlemer Vertrag« fügte sich Krupp schließlich, »um diesen Zustand wirtschaftlicher Ungewissheit und Lähmung« zu beenden. Er fügte hinzu, seine Firma werde freiwillig nie wieder Kanonen bauen. Der Verkauf von Berg- und Stahlwerken war Teil der von den Alliierten gewollten Entflechtung des Krupp-Konzerns. Mit dem Herauslösen der Kohlen- und Erzbergwerke sowie der eisen- und stahlerzeugenden Betriebe aus der Gesamtfirma und deren rechtliche Bindung an Alfried Krupp wäre der Industrielle in seiner früheren Machtfülle mehr als beschnitten worden. Vor allem hätte es das Unternehmen der eigenen Rohstoffquellen beraubt. Bei Krupp wurde auf Zeit gesetzt. Das Prinzip »Aussitzen« war erfolgreich. Wenige Wochen nach dem Tod von Alfried Krupp fasste das Munzinger-Archiv Oktober 1967 diese deutsche Wirtschaftsgeschichte als eine »spezielle Leistung Beitz's« so zusammen: »Die Verkaufsauflage bezüglich des Montan-Besitzes der Firma konnte Beitz immer wieder hinausschieben, bis niemand mehr davon sprach. Für die vornehmlich zum Verkauf anstehende ›Hütten- und Bergwerke Rheinhausen AG‹ fand sich auch niemand, der die

Milliarden aufbringen wollte.« Doch an die Verfügungen der Alliierten hielt sich Alfried strikt. Er hat bis zu seinem Tode das Stahlwerk Rheinhausen nicht betreten. Zu Beitz hat er einmal gesagt: »Herr Beitz, das gehört mir nicht, ich geh da nicht hin.« Nach dem Tode von Alfried Krupp ist diese Verkaufsauflage erloschen.

Die Lage nach der Haftentlassung von Alfried Krupp war mit jener seines Vaters Gustav nach dem verlorenen Ersten Weltkrieg vergleichbar. Die damals auferlegte Umstellung der Firma von Kriegs- auf Friedensindustrie hatte von 1918 bis 1928 einen Rückgang auf 70 000 von ehemals 170 000 Mitarbeitern zur Folge. Wegen des passiven Widerstandes gegen die französische Ruhrbesetzung wurde Gustav im Mai 1923 von einem französischen Militärgericht zu 15 Jahren Haft und 100 Millionen Reichsmark Geldstrafe verurteilt, kam jedoch schon im November des gleichen Jahres durch eine Amnestie frei. Die Lage der Kruppwerke war unhaltbar, die Kassen waren mehr als leer, es herrschte völliger Geldmangel. Gustav Krupp von B u H blieb hart wie Kruppstahl und gab das Werk nicht preis; trotz katastrophaler Bedingungen wurde bei Krupp weitergearbeitet.

Schon 1951 aus dem Gefängnis entlassen, hat Alfried Krupp seine Firma erst am 12. März 1953 wieder übernehmen können. Beruflich waren diese zwei Jahre angefüllt mit Juristerei, mit Neuregelungen der Besitzverhältnisse – und durch eine neue Eheschließung mit einer Deutsch-Amerikanerin. Die gewonnene Freiheit und die neue Frau genoss Krupp offensichtlich zunächst erst einmal auf ausgedehnten Reisen. Seit der Haftentlassung hatte er auf gesellschaftliche Veranstaltungen verzichtet. In die Gästebücher der Hotels trug er sich als Alfried von Bohlen und Halbach ein, mied den Namen Krupp. Die Villa Hügel war nicht mehr Wohnhaus. Jenseits des Hügelparks bezog er ein im kalifornischen Bungalowstil erbautes Haus, weder pompös, noch mit Blick auf den Mammutbau seiner Jugend. Die anerzogene Ordnung wird beim Aufbewahren seiner Reisefotos deutlich, seine abgelichteten Eindrücke sichert er sich in Karteien mit Eintragung von Blende, Belichtungszeit und Datum – die Schallplattensammlung wird mit »flottes Stück« oder »schön getragen«

beschriftet. Alfried Krupp war Musiksammler: etwa 4000 Schallplatten, 2000 Tonbänder, 800 Studiorollen, Mitschnitte von Rundfunksendungen ... Er selbst spielte, wenn auch selten, Schlagzeug.

Als er als Alfried Krupp von Bohlen und Halbach am 12. März 1953 wieder Leiter seiner Firma wird, schockiert er in den ersten Wochen seine Direktoren. »Erst die Menschen, dann die Maschinen. Das ist bei uns seit hundert Jahren so üblich.« Das war seine mündliche Begründung, weshalb er die verfügbaren Geldreserven nicht als Investitionen für neue Produktionsstätten und neue Maschinen, sondern als 50-prozentige Rentenzahlung für die über 16000 Krupp-Pensionäre verwendet sehen wollte; in einem weiteren Jahr sollten die alten Kruppianer die andere Hälfte ihres Geldes erhalten. Schriftlich ließ er bekannt machen: »Die Grundsätze und Aufgaben meiner zukünftigen Geschäftspolitik zielen insbesondere ab auf eine Erhaltung und mögliche Erweiterung der Arbeitsplätze, auf die Sicherung der Pensionen, den Neubau von Wohnungen und die Fortsetzung der alten Krupp-Tradition technischen, wirtschaftlichen und sozialen Fortschritts.« Alfried Krupp von Bohlen und Halbach begann seine Arbeit nach dem Kriege so, als konzentrierte sich in ihm der Gemeinsinn von Familie und Firma aus den vorangegangenen vier Generationen.

Als Alfried Krupp 1953 Firmenchef wird, stehen knapp 26000 Kruppianer in Lohn und Brot – nicht mehr als 1890 zu Zeiten seines Großvaters Friedrich Alfred. Die WIDIA-Fabrik, die Lokomotiv-Werke, die Kraftwagen- und die Motorenwerke arbeiten bereits wieder. Als 1955 sein Generalbevollmächtigter Beitz die Schließung eines unrentablen Betriebes vorschlägt, weist ihn Krupp freundlich, doch bestimmt auf sein Sozialverständnis einer Werksfamilie hin: »Dann müssen die anderen Betriebe entsprechend mehr verdienen, damit wir diesen Betrieb über Wasser halten können.«

Über dem Vormittag des 12. März 1953, dem Tag der Rückkehr in die Firma, lag auch ein Schatten. »Zum ersten Mal betrat die Frau Alfried Krupps offiziell die Fabrik ihres Mannes. Sie trug ein elegantes Kostüm und als Schmuck Maiglöckchen.« Seine Frau werde

Seltenes Glück: Alfried Krupp mit seiner zweiten Ehefrau Vera auf der Terrasse seines Hauses in der Nähe von Villa Hügel. Doch die Verbindung hielt nicht lange, die Baronesse floh in die USA, unter den blauen Himmel von Las Vegas.

»der Übung folgen, dass die Frauen des Hauses Krupp in besonderer Weise den sozialen Aufgaben des Werkes dienten«. So stand es am 13. März 1953 in den Zeitungen. Dazu kam es nicht. 1957 ist auch diese Ehe geschieden worden. Am 20. Mai 1952 hatten die Zeitungen gemeldet: »... der 44-jährige Chef des Hauses Krupp hat in aller Stille in Berchtesgaden die Deutsch-Amerikanerin Martha Vera Wilhelmine Knauer geheiratet«. Alfried Krupp hatte sich eine bildhübsche Frau ausgesucht, aber wieder eine geschiedene. Für Vera Baronesse von Hossenfeldt, eben diese Vera Knauer, war die Ehe mit Alfried Krupp die vierte. Und doch soll beim Zusammensein mit ihr erneut ein Lächeln das ernste Krupp-Gesicht erhellt haben, von dem Familie und Bedienstete schon während der ersten Ehe geschwärmt hatten. Wenn er sein goldenes Etui mit den amerikanischen Zigaretten schnippte, Vera ihr Gesicht mit den geschwungenen, sorgsam gezupften Augenbrauen hinabbeugte zu seinem Feuerzeug, dann war das schon ein Bild für die mondäne Welt.

Die neue Frau Krupp habe die meiste Zeit damit verbracht, auf ihren Mann zu warten, wird erzählt. Wohl kaum eine Tätigkeit, mit der eine Ehe glücklich überdauern kann. Sie versuchte, ihm so oft wie möglich nahe zu sein. Ein Bankier soll sich später beklagt haben, ein Vier-Augen-Gespräch mit Alfried zu heiklen Finanzfragen sei nicht möglich gewesen, da Vera ständig zugegen gewesen sei und alles mithören wollte. An den Jagdausflügen ihres Mannes nahm sie nicht teil – Männersache, an den Segeltörns mit der neuen Yacht »Germania V« auch nicht – gleichfalls Männersache. Das Verhältnis zur Schwiegermutter Bertha war gespannt. Bei einer Modenschau in Villa Hügel sei der großen alten Dame Bertha alle Aufmerksamkeit zuteil geworden, von der Hausherrin Vera Krupp jedoch habe kaum jemand Notiz genommen. Von Berthold Beitz, der während ihrer kurzen Ehezeit Generalbevollmächtigter geworden war, sagte sie später, dessen Gesicht hätte sie schon am ersten Tag verabscheut. Alfried und Beitz seien allein den Kruppwerken verfallen gewesen, sonst niemandem. Bei ihren Vorhaltungen soll Alfried ruhig geblieben sein. Als sie ihn einmal fragte, warum er keine großen Partys gebe, soll er gesagt haben, sein Leben lasse dafür wenig Zeit.

Die Ehe endete wie eine moderne Variante der Ehe des Urahns Alfred. Dazu später mehr. Baronesse Vera Krupp jedenfalls, aufregend schöne Düsseldorferin, hielt in den fünfziger Jahren des 20. Jahrhunderts die Einkaufsfahrten, bei denen sie auf der Düsseldorfer Kö ihren Wagen vollstopfte, für spannender als die Kontore und Flure von Geschäftspartnern, in denen sich ihr Ehemann bewegte. Da der Himmel über der Ruhr damals noch nicht blau war, sehnte sie sich nach dem Himmel über Kalifornien und dessen Sonne. Es zog sie in die USA, nach Las Vegas. Von dort aus konfrontierte sie ihren Mann mit dem Scheidungsbegehren und mit abenteuerlichen Forderungen: Sie wollte eine Abfindung von 20 Millionen Mark und eine Million Jahresrente. »Mein Mann, Alfried Krupp, hat die eheliche Gemeinschaft gebrochen«, klagte sie. »Er hat darauf gedrungen, dass ich meine amerikanische Staatsbürgerschaft aufgebe. Er hat meinen Lebensunterhalt vernachlässigt und er hat mir die Mutterschaft verweigert.« Im Übrigen wisse sie, auf welchen Auslandskonten ihr Mann ein Privatkapital von über einer Milliarde Mark deponiert habe. Eine weitere Drohung: An verschiedenen Orten der Welt lägen Fotokopien, wenn sie die veröffentliche, wäre das für Krupp von großem Schaden. In Essen förderte der Rosenkrieg Veras Ehebruch zutage: Vera hatte bei einem amerikanischen Schwimmdockfabrikanten angedockt, mit dem sie Weltreisen unternommen hatte und dessen Ehefrau Veras wegen gleichfalls auf Scheidung von ihrem Mann drängte.

Nach der Scheidung tauchte ihr Name noch mehrmals in den Schlagzeilen auf. Der amerikanische Milliardär Howard Hughes kaufte ihre Ranch. 1964 wurde sie überfallen und ihres gesamten Schmucks beraubt, der später samt Ganoven gefunden worden ist. Wenige Monate nach dem Tod von Alfried Krupp 1967 starb auch sie 57-jährig an schwerer Diabetes. 1968 wurden Schmuck und Kunstwerke versteigert, darunter auch ihr 6,6 Gramm schwerer Diamantring von 19 Karat, ein Liebesgeschenk Alfrieds. Dem Schauspieler Richard Burton war dieser edle Fingerschmuck 1,22 Millionen Mark Wert – als Liebesbeweis für seine Frau, die Schauspielerin Liz Taylor.

So kam es, dass Alfried Krupp Staats- und andere Gäste auf der großen Freitreppe von Villa Hügel gemeinsam mit seiner Mutter empfing. Obwohl dies während seiner Ehe mit Vera häufig genauso gewesen war. Bertha Krupp war wieder die liebenswürdige Gastgeberin wie in früheren Zeiten, nun an der Seite ihres Sohnes, vornehm, ganz alte Schule. Kaiser und Könige kamen, Regierungschefs, Diplomaten und Wirtschaftsführer. Bertha Krupp blieb weiterhin Herrin vom Hügel. Als im November 1954 Kaiser Haile Selassie von Abessinien mit Pump und Pomp wie zu des deutschen Kaisers Zeiten auf Villa Hügel gefeiert wurde, saß er zwischen Mutter Bertha und

Sohn Alfried, so wie auch Königin Friederike von Griechenland, als sie auf Hügel ihren Charme verbreitete. Alfrieds Frau Vera wurde nicht gesichtet. So wurde 1957 für den Herrn von Krupp ein Schicksalsjahr. Seine Frau suchte in den USA außer Freiheit Zerstreuung, kämpfte aber auch um sein Geld. Zum zweiten Mal war er als Ehemann gescheitert. In diesem Jahr starb Bertha Krupp, die geliebte und verehrte Mutter und letzte wirkliche Namensträgerin Krupp. Von nun an musste der Herr vom Hügel seine Gäste allein empfangen, ohne weibliche Unterstützung. Eine neue Liebschaft ist nicht bekannt – beziehungsweise nichts bekannt geworden, doch, so betonen ihm Nahestehende, ein ganzer Mann sei er schon gewesen. Von nun an sei Alfried Krupp nicht nur einsam, sondern auch allein gewesen.

***

In der Zeit, in der er die zweite Ehefrau und die Mutter verliert, gewinnt Alfried Krupp einen Helfer, der für ihn schließlich unersetzlich wird: Berthold Beitz. Beide verabreden ein in der Wirtschaftsgeschichte bis dahin einmaliges Modell des Verhältnisses zwischen Arbeitgeber und erstem Angestellten: Alfried von Bohlen ist als Krupp Inhaber der Firma. Ihm gehört, salopp ausgedrückt, der ganze Laden. Doch der Unternehmer wird zunehmend Berthold Beitz, er ist es, der den Laden schließlich als Generalbevollmächtigter des Inhabers »schmeißt«. Noch Pfingsten 1953 hatte Krupp erklärt: »Wir bei Krupp kennen kein Generaldirektorenprinzip.« Wenig später, November 1953, erhält Beitz Befugnisse und Rechte, die kein anderer Generaldirektor je besaß. Am Beginn dieser Gewaltenteilung hat Alfried Krupp seinen ersten Mann noch manche unternehmerische Entscheidung nicht alleine treffen lassen. Beispielsweise blieb er hart gegen Beitzens Vorschläge, sich neuen Unternehmensfeldern wie der Chemie zuzuwenden, und meinte dem Sinne nach, Krupp bleibt beim Stahl. Als Beitz 1955 wegen der von den Siegermächten verfügten, doch entwicklungshemmenden Verkaufsauflagen des Kruppschen Stahlbesitzes die Idee kam, der Adenauer-Regierung das

Tauschgeschäft Krupp-Stahl gegen VW-Aktien vorzuschlagen, hat Alfried Krupp seinen Bevollmächtigten groß angeschaut: »Herr Beitz, Sie sind noch nicht lange genug bei Krupp. Ich bin durch die Firmentradition dem Stahl verpflichtet.« Dabei blieb es. Doch je länger diese Zusammenarbeit zwischen beiden dauerte, umso stärker gewann Beitz das Vertrauen seines Chefs. Das hat viele dazu verleitet, diese Männer als Freunde zu stilisieren. Doch bis zum Schluss sind sie beim förmlichen Sie geblieben. Beitz hat Krupp die Last des Alltagsgeschäftes abgenommen und die Firma vor dem Absturz bewahrt. Als Gegenleistung erhielt er das, was im Berufsleben unschätzbar ist: uneingeschränkte Unabhängigkeit.

Als der Tod des Chefs die Begegnung der anderen Art zwischen Inhaber und Angestelltem beendet hatte, wurde Beitz, ehemals Benjamin der deutschen Industriemanager, später zunehmend in den Wolken thronender Senior, von den Medien als letzter Krupp gehandelt. Zwar betonte er schwach, der letzte Beitz zu sein, da er dreifacher Töchter-Vater sei, doch entkräftete er die Meinung kaum, Krupps Letzter werden zu wollen. So hat wohl der Publizist Claus Jacobi recht, der in den siebziger Jahren des 20. Jahrhunderts feststellte: »Krupp ist Beitz, Beitz ist Krupp. Deutschlands einzige Industriedynastie hat sich durch Adoption am Leben erhalten.« Tatsächlich neigte Beitz dazu, vieles vom Krupp-Wesen zu adaptieren. Sein Misstrauen ist dem vieler Krupps vergleichbar; beispielsweise bleiben die ihm direkt unterstellten Firmenarchive Unbotmäßigen verschlossen. Die Inszenierung der eigenen Persönlichkeit mittels bester Kleidung erinnert an die stutzerhaften Allüren des Dr. Gustav Krupp von Bohlen und Halbach. Männer mit großen Talenten treibt auch eine gehörige Portion Eitelkeit an – wie es scheint, auch ihn. Beitzens unnachahmliche Art, bei zugeknöpftem Zweireiher die Hände jungenhaft in die Hosentaschen zu stecken, kopierten ungekonnt ganze Managergenerationen. Seine mutige Risikobereitschaft in Wirtschaftsfragen ist denen des Firmengründers Friedrich und dessen Sohn Alfred verwandt. Er war wohl der einzige deutsche Angestellte, der sein Jahresgehalt selbst festsetzen konnte – eine Million hielt er für angemessen. Das führte zum Kruppianer-Witz im Monat Dezember: »Die Stahlbrücke (eine Verbindung im Werk) ist zusammengebrochen.« »Wie?« »Beitz ist mit der Weihnachtsgratifikation drüber gefahren.«

Die schicksalshafte Begegnung fand kurz nach Krupps Haftentlassung statt, als der Mittvierziger Krupp den Enddreißiger Beitz trifft. Schon in frühen Krupp-Zeiten wurden Titel eingeführt, die das Unternehmen wie einen Staat im Staate erscheinen ließen. Andere Firmen haben im Ausland Vertretungen, die Krupps jedoch haben Bevollmächtigte. Später gab es nicht nur simple Abteilungen, bei Krupps wurden sie geadelt und hießen Stabsabteilungen. Da weiß man gleich: Die Krupps, die sind nicht irgendwer. Nun ein General(!)bevollmächtigter. Beitz hat einmal seine Krupp-Gestalt so beschrieben: »Ich gehörte nicht zum Berufsstand der Manager. Ich war Generalbevollmächtigter des letzten Inhabers der Firma Krupp ... Ich hatte sehr schnell das Höchste erreicht, was ein Mann erreichen kann: die Unabhängigkeit. Ich brauchte niemanden zu fragen.« Im Jahr 2000, da Krupp, seine Brüder und sein Sohn nicht mehr zu den Lebenden zählen, kann Beitz ungestraft »Herr der Ringe« genannt werden. Journalisten schreiben es eilfertig, es klingt ja auch nicht schlecht.

Beitzens Krupp-Ära (oder Krupps Beitz-Ära) begann bei einem gepflegten Abendessen und vollendete sich im strömenden Regen. Jean Sprenger, mit den von Bohlens befreundeter Bildhauer, arbeitete in Essen an einem Auftrag für die Iduna-Germania-Versicherung in Hamburg, deren Generaldirektor Beitz war. Bruder Berthold machte Alfried auf ihn aufmerksam. Sprenger pries ihn als *Selfmademan*. Das war 1952, ein Jahr nach der Haftentlassung von Alfried Krupp. »Ich glaube, Alfried Krupp wollte einen Mann haben, der nicht verwandt und verschwägert war mit der Ruhrindustrie, der aber hundertprozentig sein Mann war«, vermutete Beitz später. Als Beitz im Atelier von Sprenger dessen Skulptur begutachtete, »ging die Tür auf, und Alfried kam herein, etwas schmal, etwas blass ... Dann gingen wir in den Essener Hof. Ich glaubte, er wollte von der Iduna

Geld haben.« Ein Essen mit Ehefrauen, September 1952 in Hamburg, unterbrach Alfried Krupp, um mit Beitz bei Regen an der Binnenalster zu wandeln. Beitz über den entscheidenden Krupp-Satz: »... und fragte mich, ob ich mit ihm den Krupp-Konzern wiederaufbauen möchte. ›Sie kriegen Generalvollmacht und können handeln wie ein Eigentümer‹, sagte er. Da habe ich zugestimmt.«

Beitz war damals 39 Jahre alt, Generaldirektor zweier Versicherungsgesellschaften in Hamburg: Iduna-Germania und Vereinigte Leben. Zwischen Krupp und Beitz lag nur ein Altersunterschied von sechs Jahren. Und doch hätten sie unterschiedlicher nicht sein können. Alfried Krupp der introvertierte Industrielle, menschenscheu, ja sogar melancholisch, der das von ihm als ungerecht empfundene Urteil der amerikanischen Besatzer nie verwinden konnte, dem die Haft physisch und psychisch zugesetzt hatte. Auf der anderen Seite ein zupackender, weltoffener *Selfmademan*.

Zum fünfzigsten Geburtstag von Alfried Krupp steht über beide Männer in einer Krupp-Schrift ein Text, der ohne Alfrieds Redaktion sicher nicht erschienen wäre: »Nach Charakter und Wesen ist er in seiner Unbekümmertheit und Unbefangenheit die glückliche Ergänzung des ernsten, stets zurückhaltenden Firmeninhabers, der das Erbe der Namen, die er trägt, nicht verleugnet. Berthold Beitz ist die schwierige Aufgabe zugefallen, das in die Wirklichkeit umzusetzen, was nach den Vorstellungen des Alfried von Bohlen und seinen eigenen mit dem Inhaber abgeklärten Gedanken für die Firma nützlich und notwendig erkannt wird.« Krupp hat allerdings die Riten der Zusammenarbeit vorgegeben. Er las jede Post für Beitz. Er sprach mit seinem ersten Mann nie telefonisch, sondern immer per Augenkontakt. Wenn Krupps Sekretärin zur Sekretärin von Beitz sagte: »Herr von Bohlen ist noch eine halbe Stunde da«, hieß das, Beitz solle ins Büro von Krupp kommen. Dass sich beider liebste Freizeitbeschäftigungen deckten, Segeln und Jagen, dass beide gern Jazz hörten, und beide in Sylt vernarrt waren, hat sicher zum gegenseitigen Verstehen beigetragen. Aber auch da tauchte, wie ein Relikt aus der Vergangenheit, manchmal der Zweifel auf, der beim Urgroßvater Alfred nahezu manisches Misstrauen gewesen war. Beitz wurde im Urlaub auf Sylt von Krupp zärtlich Bautz genannt. Und es kam vor, dass er, wie nebenbei, Bautz fragte, was der und Bautzens Frau am Abend vorhätten, obwohl er, Krupp, die Beitzens zum Hummeressen eingeladen hatte. Als ob er überprüfen wollte ... Als ob er angenommen werden wollte ...?

Für Krupp erwies sich diese Verbindung als ideal. Der Erbe und sein Statthalter führten einen erfolgreichen Kampf gegen die Entflechtung des Konzerns und schafften gemeinsam den Wiederaufstieg der Firma. Der letzte Krupp machte den Sohn eines pommerschen Wachtmeisters erst zu seinem Generalbevollmächtigten und später zu seinem Testamentsvollstrecker. Als erster Vorsitzender übernahm Beitz nach dem Tod Alfried Krupps die Stiftung mit dem Namen seines Arbeitgebers. So ist er gewissermaßen ein Krupp geworden. Er steht für den Namen einer Industriellen-Dynastie, die die deutsche Wirtschaftsgeschichte wie keine zweite geprägt hat. Je umfassender ihm diese fast familiäre Stellung zugefallen ist, umso stärker wurde er den meisten der von Bohlen und Halbachs suspekt, von denen einige ihn anfangs wie Luft behandelten. Bertha Krupp, Alfrieds Mutter, und Barbara von Wilmowsky, Alfrieds Tante und Berthas Schwester, mochten ihn. Die anderen gingen immer mehr auf Distanz, später auf Konfrontation. Das vorläufige Ende dieser Nichtbeziehung waren Gerichtssäle, in denen die von Bohlen und Halbachs gegen die Stiftung, also gegen Beitz und damit gegen ihren Verwandten Alfried angegangen sind und angehen wollten.

Doch mit der Zeit wurde es schwieriger, Stimmung gegen Alfried Krupps Vertrauten zu machen. Beitz, der dem Unternehmen neue Märkte im Osten erschlossen hatte und dessen Russlandreise 1963 mit dem Treffen beim sowjetischen Ministerpräsidenten Nikita Chruschtschow ihn nahezu als einen deutschen Wirtschaftsdiplomaten auswies, schlug Bundeskanzler Brandts Angebot aus, Botschafter in Moskau zu werden, weil er sich vor allem Krupp verpflichtet fühlte, sich aber dort auch sicherer beheimatet wusste. Seine Rettungstat im Krieg von 1942 bis 1944 als Direktor der Firma Karpathen Öl in

Galizien, bei der er hunderte von Juden vor dem Abtransport in die Vernichtungslager der Nazis bewahrt hatte, wurde nicht nur mit polnischen Orden anerkannt. Spät erst, im Februar 2000, wurden er und seine Frau Else dafür mit dem Leo-Baeck-Preis ausgezeichnet, der zum Gedenken eines in der Nazizeit unerschrockenen jüdischen Theologen verliehen wird. Seinen schönsten Titel nannte er in der langen Reihe der Ehrungen die Aufnahme in die Reihe »Gerechter der Völker« in Israel.

Als erster westdeutscher Industrieller ist Beitz bereits 1958 von der polnischen Regierung zu einem offiziellen Besuch eingeladen worden. Es gilt als unbestritten, dass von seinen Bemühungen um die Intensivierung des Osthandels nicht nur die Firma Krupp, sondern die westdeutsche Wirtschaft insgesamt profitierte. Im Kreml galt er als »der schönste Kapitalist«. Der amerikanische Präsident John F. Kennedy erblickte in ihm »endlich einen Deutschen ohne Komplexe«. Seine zum Teil spektakulären Alleingänge bei Verhandlungen trugen gelegentlich den Charakter einer halboffiziellen Mission. Diese und andere internationale Reputationen – vom Professorentitel über Ernennungen zum Ehrendoktor bis zur Mitgliedschaft im Präsidium des Internationalen Olympischen Komitees – machten ihn zu einer international be- und geachteten Persönlichkeit, die zunehmend unangreifbarer wurde. Im Konzern verstand er es, weit über die Pensionierungsgrenze hinaus bedeutende Positionen zu halten. So trennte er sich erst als 75-Jähriger im Juni 1989 vom Amt des Aufsichtsratsvorsitzenden der Fried. Krupp GmbH. Diese Firma ist erst 1968, also ein Jahr nach dem Tode von Alfried Krupp, ins Handelsregister eingetragen worden. Der Alleininhaber dieses Unternehmens ist die Alfried Krupp von Bohlen und Halbach-Stiftung.

Schon lange soll Alfried daran gedacht haben, sein ganzes Vermögen einer Stiftung deshalb zu überantworten, um Krupp für alle Zeit und unwiderruflich jedem persönlichen Interesse zu entziehen. Da gerät der Konzern im Frühjahr 1967 in eine Liquiditätsklemme. Alfried Krupp war manchmal auch ein Zauderer. Beitz dagegen war auch risikofreudig, seine langfristigen Engagements gingen zeitweilig

Abschied vom Chef: Der Generalbevollmächtigte und Testamentsvollstrecker Berthold Beitz an der Bahre des verstorbenen Alfried Krupp von Bohlen und Halbach.

bis an die Grenzen der Finanzkraft des Unternehmens. In dieser prekären Situation haben beide Männer gemeinsam den Ausweg gesucht. Der hieß: Zur Exportfinanzierung gibt die Bundesregierung eine Bürgschaft von 300 Millionen Mark, 28 Banken geben 100 Millionen Exportkredite, das Land Nordrhein-Westfalen erteilt eine Bürgschaft von 150 Millionen. Doch damit hatten die Geldgeber eine Forderung verbunden: Die gesellschaftsrechtliche Umwandlung des Unternehmens in eine Kapitalgesellschaft. Diese Staatsbürgschaft ist zwar kaum in Anspruch genommen worden, doch wurde Alfried Krupps Wunsch nach Einrichtung einer Stiftung schnell Realität.

Noch einmal saßen Inhaber und erster Mann auf Krupps Segelschiff »Germania VI« bei Krabben und Spiegelei. Alfried von Bohlen

Abschied vom Vater und der einstigen Liebe: Anneliese Bahr, erste Frau von Alfried, und dessen Sohn Arndt von Bohlen und Halbach (re.) bei der Beerdigung des letzten Firmeninhabers – begleitet von Berthold Beitz.

war erkältet. Beitz sagte warnend: »Herr von Bohlen, Sie müssen mal einen Pullover anziehen, Sie husten dauernd. Das ist schlimm, Sie haben eine Bronchitis.« Bei einer Routineuntersuchung wird bei dem Kettenraucher Lungenkrebs diagnostiziert. Am 30. Juli 1967 stirbt er an akuter Herzschwäche. Eine Krankenschwester war bei ihm. Sein Herz wäre zu schwach gewesen, um die Brüchigkeit der Welt zu ertragen, poetisierte Bundestagspräsident Gerstenmaier bei der Trauerfeier. Krupp bleibe sein Leitbild, versprach Berthold Beitz und gestand, die große Freundschaft eines großen Menschen werde ihm fehlen. Als die helle Marmorplatte über das Grab gelegt wurde, blieb nur das Andenken an diesen Namen und den letzten Träger der fünf Buchstaben, dessen Leben von jener Verheißung des Vaters im Geburtstelegramm bestimmt worden war, »der verantwortungsvollen Pflicht«. Die hatte sich wohl wie ein Korsett um ihn gepresst. Einmal hatte er einen Blick in sein Inneres gestattet: »Mein Leben hat nie von mir selber abgehangen.« Tausende trugen sich in die Kondolenzlisten ein. Mit dem Tod von Alfried Krupp von Bohlen und Halbach war der Familienname Krupp historisch. Im 16. Jahrhundert hatte seine Geschichte in dem unbedeutenden Landstädtchen Essen begonnen.

TEIL ZWEI

3. Erster Krupp ein Ausländer – der Gründer ein Bankrotteur

Als die 19-jährige Theresia Helena Johanna Wilhelmi 1808 den knapp 21-jährigen Friedrich Krupp heiratete, wurde sie von mancher Frau beneidet. Ihr Friedrich war die beste Partie im Landstädtchen Essen, war der reichste und begehrteste Junggeselle am Ort. 1826 beneidete sie niemand mehr. Ihr Mann hatte noch nicht einmal das vierzigste Lebensjahr erreicht, als er an »Brustwassersucht« starb. Die Firma ihres Mannes, Fried. Krupp, lag danieder, die Familie war bankrott: 10 000 Taler Schulden, das wären heute über 400 000 Mark. Das Bürgerhaus war schon verkauft, die Familie war in ein winziges Arbeiterhaus umgezogen, das Aufseherhaus auf dem Fabrikgelände. Was die kleine Belegschaft der verbliebenen fünf Schmelzer und zwei Grobschmiede durch Werkzeuge und Prägestempel erwirtschaftete, reichte vorne und hinten nicht, um die Inhaberfamilie zu ernähren. Die Lage schien aussichtslos.

Andere hätten vielleicht aufgegeben, die Pleite zugelassen, hätten realistisch gehandelt und Konkurs angemeldet. Doch es war, als stemmte sich die Frau, wie ihr Mann zu Lebzeiten auch, gegen das Unausweichliche, als habe sein Starrsinn auch sie ergriffen. Witwe Krupp gab nicht auf. Sie bewirtschaftete, wie die Arbeiter der kleinen Fabrik als so genannte Kötter, das noch verbliebene Stück Ackerland weiter, auf dem die Kuh weidete, ließ Butter und Milch auf dem Markt verkaufen. Die 17-jährige Tochter Ida kam im Haushaltsdienst in Frankreich unter, den zwölfjährigen Sohn Hermann nahmen Verwandte auf. Mutter Krupp blieb mit dem sechsjährigen Friedrich und dem ältesten Sohn, dem 14-jährigen Alfried, im Aufseherhaus.

Von dort aus führte sie das Unternehmen Fried. Krupp weiter – mit einem 14-Jährigen als Handwerker und bereits heimlichen Geschäftspartner.

Den Krupps mag vieles nachgesagt werden können. Eines bleibt unbestritten: Aufgegeben haben sie nie. Gerade diese Eigenschaft hat viel dazu beigetragen, den späteren Mythos Krupp zu gebären und üppig gedeihen zu lassen. Zu Kaisers Zeiten, mehr noch im Nationalsozialismus, wurde er ins Heroische übersteigert. Mit der Frau des ersten Krupp, Friedrich, Mutter des legendären Alfred, hat es begonnen. Ohne ihren verbissenen Durchhaltewillen hätte es den abenteuerlichen Aufstieg der Firma Fried. Krupp nie gegeben.

Drei Jahrhunderte zuvor, 1587, taucht dieser Name zum ersten Mal in Essen auf: Arndt Krupp, damals noch *Kruipe*. Mit ihm nimmt die Familiengeschichte ihren Anfang. Sie beginnt abenteuerlich. Weitere vier Jahre zuvor, 1583, hatte sich der niederländische Landesherr der Grafschaft Bergh wieder zu seinem alten katholischen Glauben bekannt. Wer das Land beherrscht, bestimmt auch die Religion, das war im Auf und Ab von Reformation und Gegenreformation Staatsregel. Wer nicht so glauben wollte, wie der Landesherr, musste gehen. Arndt Kruipe aus der niederländischen Gemeinde Gendringen blieb der Lehre Luthers treu und wanderte aus.

Es ist erstaunlich: Die umtriebigen Gründerpersönlichkeiten, die im 19. Jahrhundert durch Risikofreude, Unternehmenslust – auch durch Spekulationen – das Land an Ruhr, Emscher, Rhein und Lippe in Wallung und die durch Kohle und Eisen das industrielle Herz Deutschlands zum Schlagen brachten, waren vielfach Zuwanderer. Die drei Giganten der Region hatten ihre Wurzeln nicht im Ruhrgebiet, sondern waren Einwanderer oder Nachkommen von Einwanderern. Kruppsche Vorfahren waren Niederländer. Der heute kaum bekannte Hitzkopf Friedrich Grillo, auf dessen Wirken die ersten größeren industriellen Betriebseinheiten Deutschlands zurückgehen und der andere anstiftete, beispielsweise Berg- und Hüttenwerke, Banken und Brauereien unter einem Dach zusammenzuschließen, stammt von italienischen Einwanderern aus Sendrino im Veltin ab.

Und William Thomas Mulvany, den ebenfalls heute nur noch ganz wenige kennen, Mitte des 19. Jahrhunderts ein Planer und Organisator großen Stils und von Düsseldorf aus Sprecher der rheinisch-westfälischen Wirtschaft, ja Pionier vorausschauender Wirtschaftspolitik an Rhein und Ruhr, durch den der Bergbau seine rasante Nordwanderung von Gelsenkirchen bis über Dortmund hinaus begann, war ein irischer Wasserbauingenieur. Und der, der ihn ins Ruhrland gelockt hatte, war ein Belgier. Noch etwas fällt auf. Es ist kein Katholik unter ihnen. Allein August Thyssen, der um die Wende vom 19. zum 20. Jahrhundert zum Berg- und Stahlherrn an Rhein und Ruhr wurde, ist in einer streng katholischen Kaufleute- und Handwerkerfamilie aufgewachsen. Aber auch er stammte nicht aus der Gegend, sondern war von Eschweiler bei Aachen nach Duisburg-Hamborn gezogen.

Mit dem Niederländer Krupp suchten Mitte des 16. Jahrhunderts viele seiner Landsleute im Städtchen Essen eine neue Heimat, von dem ein zeitgenössisches Städtebuch berichtet: »Es solle einer nicht leichthin einen anderen Ort finden, da mehr allerlei Büchsen gemacht werden, denn eben daselbst.« – Und Jahrhunderte später lebte das vergessene Gewehrgewerbe, die Büchsenmacherei, durch Krupp als so genannte Waffenschmiede Deutschlands wieder auf. Im 16. Jahrhundert machte die Religionsfreiheit das Leben in Essen erträglicher. 1587 steht Kruipe im Verzeichnis der Großen Kaufgilde von Essen, dem Aufnahmebuch. Doch die Eintragung ist nicht eindeutig, erst bei den Nachfahren wird der Name Krupp erkennbar. Seine Unterschrift findet sich in einem Dokument von 1612, das Bürgermeister, Rat und Vorstand der Essener Bürgerschaft nachweist: Da steht *Arnt Croupen.* Wein und holländische *Spezereyen* sind die Waren, mit denen der erste Krupp handelt, sowie Vieh, das er mit anderen Bürgern gemeinsam kauft und wieder verkauft. Schon bei ihm taucht das spätere Hauptprodukt der Krupps auf: Eisen. Doch Arndt, der zum »Schmidtampt« gehört, handelt zunächst nur mit Eisenwaren.

Dieser erste Krupp legt den Grundstock für den späteren Wohlstand der Familie. Er kauft Grundstücke und Häuser, steckt sein Vermögen in Immobilien. Der Wagemut der Krupps ist schon bei ihm ausgeprägt, auch die Risikobereitschaft. Im Pestjahr 1599 versetzt der schwarze Tod auch in Essen die Menschen in Furcht und Schrecken. Mit der Beulenpest hält der Tod reichliche Ernte. In Panik fliehen viele Bürger. Doch Krupp hat offensichtlich zwischen dem Gestank von Erbrochenem, Urin, Kot und Verwesung einen kühlen Kopf bewahrt. Er nimmt die Gefahr einer Ansteckung in Kauf, und er macht dafür Geschäfte mit der Angst: Flüchtenden handelt er zu niedrigen Preisen Grundstücke ab, kauft von Überlebenden, für die Besitz nichts mehr bedeutet, Gärten und Grundstücke vor den Toren der Stadt. Viele geben für wenige Münzen ihren Besitz hin, um sich, wie sie meinen, ein letztes Saufgelage zu gönnen. 13 Jahre nachdem sein Name als Neuaufgenommener im Kaufmannsgildenbuch verzeichnet worden ist, zählt der erste Krupp zu den reichsten Männern von Essen. Unter den Bürgern muss er so zum Ruf eines Mannes gelangt sein, der mit Geld gut umzugehen versteht. Ihm wird das städtische Ehrenamt eines Rentmeisters übertragen, was dem heutigen Kämmerer entspricht. So einen nennt man einen honorigen Mann. Und er wird Urahn einer honorigen Familie.

So wie es begonnen hatte, ging es in den nächsten Jahrhunderten weiter. Die Nachkommen sorgen für Vermehrung von Ansehen, Macht und Geld. Sie erringen die wichtigsten Ämter der Stadt, werden Ratsherr, Stadtsecretarius (heute etwa Oberstadtdirektor), Bürgermeister gar. Die Krupps werden stolze Bürger, die den Zeitpunkt jedoch nie verpassen, an dem sich eine wirtschaftliche Chance bietet. Die Krupps und die Huyssens, ebenfalls eine Einwandererfamilie aus den Niederlanden, verschwägern sich zunehmend, eine eingeschworene Erbherrschaft entwickelt sich. Catharina Huyssen, geborene Krupp, war Anfang des 17. Jahrhunderts die kapitalkräftigste Frau des Städtchens. Eine wohl auch selbstgefällige Gesellschaft breitete sich aus, die den äußeren Widerstand gegen eine nachgewiesene Vetternwirtschaft durch eisernen Zusammenhalt überstand – bis zur handfesten Prügelei, wie etwa 1797 bei einem »Krupp-Prozess«. Der ehemalige Krupp-Archivar Ernst Schröder analysiert diese ehrenwerte Gesellschaft: »Wie die Söhne und Töchter der Essener Patrizierfamilien unter sich heirateten und Verbindungen mit Außenstehenden lieber mieden als suchten, so war man in Essen in Sorge vor jedem belebenden Einfluss von außen.« Diese Einschätzung lässt sich auf die neu entstehende Klasse der wenigen die Industrie und Wirtschaft bestimmenden Familien im sich entwickelnden rheinisch-westfälischen Ballungsraum des 19. Jahrhunderts übertragen. Überall stößt man auf die gleichen Namen. Nicht von ungefähr heirateten zwei Brüder des Duisburger Kohlenhandels- und Speditionshauses Haniel in der ersten Hälfte des 19. Jahrhunderts jeweils eine Tochter des einflussreichen Kommerzienrats Huyssen aus Essen. Ein weltweit verbreiteter Schachzug – in der Kleinstadt Essen und in den anderen Städtchen an Rhein und Ruhr über Jahrhunderte exerziert: So bleiben Geld und Macht zusammen.

In diesem sicheren Schoß kommt 1787 Friedrich Krupp zur Welt. In der Familiengeschichte bildet er eine Ausnahme. Alle Krupps waren bislang mehr oder minder erfolgreich gewesen und waren vor allem durch Handel zu Geld gekommen. Zwar versuchte sich auch Friedrich als Händler, aber ohne Erfolg. So ist er der erste, der durch Handwerk sein Berufsglück erzwingen will. Und er ist der erste Versager – und bleibt im Grunde auch der einzige. Und dennoch geschieht durch diesen Mann das Erstaunliche: Ein Unglücksrabe wird zum Gründer der späteren Weltfirma Fried. Krupp.

Friedrich Krupp ist ein reicher, selbstbewusster und selbstsicherer Bürgerssohn. Die zahlreichen Krupp-Biografen charakterisieren ihn unterschiedlich: stürmisch und bewegt, verwöhnt und zum Übermut neigend, leicht zu begeistern und daher unbeständig, niemals zu ernster Arbeit angeleitet, sanguinisch und projektfreudig, aber oft rücksichtslos. In seiner Jugend fanden Freiheit, Gleichheit, Brüderlichkeit durch die Französische Revolution Eingang in das politische Denken, aber auch Selbstherrlichkeit, Grausamkeit und Willkür. Ob sich das im ländlichen Essen auswirkte? Friedrich Krupp war ein Schuljunge, als Napoleons Armeen durch Europa marschierten. Auf die Emigranten und Religionsflüchtlinge folgten die Soldaten. Mal waren es die Preußen, mal waren es die Franzosen. An Abwechslung fehlte es jungen Menschen nicht, es war eine turbulente Zeit. Das Leben des Friedrich Krupp macht den Anschein, als sei er ein Kind dieser Zeit gewesen: ungestüm, hochtrabend und mit so vielen Ideen befrachtet, dass keine richtig reifen konnte.

In Friedrichs jungen Jahren bildete vor allem Helene Amalie Krupp-Ascherfeld, Friedrichs Großmama, den Lebensmittelpunkt der Familie. Mit 45 Jahren hatte Friedrichs Großvater, Friedrich Jodocus Krupp (1706–1757), sie, Helene Amalie Ascherfeld, als seine zweite Frau geheiratet. Bei seiner ersten Hochzeit war der Großvater jünger als seine erste Frau gewesen, er 20, sie 32. Aber: Sie ist reich. Zwar bleibt Kindersegen aus, dafür ist der Geldsegen umso größer. Das Ehepaar Krupp erwirbt 1737 ein inmitten Essens liegendes Gebäude, das Stammhaus der Krupps. Die Ehefrau stirbt mit 43 Jahren. Nach zwölf Witwerjahren erblickt der vermögende Kaufmann, Senator und Rentmeister der Stadt, des Nachbarn Töchterlein: Helene Amalie Ascherfeld, 19 Jahre alt. Nicht nur hübsch, sondern klug und energisch zudem. Nach nicht einmal sechs Ehejahren starb der Senator Friedrich Jodocus Krupp. Mit 25 Jahren ist Helene Amalie Witwe. 1732, in ihrem Geburtsjahr, hatte ihr späterer Ehemann ein Geschäft für Kolonialwaren eröffnet: der Ursprung des Handelshauses Krupp. Seine junge Witwe mit den zwei Kindern ist eine reiche Frau mit Häusern, Kolonialwarenladen und Großhandel, mit Grundstücken und Liegenschaften. Auf einem dieser Grundstücke wird später die Gussstahlfabrik Fried. Krupp entstehen. Es muss ein kapitales Kaufmannsweib gewesen sein, diese Geschäftsfrau Helene Amalie Krupp. An ihrem Lebensende besaß sie 31 Liegenschaften, ihre Handlung wurde nahezu zu einem Handelshaus mit Beziehungen bis nach Holland. Und noch mit 74 ersteigerte sie Bergwerke, an anderen war sie schon vorher beteiligt.

Als Friedrich acht Jahre alt war, starb sein Vater Peter (1753–1795) – was die Großmutter als Bezugsperson noch hervorhob. Ihrem Enkel Friedrich und dessen Bruder Wilhelm gestattete sie nahezu alles. Überall durfte der junge Friedrich nachschauen, stöbern und klettern – das geschäftige Treiben des Ab- und Aufladens, des lautstarken Kaufens und Verkaufens beim Feilschen mit Wiederverkäufern, Bauern und Handwerkern von nah und fern erleben. Textilien und Farben waren Großmutters Geschäft. Eine Metzgerei besaß sie und eine Agentur zum Verkauf von Lotterielosen. In einem anderen Handwerksladen wurde Schnupftabak hergestellt. Große Bauerngüter waren ihr eigen. Das Tollste aber in Friedrichs Jugend waren die Blasebälge und die Wasserräder, die Feuer in den Öfen und das glühende, flüssige Eisen in den Tiegeln und Formen. Aus einem Bankrott heraus hatte die Großmama die »Hütte zur guten Hoffnung« in Sterkrade günstig erstanden, die später als Wiege der Ruhrindustrie verherrlicht werden sollte. Doch da hatte Frau Krupp die Hütte bereits mit Gewinn weiterverkauft ...

Der zuckende, helle Schein des Hüttenfeuers als Vorbote einer kommenden Zeit muss es dem heranwachsenden Friedrich angetan haben. Doch er sollte Kaufmann werden. Erst nach der Lehre im Laden der Großmutter durfte er mit 18 Jahren auf die Hütte. Trotz einer »gewissen Unstete« und »Hin- und Herschwirrens zwischen Sterkrade und Essen« sowie »eiliger Reisen«, »fröhlicher Sterkrader Gastlichkeit« und einer »leicht entzündlichen Phantasie«, die ihm Biografen nachsagen, muss Großmutters Liebe größer als ihre Ungehaltenheit über des jungen Mannes Eskapaden gewesen sein. Als der sich 1807 mit Therese Wilhelmi, einer der Töchter des reichsten Essener Bürgers, verlobt, gibt die Großmutter ihrem Friedrich einen großzügigen Wechsel auf die Zukunft: Sie überträgt ihm die Hütte als Eigentum. Der Schwiegervater dagegen handelt kontraproduktiv: Er behält die Mitgift seiner Tochter bei der darauf stattfindenden Heirat ein. Der Grund lag wohl weniger darin, dass seine Tochter, die als Verlobte mit einer Puppe im Arm durch die Straßen tanzte und niederdeutsch jauchzte »Ick bin sin Brut!«, noch nicht ehereif gewesen wäre – vielmehr wird es die stadtbekannte Haupteigenschaft des Schwiegervaters Wilhelmi gewesen sein, der als geizigster Bürger der Stadt verklatscht war. Der 20-jährige Krupp war zwar nun Hüttenbesitzer, doch blieb er, noch nicht volljährig, von der Großzügigkeit und dem Wohlwollen der Großmutter abhängig. Friedrich reicht die Herstellung von Öfen und Töpfen, Pfannen, Kesseln, Platten und Kleineisenwaren in der Hütte jedoch nicht. Er will zum Guss schwerer Teile übergehen. Gleich nach Übernahme der Hütte stürzt sich der junge Mann in den Guss für Teile der »Feuermaschine« des damaligen Erfinders und großen deutschen Ingenieurs Franz Dinnendahl. Diese Teile, »die sonst bloß aus England bezogen würden«, wie Krupp stolz in einem Brief vermerkte, bringen zwar deutsche Dampfmaschinen zum Laufen, doch Geld bringen sie kaum. Weder Friedrich Krupp, noch Franz Dinnendahl sind wirkliche Kaufleute, vielmehr besessene Tüftler, ja sogar Idealisten, Krupp obendrein ein ungeduldiger Träumer. Krupp blieb mit den fertig gegossenen Teilen lange aus, waren sie geliefert, zahlte Dinnendahl erst spät. Die Großmutter sprang ein und lieh dem Enkel die Lohngelder für seine Belegschaft. Obgleich dermaßen abhängig, schmiedete er doch Pläne zur Expansion. Großmutter Helene Amalie wartete offenbar die Bilanz des ersten Jahres ab. Die war miserabel. Da zog die Geschäftsfrau die Konsequenz und die Übereignung der Hütte an ihren Enkel zurück.

Soeben volljährig geworden, war der junge Krupp plötzlich nicht mehr selbstständig. Soeben Familienvater geworden, Therese war Mutter einer Tochter geworden, steckte er erneut in tiefer Abhängigkeit von der Verwandtschaft. Die Geschäftsführertätigkeit auf der Hütte, die ihm die Großmutter beließ, war nur von kurzer Dauer. Bei der ersten guten Gelegenheit verkaufte die 77-jährige Mume die Hütte an das Familientrio Jacobi, Haniel & Huyssen. Die hoch fliegenden Pläne von der Gussstahlherstellung in der eigenen Hütte waren für Krupp vorerst gescheitert. Der Eisenmann musste zurück hinter den Ladentisch der Großmutter und mit Frau und Kind ins Haus der Helene Amalie ziehen.

Wie häufig in Familiengeschichten verändert ein Tod alles. Im Frühjahr 1810 stirbt Helene Amalie Krupp-Ascherfeld. Ihr Enkel Friedrich wird Eigentümer ihres Hauses, übernimmt ihr Geschäft, fügt seinen bescheidenen Teil hinzu und gründet mit seinem jüngeren

Bruder Wilhelm eine eigene Importfirma, die unter anderem mit Indigo, Zucker und Kaffee handelt. Aber auch Krupp als Handelsmann ist nur ein kurzes Zwischenspiel. Dass ihm das Handelsgeschäft verleidet gewesen ist, hat er Geschäftsfreunden gestanden. Dass ihn die Suche nach dem »Geheimnis des Gussstahls« umgetrieben hat, dokumentiert sein kurzes Leben. Zwar hat er in einem winzigen Schuppen hinter dem großmütterlichen Haus des Essener Flachsmarktes wie ein Dilettant eher unzulänglich begonnen, doch ist später in seiner Firma »ein Verfahren für die fabrikmäßige Herstellung von qualitativ hochwertigem Gussstahl entwickelt« worden, wie neueste Forschungen meinen. Ist es Friedrich Krupp selbst gewesen, der das Geheimnis der Gussstahlherstellung lüftete? Oder waren es doch die ersten beiden Teilhaber seiner Firma, die Brüder von Kechel, die ihn auf den rechten Stahlweg brachten? Den Kampf um Stahl hat Krupp mit einem hohen Preis bezahlt. Er hat ihn sein Erbe, nahezu seinen gesamten Besitz, seine und seiner Familie Stellung, seine Gesundheit, am Ende gar sein Leben gekostet.

Am 20. November 1811 gründete Friedrich Krupp mit 25 Jahren seine Firma »Fried. Krupp« zur »Verfertigung des englischen Gussstahls und aller daraus resultierender Fabrikate« auf einem Grundstück seiner Großmutter vor den Toren der Stadt. Die Wirtschaft in Essen siechte dahin. Überall schlossen Betriebe ihre Tore. Nur wenige hatten Arbeit. Die Zahl der Bettler nahm zu. Das technische Genie dieser Zeit, Franz Dinnendahl, klagte, es gäbe nicht einmal einen Schmied, der eine ordentliche Schraube machen könne. Schon an den Schmelzöfen der »Hütte zur guten Hoffnung« muss Friedrich Krupp der englische Gussstahl nicht aus dem Sinn gekommen sein. Im Krieg mit England hatte Napoleon 1806 das Mittel der Kontinentalsperre angewandt: Blockade der Ausfuhr von und nach England. Napoleon setzte Prämien für die Erfindung von Produkten aus, die Ersatz für die ausgesperrten englischstämmigen sein konnten. 4 000 Francs beispielsweise für die fabrikmäßige Gussstahl-Herstellung, angezeigt im *Mercure de Departement de la Roer*.

War es Kühnheit oder Leichtsinn, Weitsicht oder Risikofreude,

Tatendrang oder Zukunftsglaube und Pioniergeist, die Friedrich dazu trieben, der Mann werden zu wollen, der den »deutschen Stahl« erfindet? So dynamisch seine Anstrengungen ihn auch erscheinen lassen, eine erste Tagebucheintragung lässt vermuten, dass er geahnt haben muss, wie verzweifelt gering seine Aussichten waren. Er zitierte aus einer Moritat: »Ach, ich bin verdammt, in Not zu leben ... Jammer, Elend sind die Garben, die die Torheit ernten kann.« Mit Blick auf sein Scheitern klingt es wie eine sich selbst erfüllende Prophezeiung.

Zweimal saß er Teilhabern auf, die sich rühmten, Kenntnisse und Fertigkeiten zur Herstellung des englischen Gussstahls zu besitzen. In beiden Fällen waren es Offiziere beziehungsweise Rittmeister a. D., die eher ihre Pension aufbessern als das Geheimnis des Gussstahls lüften wollten. Als es im November 1814 zur Trennung von den ersten beiden Teilhabern kam, Krupp hatte die Kechel-Brüder hinausgeworfen, lagen dramatische Jahre hinter der Familie Krupp. Friedrich musste seine Geschwister für Fabrikbauten um Darlehen bitten, da aus dem Grundbesitz der Großmutter nur langsam Erträge in die Kasse kamen. 1812 wurde er mit 25 Jahren jüngster Ratsherr und ließ sich zeitraubende Ehrenämter aufbürden. Im 7000 Seelen zählenden Städtchen Essen eine Sisyphusarbeit. Der preußische Beamte Justus Gruner berichtete Erschröckliches: »Wen aber der Genius der Freundschaft nicht unter seine Fittiche nimmt, der kehre um vor dieser Stadt oder leiste Verzicht auf reine Freuden, sobald er sie betritt. Echte Geselligkeit ist hier fremd wie echte Kultur und Humanität ... Auch allen Bequemlichkeiten des Lebens muss man in Essen entsagen. Schmutzigere Gasthöfe, schlechtere Bewirtung und gröbere Wirte trifft man in ganz Deutschland nicht an. Ein hamburgischer Packträger könnte hier für einen Mann von höflichem Weltton gelten. Schiefe, schlecht gepflasterte Gassen, altmodische, zum Teil verfallene Gebäude, Unreinlichkeit, Enge und Dunkelheit sind ihre Altertumsdokumente. Die Gassen sind beinahe schlimmer als die Landstraßen: man wagt bei dem gänzlichen Mangel an Erleuchtung abends oft im eigentlichen Sinne des Wortes sein Leben bei einem

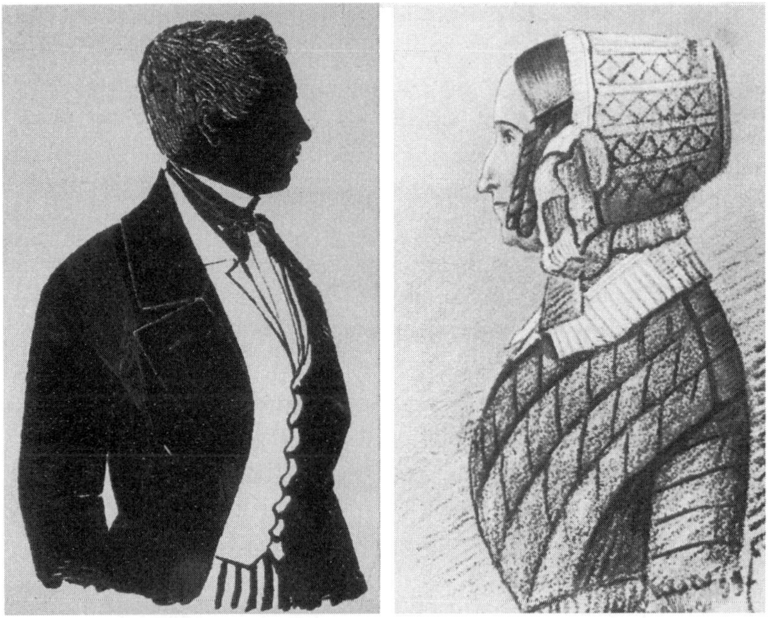

Scherenschnitt des charmanten Bankrotteurs: Friedrich Krupp und seine tatkräftige Frau Theresia Helena Johanna, geborene Wilhelmi.

Besuche, indem sich häufig gerade in der Mitte und an den Seiten des Weges große Pfähle finden, auf die man losrennen muss.«

Als am 26. April 1812 der erste Sohn geboren wird, den der Vater – in Anlehnung an den Gründer der Stadt Essen, des katholischen kaiserlichen Beraters und Heiligen *Altfrid* aus dem 9. Jahrhundert – Alfried nennt, hatte er die Gebrüder Kechel noch nicht als windige Pappenheimer erkannt. Wie davor und danach auch, wird die Geburt eines Stammhalters im Familienkreis mit Freunden gefeiert. Die beiden teilhabenden Offiziere a. D. Kechel wählt der 25-jährige Unternehmer und stolze Ratsherr Friedrich Krupp zu Taufpaten. Ein Jahr später ist von Gussstahl noch keine Spur. Die Schulden mehren sich. Die Auftraggeber werden vertröstet. Doch Ratsherr Krupp stiehlt dem Fabrikherrn Krupp die Zeit. Er kümmert sich mehr um

Politik als um den ersehnten Stahlguss. So steht die Fabrik 1813 still, den Unterhalt für seine Teilhaber und die Löhne der Arbeiter zahlt der junge Krupp weiter. Als die Kontinentalsperre aufgehoben wird, gelangt englischer Stahl wieder ungehindert ins Land. Wozu noch eigener Stahl?

Die Verwandten, die helfen sollen, wollen nicht mehr; weder der Schwiegervater, noch sein Bruder, noch sein Schwager, der Mann seiner älteren Schwester Helene, sind bereit, ihm auch nur einen Taler zu leihen. Es muss einen handfesten Familienkrach gegeben haben: Entweder die zwei Schmarotzer gehen oder ... Friedrich Krupp musste die Gerichte bemühen. Zum Jahresende 1814 ist er die beiden Offiziere los, doch den größten Teil seines Vermögens auch. Seine Fabrik steht nicht nur still, sie ist auch leer. Da wird der Mann krank. Er habe einen Anfall von Brustschwäche erlitten, heißt es, Vorbote kommender Leiden. Krupp denkt an Aufgabe, will nichts mehr vom Stahl wissen – sobald wieder gesund, will er in seinen alten Beruf zurückgehen, in den Laden.

Aber eine Krämerseele war dieser Mensch wohl nicht. Noch im Winter desselben Jahres stand er wieder am Amboss, nahm mit wenigen Arbeitern seine Versuche erneut auf, die er bis zum Sommer 1815 fortsetzte. Es schien, als sei er wieder der Alte. Und tatsächlich: Friedrich Krupp machte abermals den gleichen Fehler. Vom Stahlwahn besessen, glaubte er dem nächsten, der kam und ihm weismachte, die Stahlherstellung zu beherrschen. Nach den Offizieren war es ein Rittmeister: Friedrich Nicolai, der sogar ein königliches Patent mit dem Recht vorwies, allein zwischen Elbe und Rhein Gussstahl herstellen zu dürfen. Wieder vertraute Krupp, gab dem neuen Mann sogar Vollmachten, die ihn, den Fabrikbesitzer, in seinen eigenen Räumen angreifbar machten. Denn nun hieß das Unternehmen »Nicolai&Krupp«. Zwar bringt Nicolai einige Tausend Taler nebst Stahlbestellungen mit, doch bald tauchen Differenzen zwischen den Kompagnons auf. Krupp nennt Nicolai einen Betrüger und Scharlatan. Als Kruppsche Arbeiter, denen der Mann widerwärtig gewesen sein soll, ihn wegen ausstehender Löhne hinauswerfen wollen, will Nicolai dies als Mordversuch Krupps hinstellen. Verleumdungen und Anklagen führen bis in die Berliner Regierungsbehörden. Als die Sonne am höchsten stand, wurde es für Krupp erneut finster. Im Juli 1816 wird die Fabrik wieder geschlossen.

Jahrelange richterliche Untersuchungen. Friedrich Krupp wurde wieder schwer krank. Erneut hatte er Geld zusammenkratzen müssen, hatte durch die Last der immer größer werdenden Schulden sogar das Erbe seiner Mutter, den Forsthof in Ratingen, verkaufen müssen. Der noch nicht einmal 30-Jährige rieb sich zwischen seinen Pflichten als Unternehmer und denen als Ratsherr auf, zwischen selbstgesteckten Aufgaben des Erfindens, der Last des wachsenden Schuldenberges und den nervenden Anklagen, Verteidigungen, Verdächtigungen, Gerüchten. Das Lachen war im Hause Krupp vergangen. Von nun an bleibt Krupps Miene ernst – einschließlich jener seines Nachfolgers. Auch für Sohn Alfried galt: kaum ein Lächeln.

Durch Gerichtsbeschluss von Nicolai befreit und kaum gesund, war Friedrich Krupp doch wieder an die Arbeit gegangen, hatte über seine Kräfte hinaus mit dem glühenden Eisen experimentiert. Platzende Tiegel, Unglücke am Ofen – er und so mancher Arbeiter zogen sich Verletzungen zu. In dieser deprimierenden Situation geschieht dann doch das lang Erhoffte: Am 30. Oktober 1816 liefert Fried. Krupp zum ersten Mal Gussstahl an einen auswärtigen Kunden. Ausgerechnet die Firma Jacobi, Haniel & Huyssen, Aufkäufer von Großmutters Hütte, ist der erste Großkunde. Bis Jahresende wird Kruppscher Gussstahl auch von anderen auswärtigen Firmen abgenommen. Das ist der Beginn der fabrikmäßigen Gussstahlherstellung, Friedrich Krupps technisches Verdienst, eine der Grundlagen für die spätere explosionsartige Industrialisierung Deutschlands.

Hätte alles gut werden können? Als die Königliche Münze in Berlin und die neue Münze in Düsseldorf die Proben des Kruppschen Gussstahls lobten und das Material sogar besser als andere einstuften, hätte Friedrich Krupp darauf aufbauen können. Er hatte sogar die Aussicht, das gesamte Auftragsvolumen der preußischen

Münzen in die eigene Firma zu holen. Auch seine anderen Produkte, beispielsweise Gerbergeräte, fanden guten Absatz. Krupp hätte damals zweifellos einen guten Umsatz machen und damit seine finanzielle Lage verbessern können.

Seine Entscheidungen in dieser Lage würden heute vermutlich von jeder Betriebsführung als zu riskant und utopisch eingeschätzt werden und in der Ablage P wie Papierkorb landen. Um es milde auszudrücken: Friedrich Krupp muss ein eigensinniger Dickkopf gewesen sein, der in sich und seine Vorstellungen so vernarrt war, dass er die Realität wohlwollend übersah – und zudem keinen Widerspruch duldete: Was heißt hier die Münzen in Düsseldorf und Berlin? Wien und Petersburg und alle Münzen deutschlandweit sollten es sein. Warum nicht eine Gussstahlfabrik Fried. Krupp in Russland? Der russische Zar und der preußische König lehnten jedoch Krupps Vorschläge ab, Leiter staatseigener Stahlgießereien zu werden. Doch er glaubte und hoffte weiter. Die kleine Fabrik auf der Walkmühle in Essen schien ihm zu klein im Vergleich zum erträumten Werk, das für Deutschland und ganz Europa produzieren sollte. Sein Motto: Mehr als alles! Träume und Pläne, große Erwartungen – keine erfüllte sich. Krupp hatte kein Geld, um jene Fabrik zu errichten, die seinen hoch fliegenden Vorstellungen entsprach. Da verlangte er ein Staatsdarlehen, doch Staatsgelder kamen nicht und Aufträge aus Wien oder Petersburg ebenso wenig. Der weiterhin verschuldete Mann schien sich aber nicht aufhalten lassen zu wollen und baute dennoch. Er baute weiter, ruinierte damit sich und seine Familie.

Die Verwandtschaft verweigerte ihm die finanzielle Unterstützung. Der Vorwurf der Verschwendung wurde laut. Einzig Mutter Petronella Krupp, seit dem Tode ihres Sohnes Wilhelm dessen Erbin, half noch aus. 1821 jedoch entzog auch sie ihm die Verfügbarkeit über ihr noch verbliebenes Vermögen, um es für die Enkelkinder zu sichern. Gegen den Willen ihres Sohnes nahm sie dessen Tochter zu sich ins Haus, um ihr eine Haushaltsstelle zu besorgen, in der sie in der deutschen und französischen Sprache unterrichtet werden sollte. Das teilte die Mutter ihrem Sohn in einem Brief mit: »Jetzt kann sie dir nichts nützen, wenn sie aber was gelernt hat, so kann sie dir in der Folge nicht allein in der Haushaltung nützen, sondern, wenn Alfried einmal in die Fremde kommt, dich auch in deinem Geschäft unterstützen.« Friedrich dagegen blieb ein Gefangener seiner Manie, die Bauen hieß – genialische Entwürfe schmieden ... Da kein Geld verdient wurde, ging er ans Eingemachte, ans Grundeigentum. Doch auch die Erlöse dieser Verkäufe deckten nur einen Teil seiner Kosten für Neubauten.

Da tritt zum ersten Mal in der jungen Firmengeschichte Therese auf den Plan, Friedrichs Frau. Es werden Tränen geflossen sein, als sie bettelnd bei ihrem Vater vorsprach. Vater Wilhelmi bürgt für eine große Summe, die Krupps Schwester Helene ins Unternehmen steckt. Zinsen müssen gezahlt werden. Doch Krupp ist wieder nicht flüssig. Da klagt der Schwiegervater die Schulden des Schwiegersohns ein. 1824 wird es besonders bitter: Krupp muss das für damalige Verhältnisse stattliche Stadthaus aufgeben, das sozusagen als Verfügungsmasse in den Besitz des Schwiegervaters übergeht, der es an eine andere Gründerfamilie verkauft – an die Grillos. Der größte Teil des Grundbesitzes aus dem Vermögen der Großmutter ist mittlerweile dahin. Die Mutter nimmt die Leitung des Kassenwesens an sich. Der Sohn steigt mit seiner Familie buchstäblich ab: Das kleine Aufseherhäuschen neben dem Schmelzbau der Fabrik, 1818 gebaut, vom Sohn Alfried 1873 als Ikone des Unternehmens installiert und von späteren Generationen als Reliquie »Stammhaus« angehimmelt, wird Zufluchtsstätte des bereits kranken Mannes und seiner Familie. Aber auch dies versucht er schönzureden, indem er Freunden erklärte, er wolle in freier Luft seine Gesundheit wiederherstellen und könne dort gleichzeitig die Fabrik und ihre Produktion besser im Auge behalten. Dabei war das »Stammhaus« nicht mehr als eine geräumige Hütte, die sich ausnahm, als sei sie um einen großen gusseisernen Küchenofen herumgebaut worden. Mit diesem Abstieg war gleichzeitig die größte Schmach eines Kaufmannes verbunden: Friedrich Krupp wurde aus der Essener Steuerliste gestrichen. Der Mann, der stets nach Größe und Weite gestrebt hatte, musste in bedrückender Enge kraftlos ausharren. Wie später sein Sohn Alfried schrieb, hatte

Friedrich »ein ansehnliches Vermögen der Gussstahlfabrikation ohne Erfolg und außerdem seine ganze Lebenskraft und Gesundheit geopfert«.

Friedrich Krupp jedenfalls, in Geldangelegenheiten wohl Träumer und Glücksspieler zugleich, fühlte sich auch vom Staat im Stich gelassen. Seine Forderungen, beispielsweise an die Münzen, die Fabrik mitzufinanzieren, blieben ungehört. Nun beschwerte er sich, »ohne Trost und Unterstützung vom Staate« habe er den neuen Bau beendet. Die Hüllen vollendete er, die Fabriken, in denen Großes geschehen sollte. Die Antwort der Staatsdiener kommentiert das Wirken dieses ersten Stahl-Krupps: Die Baugeschichte hätte »Lauigkeit in den Betrieb« gebracht. Diese zeitraubende, geldverschlingende, kräftezehrende Beschäftigung mit der Schaffung von Voraussetzungen für die eigentliche Arbeit, den Stahlguss, ist gewiss der wichtigste Grund für sein wirtschaftliches Scheitern.

Doch Friedrich Krupp war von seiner Mission so überzeugt, dass er das nicht erkannte. Einige Monate vor seinem Tode schrieb er: »Es ist mein Wunsch, dass die deutschen Fabrikanten den englischen nicht nachstehen sollen, und was ich zu diesem Zweck beitragen kann, werde ich jederzeit uneigennützig erfüllen.« Die Einweihungszeremonie der neuen Fabrik Jahre zuvor, die er auf den Gedenktag der Völkerschlacht bei Leipzig gelegt hatte, den 18. Oktober 1819, offenbarte, wovon dieser Mann geträumt hatte. Vor der neuen Fabrik brannte ein großer Kohlenhaufen. Friedrich Krupp stimmte das deutsche Freiheitslied an, alle anderen stimmten ein:

Flamme empor! Steige mit loderndem Schein von den Gebirgen
am Rheine glühend empor!

Siehe, wir stehen treu im geweihten Kreise, dich, zu des
Vaterlands Preise, brennen zu sehen.

Leuchtender Schein! Siehe, wir singenden Paare schwören am
Flammenaltare Deutsche zu sein!

Höre das Wort! Vater, auf Leben und Sterben, hilf uns die Freiheit erwerben! Sei unser Hort!

Sohn Alfried hat diese schwüle vaterländische Firmenweihe mit 72 Jahren beschrieben. Als Siebenjähriger stand er neben dem damals bereits gesundheitlich angeschlagenen, erst 32-jährigen Vater. Als am 8. Oktober 1826 Friedrich Krupp nach zweijähriger Krankheit, während der er meistens die Decke im Aufseherhaus grübelnd angestarrt hatte, an »Wassersucht« starb, unterrichtete seine Witwe Geschäftsfreunde, »... daß durch sein frühes Hinscheiden das Geheimnis der Bereitung des Gussstahls nicht verloren, sondern durch seine Vorsorge auf unsren ältesten Sohn, der unter seiner Leitung schon einige Zeit der Fabrik vorgestanden, übergegangen ist; dass ich mit demselben das Geschäft unter der früheren Firma von Friedrich Krupp fortsetzen und in Hinsicht der Güte des Gussstahls, sowie auch der in meiner Fabrik daraus gefertigten Waren, nichts zu wünschen übrig lassen werde. – Die Gegenstände, welche in meiner Fabrik verfertigt werden, sind folgende: Gussstahl in Stangen von beliebiger Dicke, desgleichen in gewalzten Platten, auch in Stücken, genau nach Abzeichnungen oder Modellen geschmiedet, z.B. Münzstempel, Stanzen, Spindeln, Tuchscheerblätter, Walzen und dgl. sowie auch fertige Lohgärber Werkzeuge. – Witwe Therese Krupp, geb. Wilhelmi.«

Else Beitz, Frau des Generalbevollmächtigten des letzten 1967 gestorbenen Firmeninhabers Alfried Krupp, hat den Fall des ersten Krupps in ihrer Doktorarbeit zur Industriepädagogik im 19. Jahrhundert so dargestellt: »Er scheiterte an der ungünstigen gesamtwirtschaftlichen Lage unter der napoleonischen Besatzung zu Beginn des 19. Jahrhunderts und an dem für die jungen Unternehmer nachteiligen Finanzierungswesen Preußens. Zudem hatte Friedrich Krupp geschäftliche Verbindungen zu unredlichen Geschäftspartnern aufgenommen und hohe Beträge in den Bau einer Fabrik investiert, deren Großräumigkeit weit über die Nutzungsmöglichkeit und Rentabilitätsgrenze hinausging.«

1814 hatte eine preußische Kommission Essen »als einen für Gewehrfabriken nicht geeigneten Ort« abgelehnt. Wenige Jahre später klagte der Magistrat: »Industrie und Handel sind namenlos unbedeutend.« 1826 wird Essen als Wirtschaftsstandort regelrecht abgeschrieben: »Handel und Fabrikwesen sind erbärmlich, und ein Haus stürzt nach dem anderen.« Vor diesem Hintergrund erscheinen die Unternehmungen des Friedrich Krupp wagemutig. Der amerikanische Journalist Norbert Mühlen, der 1960 mit den Krupps nicht gerade gnädig umging, wird dem erfolglosen Firmengründer am gerechtesten: »Friedrich Krupp versagte, weil er zu früh den Triumph des Stahls und der Großproduktion vorweggenommen hatte, der erst ein Vierteljahrhundert später kam. Wenn es ihm auch gelang, verschiedene technische Probleme der neuen Industrie zu lösen, so musste er scheitern, wenn es ans Finanzieren, Verkaufen und Produzieren ging. Deutschland war noch nicht reif für den Aufstieg der Industrie, wie er ihm vorschwebte ... Friedrich Krupp erlebte die Tragödie des verfrühten Pioniers, der in seiner Zeit keine Achtung findet. Aber seine Kinder ernteten die Vorteile seiner Torheit oder, wenn man lieber will, seiner Phantasie.«

4. Amboss als Schreibtisch, Herz aus Gussstahl – Urkrupp Alfred und sein Sohn Friedrich Alfred

Nicht nur Friedrich Krupp blieb es versagt, die Früchte seiner Arbeit zu ernten. Auch zwei andere Zeitgenossen setzten mehr auf technische Entwicklungsarbeit als auf finanzielle Absicherungen und Wirtschaftlichkeit. Die Generationen der Söhne und der Enkel haben die Ideen dieser Industriepioniere verwirklicht: Friedrich Krupp, Franz Dinnendahl und Fritz Harkort. Mit ihren Namen ist die Entwicklung der Region an der Ruhr zum Industriezentrum verbunden, aber auch die Entwicklung der gesamten deutschen Industrie. Franz Dinnendahl (1775–1826), technisches Naturtalent, baute 1801 – ohne Ausbildung und des Lesens und Schreibens wenig kundig – auf der Bochumer Zeche »Vollmond« eine schlesische Dampfmaschine zusammen. 1804 spuckte seine »Feuermaschine« auf einem Essener Bergwerk Dampf und Rauch; in Scharen pilgerten die Bürger zu diesem technischen Wunder. Friedrich Krupp hat es durch zahllose Experimente und unter Einsatz aller finanziellen Mittel geschafft, 1816 zum ersten Mal Gussstahl in größeren Mengen zu produzieren – die Voraussetzung für die spätere industrielle Fertigung. Friedrich Harkort schließlich (1793–1880) gründete 1818 auf der Burganlage Wetter an der Ruhr eine der ersten Maschinenfabriken Europas. Der Übergang vom Handwerk zur Industriearbeit wurde durch Harkorts »Mechanische Werkstätte« vollzogen. Drei Pioniere jenes entscheidenden Jahrhunderts der findigen Köpfe. Alle drei sind wirtschaftlich gescheitert. Zwei wurden im Laufe der Zeit regelrecht vergessen; der dritte, Friedrich Krupp, ist nur durch den Erfolg seines Sohnes Alfred (Ex-Alfried) in Erinnerung geblieben.

Am 20. November 1811 hatte Friedrich Krupp sein Werk gegründet. So wäre eigentlich 1911 das Jubiläumsjahr des Unternehmens Fried. Krupp gewesen: Hundertjähriges. Doch jubiliert wurde 1912. Ein anderes Datum muss der Unternehmensführung bedeutungsvoller erschienen sein: Am 26. April 1812 ist Alfried Krupp, später Alfred, geboren worden. Dessen Leben im aufblühenden Industriezeitalter, als der Mythos Technik noch jung und unverbraucht war, eignete sich mehr zur Glorifizierung, als das von unerfüllten Träumen gehetzte Leben des Gründervaters Friedrich Krupp, von dessen Existenz auch keine Fotografie, sondern nur ein Scherenschnitt magere Auskunft gibt.

Vater Friedrich hatte als reicher junger Mann begonnen. Am Anfang des Berufslebens des Sohnes standen jedoch »Elend und Sorge«. Er lebte von »Brot und Kartoffeln, Brot und Kaffee und knappen Fleischportionen«. Er lebte »in der Dachstube Hunderte von Nächten in Sorge und fieberhafter Angst mit wenig Aussicht auf die Zukunft«. Als alter Mann hat er aufgeschrieben, welchem Ziel er als 14-, 15-Jähriger verpflichtet gewesen sei: »Damals lebten wir von der Hand in den Mund; es musste alles gelingen.« Er sei kein Wunderkind gewesen, dem die Erfolge in den Schoß gefallen seien, rückte er seine Geschichte zurecht. Mit sieben Männern hatte A. Krupp begonnen. Sich selbst dazu zählend, schreibt er: »Dazu A. K., macht acht Mann.«

Sein Berufseinstieg fand früh statt. Vater Friedrich ritt von Auftraggeber zu Auftraggeber, von Lieferant zu Lieferant, und auch der Sohn stieg früh in den Sattel. Ab seinem achten Lebensjahr erlebte er fortan die häuslichen und unternehmerischen Schwierigkeiten der Eltern. Das Kind ritt von der Fabrik zum Eisenhammer, oft kilometerweit bis zur Ruhr. Auf des Pferdes Rücken hingen links und rechts Stahlgüsse in Säcken, die er zum Ausrecken zum Hammer brachte. Daraus ist eine lebenslange Leidenschaft geworden: die Reiterei. Als Alfred später Villa Hügel bezog, waren Reithalle, Pferde und Kutschen sein Stolz.

Als Alfried, wie er da noch hieß, 13 Jahre alt war, schrieb der

Lehrer dem Vater in roter Tinte über den Sohn: »Ich muss ihn in jeder Weise loben, besonders seine Anstrengungen im Rechnen.« Da waren die Kinder des genialen Dampfmaschinenbauers Dinnendahl seine Schulkameraden gewesen. Ein Jahr später sind Tagelöhner seine Arbeitskameraden, Grobschmiede und Schmelzer. Der Vater fragte den Sohn nicht. Alfried musste die Schule verlassen und den Hammer am Amboss schwingen, die Öfen heizen und andere Schwerstarbeit verrichten. Der heranwachsende Krupp war kein Einzelfall, Kinderarbeit gehörte zum Alltag in den aufkommenden Fabriken und Bergwerken. Darin ist sicherlich ein Grund zu sehen, dass in späteren Jahren der Kapitalist Krupp, obwohl Sozialdemokraten fressend, sich seinen Arbeitern als Arbeiter verbunden fühlte.

Die Söhne der gut gestellten Bürger besuchten damals bis zum 18. Lebensjahr die Schule. Zwar als Kind reicher Eltern auf die Welt gekommen, wurde Alfried durch den Schulabgang in den Augen seiner Zeitgenossen einer aus der Unterschicht, ein »déclassé«. 26 Jahre später war er der größte Gussstahlfabrikant des europäischen Kontinents, und auf ihn traf das zu, was sein Zeitgenosse Goethe über die Voraussetzungen der Gründer im 19. Jahrhundert geäußert hatte: Dass deren Aufgaben etwas seien »für leicht fassende praktische Menschen, die, mit einer gewissen Gewandtheit ausgestattet, ihre Superiorität über die Menge fühlen, wenn sie gleich selbst nicht zum Höchsten begabt sind«.

Das »Jünglingsalter überspringt« Alfried Krupp, formuliert Chronist Gert von Klass. Mit 14 Jahren übt der Junge bereits die Rolle des Inhabers der kleinen Fabrik aus, lässt sich von den Hilfsarbeitern »Herr Krupp« nennen. Als der geht er gleich hart zur Sache, kündigt einem alten Freund des Vaters die Wohnung im Stadthaus. Dessen bitterliche Klage bei der Mutter erweicht Alfried nicht. Die emotionale Seite seines Vaters will er offenbar erst gar nicht aufkommen lassen. Der Herr-im-Hause-Standpunkt gilt von nun an bei ihm und allen folgenden Krupps. Nachdem alle Mühen nicht viel einbringen, geben die Verwandten der Familie Geld, Freunde helfen mit Ratschlägen. Der junge Krupp begeht zunächst den gleichen Fehler wie sein Vater und baut – wie beim Vater fehlt die fürs Werk notwendige Wasserkraft. Die Arbeiter sagen: »Der junge Herr Krupp brütet Tag und Nacht über seinen Geschäften.« Das wird sich bis zum Lebensende halten: Brüten und Skizzieren, stundenlang nachdenken und wenig schlafen.

Da hilft eine politische Entscheidung: 1834 wird der Deutsche Zollverein gegründet. Alfried ist 22 Jahre alt. Mit seinem Bruder Hermann bereist er Deutschland. Die Aufträge belaufen sich nun auf beinahe das Dreifache des bisherigen Umsatzes. Ende 1834 sind 45 Arbeiter im Betrieb beschäftigt. Ein Cousin steigt ins Geschäft ein, eine Dampfmaschine wird angeschafft, die Firma wird unabhängig von den launischen Wasserläufen. Doch den großen Stahlauftrag hat er noch nicht. Das Geheimnis der Herstellung des neuen Werkstoffes kennt er auch noch nicht: »Stahl, das unlegierte und legierte Eisen, das sich schmieden oder walzen lässt, dessen Kohlenstoffgehalt geringer als das des Roheisens ist, doch in sich alle nützlichen Eigenschaften des Eisens vereint, aber härter und elastischer ist«, wie ein zeitgenössisches Lexikon Auskunft gibt. Stahl liege mit seiner Härte »in der Mitte zwischen Roheisen und Schmiedeeisen und hat mit jenem die leichte Schmelzbarkeit, mit diesem die Schmiedbarkeit gemein«, erklären unter anderem die Gebrüder Grimm in ihrem *Deutschen Wörterbuch*. Die Kombination dieser Eigenschaften macht das Material zum wichtigsten technischen Werkstoff für alle Werkzeuge und Maschinen und, da er sich obendrein gießen, schmieden und schweißen lässt, zum Werkstoff der Industrialisierung.

Das Geheimnis seiner Zubereitung liegt in der Dosierung von Eisen- und Kohlenstoffanteilen, im Hitzegrad sowie in der Dauer des Kochens und in der Art und Weise der Erkaltung. Der englische Uhrmacher Benjamin Huntsman hatte das Rezept 1740 in Sheffield entdeckt; seither war englischer Gussstahl marktbeherrschend. Also geht der junge Krupp 1838 nach England. Eine entscheidende Reise. Alfried Krupp lässt von nun ab das i in seinem Vornamen weg und nennt sich Alfred. Seine beiden Brüder führen den Betrieb weiter. Sein Reisepass ist auf einen gewissen *A. Crup* ausgestellt, den Engländern stellt er sich als *Schropp* vor. Ein schneidiger junger Mann, von dem ein Diplomat schreibt: »Der ganz junge, sehr große und schlanke Schropp sah sehr delikat, aber schön und interessant aus.« Man nannte Schropp den »Baron«, der »immer kleine, schwanenhalsige silberne Sporen« trug. Baron Schropp sei ganz Gentlemen gewesen. 15 Monate lang spioniert er unerkannt in den Walzwerken und Schmieden, den Stahlwerken und Hütten Englands. Neben Geschäftlichem berichtet er den Brüdern von seinen Leiden an Festtagen – den einen habe er mit »Hustkuchen«, den anderen mit »Zuckerwasser«, den letzten mit »Clistyren« zugebracht.

Im Revolutionsjahr 1848 betont Alfred vehement das Unpolitische, wirft einen altgedienten Schmied raus, weil der ihm »aufsässig« erscheint. Die Brüder Friedrich und Hermann scheiden aus der Fabrik aus, Hermann übernimmt eine Besteckfabrik bei Wien, Bruder Friedrich zieht nach Bonn und erhält eine lebenslange Rente. Im selben Jahr hatte Alfred darauf bestanden, dass ihm seine Mutter die Firma verkaufte. Durch 40 000 Taler wird er alleiniger Inhaber des Unternehmens. Seine Brüder hatten Essen für immer verlassen, nur Schwester Ida blieb und führte für Alfred den Haushalt. Das ist seine Familie. Ach nein, er hatte noch seine Braut in Essen, seine Fabrik. Und einzig die hatte der Mann in den Dreißigern im Sinn.

Die Fabrik trieb ihn um. Um nichts zu verpassen, nichts zu vergessen, alles weitergeben zu können, schrieb er jede Kleinigkeit auf, notierte jede Eingebung, skizzierte jeden technischen Einfall, hielt jeden Eindruck und jedes Gespräch fest und teilte es dann anderen minutiös mit. Es hat den Anschein, als hätten diese Schriften den größten Teil seiner Kommunikation ausgemacht. Mitten im Gehen blieb er stehen, um etwas zu notieren. Selbst nachts und im Dunkeln kritzelte er. Er hatte sich eine Methode angeeignet, um in der Dunkelheit zu schreiben – ein gutes Mittel gegen die Schlaflosigkeit, da seine Braut, die Fabrik, ihn nicht zur Ruhe kommen ließ. Im Laufe seines Lebens wurde daraus eine regelrechte Massenproduktion: Briefe, Skizzen, Anweisungen an Mitarbeiter, Kurz-Memos an Partner – mit seiner Schreibwut traktierte er seine Umwelt – und ab

1862, als er eine Prokura mit der Geschäftsleitung beauftragt hatte, die Firmenführung mit täglichen Mitteilungen auf kleinen Zetteln oder langen Briefen.

Als alleiniger Besitzer entwickelte er sich zu einem Alleinherrscher, dessen anfängliches Misstrauen immer mehr zunahm, bis er schließlich überall Verrat witterte und mit seiner Furcht davor andere tyrannisierte. Die Prokura mahnte er, »das Treiben unserer Leute überwachen und überwachen zu lassen«. Denn: »Wie leicht ein Brand entstehen kann, weiß man, und ein Brand in der Fabrik würde alles, alles zerstören.« Bereits viel früher hatte er einen Bruder vor einem Nachtwächter gewarnt, der »am Tage viel zu viel in der Fabrik« umherlaufe. Überall in der Fabrik erkannte er »Herumtreiber und Eckenhüter«. Auf Alfreds Misstrauen geht der Kruppsche Werkschutz zurück, dem er allerdings auch nicht traute: »Man müsste wohl einen zweiten Wächter haben, der den ersten kontrolliert, und einen dritten, der dem zweiten aufpasste, und am Ende würden gar alle drei zusammen schlafen.« So empfand er es als »hässlich, dass die Nacht nicht bei Tage ist, weil man nicht weiß, ob die dringendsten Erinnerungen auch nur im Entferntesten befolgt werden.« Misstrauen hegte er auch gegen die Konkurrenz: »Die Industrie ist heutigen Tages der Acker von Speculanten, Börsenjuden, Aktienschwindlern und dergleichen Schmarotzer-Gewächsen.« Die Selbst- und Alleinverantwortung des Unternehmers hielt er für die einzig richtige ökonomische Strategie, die für ihn jegliche Spekulation ausschloss, im Gegensatz zu anonymen Aktiengesellschaften, die er mit Abneigung und eben diesem Misstrauen betrachtete.

Berge seiner schriftlichen Bedenken, Ängste, Vorkehrungen, Skizzen, Mitteilungen und und und ... hat der Mann hinterlassen. Irgendwer soll sie einmal gezählt haben: Es sollen an die 30 000 sein. Ein seltsames Erbe, das er schon zu Lebzeiten seinem Sohn Friedrich Alfred, 1854 geboren und Fritz genannt, aufhalsen wollte. Dem trug er auf, »alle meine Schriften zu sammeln, sie zu betiteln nach Inhalt, zu registrieren, um sie immer wieder finden zu können.« Diese Schreibwut ist ihm im 20. Jahrhundert als Schreibzwang ausgelegt worden, gar als paranoider Seelenzustand. Und es ist tatsächlich erstaunlich, fast unbegreiflich, dass bei dieser manischen Grübelei und Mitteilungssucht, die ja auch zeitraubend gewesen sein muss, gepaart mit Schlaflosigkeit, aus seinem Werk eine Firma von internationaler Bedeutung entstanden ist. So lautet die Frage: Hat sich das Unternehmen Fried. Krupp vielleicht trotz und nicht gerade wegen dieser Schreibmanie des Inhabers so gut entwickelt? Schwer zu sagen. Andererseits: Ist diese Manie nicht Ausdruck seiner unvergleichlichen Ausdauer und Hartnäckigkeit? Wenn seine Freunde zauderten, erwies er sich als unverzagter Zukunftsgläubiger: »Man muss geduldig abwarten, je schlechter es jetzt noch wird, desto besser wird's nachher.« Hartnäckigkeit brauchte er. Anfangs lief es nicht nach Plan, oft sah es ebenso düster aus wie zu Vater Friedrichs Zeiten, und später häufig genug. Jahrzehnte ist Krupp auch nicht aus den Schulden herausgekommen. Erst in den fünfziger Jahren zeigte sich Licht am Ende des Tunnels.

Bei der 1851 in London stattfindenden ersten Weltausstellung beeindruckte Krupp mit einem 43 Zentner schweren Stahlblock. Unter einem Baldachin, der dem Himmel bei katholischen Fronleichnams-Prozessionen ähnelte, wies ein Feldgeschütz sein Rohr vor: nicht wie bisher aus Bronze, sondern aus Stahl. Krupp erhielt eine Goldmedaille. Über Nacht war er berühmt. Bei der Weltausstellung 1855 in Paris stellte er erneut einen Stahlblock aus. Der brach krachend durch den hölzernen Hallenfußboden. Dieses Bild zerstörerischer Gewalt trug dazu bei, dass Krupp noch berühmter wurde, dieser »verflixte deutsche Quadratschädel«, wie eine Pariser Zeitung schrieb.

Das bringt die ersten größeren Aufträge für Krupp-Geschütze: aus Ägypten und aus Russland. Nahezu zeitgleich beginnt eine Ära, die für das stetige Wachstum des Unternehmens zum Segen wurde, die der Eisenbahn. Ebenfalls zur gleichen Zeit entwickelt Alfred Krupp seine Verkaufsmethode, um Firma und sich geschickt ins Bild zu setzen – siehe Geschützrohr, siehe Stahlblock – und so Öffentlichkeitsarbeit zu betreiben. Alfred Krupp versteht es – und seine Nachfolger werden es ihm gleich tun –, die Kunden davon zu überzeugen, dass der von ihm erzeugte Stahl der beste sei; Krupp produziert und verkauft nicht nur Stahl, nein, es ist Krupp-Stahl. Manche meinen, dies sei das Genialste an ihm gewesen, ein früher Meister der werblichen Kommunikation. In späteren Jahren wird er vor diesem Hintergrund den Mythos Krupp begründen, indem er zwar über die Fabrik, aber doch über sich selbst schreibt: »Aus dem kleinen Keim der Fabrik, wo Rohmaterial en détail gekauft wurde, wo ich Prokurist, Korrespondent, Kassierer, Schmied, Schmelzer, Koksklopfer, Nachtwächter beim Zementofen und sonst noch viel dergleichen war, wo ein Gaul sämtliche Transporte gemütlich besorgte, wo zehn Jahre später das Wasser zur ersten errichteten Dampfmaschine in Ringeln aus dem Teich getragen wurde in den leergepumpten Brunnen, weil eine Röhrenanlage zu teuer war, ist das jetzige Werk hervorgegangen.«

Ein freudloses Leben. So berichten es auch die Biografen. Es wäre nicht verwunderlich, wenn es so bis zu seinem Tode gegangen wäre. Die Freunde befürchteten es – nahmen an, der Mann bliebe ohne Weib. Dass es dann doch eines gegeben hat, hat Alfred Krupp selbst am meisten überrascht. »Ich habe zum Heiraten keine Zeit«, hatte er immer wieder gesagt. Sein Freund und Mitgesellschafter Sölling tadelte ihn in einem Brief: »Wenn du es ferner so machst, so gib nur alles Suchen auf, denn dann bekommst du überhaupt keine; das lasse dir gesagt sein – ein jedes Mädchen geht auch noch nicht nach Essen!« Sölling hatte manche mögliche Braut, vor allem jene mit Vermögen, in Krupps Nähe gebracht, doch stets erfolglos. Und mittlerweile war auch die Schwester Ida aus dem gemeinsamen Haus nach Bonn gezogen. Als 1850 die Mutter Theresia Helena Johanna stirbt, hat Alfred nur noch die Fabrik, an die er sich halten kann und für die er sich sorgt. In diesen einsamen Jahre habe er möglicherweise seine Arbeiter beneidet, wurde vermutet. Da schwang er sich aufs Pferd und ritt stundenlang einsame Wege, manchmal besuchte er Freunde. Von Zeit zu Zeit reiste er nach Düsseldorf und Köln und ging ins Theater. Bei seinem Urenkel Alfried wird es im 20. Jahrhundert ähnlich sein: Musik hören, die Plattensammlung katalogi-

»Wo ich glaubte, ein Stück Gussstahl sitzen zu haben, ist ein Herz«, stellte der 41-jährige Alfred Krupp angesichts der 20-jährigen Bertha Eichhoff fest.

sieren, Reisen und Segeln und Jagen und Fotografieren. Und doch einsam sein.

Im schönen Köln ist es gewesen, das Jahr 1853, als der Mann von 41 Jahren ein Mädchen sieht – blond, blauäugig, sanftes Lächeln um einen sinnlichen Mund: Bertha Eichhoff, gerade 20 Jahre jung. »Wo ich glaubte, ein Stück Gussstahl sitzen zu haben, ist ein Herz.« So schreibt er dem Freund. Ungeduldig, wie er ist, verlobt er sich gleich in Köln. Rastlos, wie er ist, vergeht kein Monat, da wird im Mai 1853 Bertha Eichhoff Frau Bertha Krupp. Schnell entschlossen, wie er ist, wird am 17. Februar 1854 Sohn Friedrich Alfred geboren – zur Verwirrung späterer Biografen und Touristenführer. Schon in diesem Jahr deutet sich an, dass es nicht glücklich werden wird. Der Ehefrau gehen Fabrik und Stadt auf die Nerven, sie zieht es in Bäder und Kurorte. Die Zeiten, in denen sie in Essen ist, werden zunehmend kürzer.

Als viel später Alfred Krupp jahrelang gegen die Verbindung seines Sohnes Friedrich Alfred mit Margarethe Freiin von Ende opponierte, verließ ihn Bertha 1882, um erst nach seinem Tod 1887 zurückzukehren. Ein Jahr danach, mit 57 Jahren, starb auch sie.

Zum Entschluss, nicht länger mit Alfred unter einem Dach zu leben, hat sicher auch sein herrisches Wesen beigetragen, das sich schon im Hochzeitsjahr 1853 in einem seiner wenigen Liebesbriefe an »Liebes Berth« andeutete. Zwar versichert er, dass er sie »eckelig entbehre und verlangend« bleibe, und tut so, als nehme er sie auf Reisen auch mit gelben Strümpfen, roten Schuhen, grünem Hut und karierter Jacke mit, doch warnt er die »Blume aus Köln« mit den zauberhaften Korkenzieherlocken bevormundend durch eine Kleiderdirektive: unscheinbare Stoffe trage man auf Reisen, Ärmel, Chemisetten, Tand lasse man weg, Gold und Edelstein auch, man sei einfach mit dem Bewusstsein, ein reines Hemd zu tragen. Er werde ihr jene Damen zeigen, »bunt und auffallend, wie die Kammerkatzen, die zur Kirmes gehen«.

Von Alfred Krupps Hausarzt gibt es Berichte, die den Erfolg des Urkrupps noch erstaunlicher machen. Bei Schwierigkeiten, Enttäuschungen oder geschäftlichen Niederlagen legte sich der Fabrikherr aufs Krankenlager – lethargisch, hypochondrisch, manchmal, diagnostizierte der Arzt, wohl selbst erschrocken, sogar bis an die Grenze zur Geisteskrankheit. Umso verblüffender ist die unternehmerische Leistung dieses Mannes. Die alte und ungeklärte Frage drängt sich auf, wie nahe Genie und Wahnsinn beieinander liegen. Denn ein Genius des Industriezeitalters ist Alfred Krupp ganz gewiss gewesen. Derselbe Hausarzt beschreibt für das Jahr 1866 den Mann von 50 Jahren als eine »sonderbare, überall auffallende Erscheinung, von ungewöhnlicher Körperlänge, dabei von auffallender Magerkeit; seine Züge, einst von großer Regelmäßigkeit und Schönheit, waren früh gealtert, das Gesicht bleich, voller Runzeln, der Kopf mit einem schwachen Rest grauer Haare, die durch eine Perücke ergänzt wurden, bedeckt. Selten belebte ein Lächeln diese Züge, gewöhnlich waren sie steinern ohne Regung.«

Doch gerade in diesen Jahren ist Alfred Krupp überall anerkannt, denn er hat die Erfindung seines Lebens gemacht: Das Verkehrsmittel der Zukunft litt unter Kinderkrankheiten, die Räder der Eisenbahn brachen häufig, die Schweißnähte platzen. Der Tüftler und Grübler aus Essen vertraute auf sein Notizbuch und seinen Bleistiftstummel. Was er damit skizzierte, hat die Firma reich gemacht – mehr als die Kanonen, die Krupp Ruhm brachten und in Misskredit gebracht haben. Der nahtlose Eisenbahnradreifen, ein einziges kreisrundes Stück Stahl, nicht mehr aus zwei Bögen zusammengeschweißt, hat den Inhaber auch als Erfinder ausgewiesen, und die Räder trugen die Firma zum Erfolg. Auf diese beruft sich später auch der Urenkel Alfried, als er 1948 als Kriegsverbrecher vor Gericht steht, indem er auf das Firmenzeichen hinweist, als eines des friedlichen Handels. Drei ineinander verschlungene Kreise, Eisenbahnräder: vom Firmenbriefbogen bis zu den Mützen der Fahrer. Sicher, es sind Eisenbahnräder. Doch war nicht Alfred Krupp passionierter Reiter, der Pferde liebte, den Duft des Pferdestalles ins Zimmer steigen ließ, ihn anregend als frische Landluft pries? Während er seine eigenen häufigen Darmlüfte unausstehlich empfand, sich selbst nicht riechen konnte? Lang andauernde Blähungen und Verstopfung peinigten den erwachsenen Mann, und als Alter klagte er: »Ich bin nur noch ein Schatten mit ein paar Knochen, der Rest ist Gas.« Als er noch der kleine Alfried gewesen ist, ritt er mit Säcken voller Eisen zu den Hämmern zum Ausrecken. Die Hämmer lagen an der Ruhr bei Steele vor den Toren von Essen. Das Wappen von Steele sieht aus wie das Wappen von Krupp, die Ringe sind nur schmaler. Dieses Wappen geht auf einen Schmied zurück. Der heilige Eligius hatte einmal einem störrischen Reitpferd den Fuß abgeschlagen, ohne dass der Gaul Schmerzen verspürt hätte, hatte den Huf beschlagen und ihn wieder ans Pferd gehalten: Er ist sofort angewachsen, das Pferd galoppierte los. Dessen Zeichen sind eben diese drei Ringe; das Örtchen Steele übernahm sie als Stadtwappen. Der junge Krupp soll sich wohl gefühlt haben an den Hämmern und den Schmieden an der Ruhr von Steele.

Auf der Höhe der Macht – selbst Kaiser Wilhelm I. steht bei einer Finanzkrise der Firma, genauer: dem Firmeninhaber, wegen eines immens hohen Kredites bei –, nehmen die Turbulenzen auf dem Hügel zu. 1862 aus dem Verwaltungsgeschehen durch die Installierung der Prokura ausgeschieden, hat der »Alte auf dem Hügel« immer wieder Streit mit Konstrukteuren und Direktoren. Der inzwischen erwachsene Sohn Friedrich Alfred, vom Vater in die Prokura berufen, versucht zu schlichten. Nizza und englische Bäder werden mehr und mehr seine Aufenthaltsorte für Kuren, doch hat er Papier und Bleistifte genug, um sein größtes Gesetzeswerk zu konzipieren: Das Generalregulativ. »Mit diesem Handbuch wird keine Frage ohne Lösung bleiben«, schwang er sich zum Gottvater auf. »Es soll gar kein Fall in Jahren oder in einem Jahrhundert vorkommen können, der in dieser Sammlung nicht vorgesehen ist, es soll keine Stelle vom Generaldirektor bis zum Arbeiter geben, über deren Obliegenheiten nicht diese Gesetzessammlung bündige Auskunft gibt.« Ein Jahr lang arbeiteten Juristen an dieser Verfassung. Jeder, so setzt das Generalregulativ fest, hat sich ausschließlich dem Werk zu widmen. Selbst wenn aus irgendwelchen Gründen »einmal seine Zeit und Kräfte nicht voll in Anspruch« genommen werden, dann habe er seine Kraft »in anderer Weise der Firma nutzbar zu machen«. Alfred Krupp hatte den voll organisierten Menschen erschaffen, dessen Lebensziel hieß Fried. Krupp.

Seine zehn Gebote hatte er erlassen. Alfred Krupp konnte sich zurückziehen. »Ich bin sehr müde, nervös, kaputt und kann so nicht mehr weitermachen.« Das schrieb er zehn Jahre vor seinem Tode. Ehrlich und offen ist dieser Mann immer gewesen, auch seine Person betreffend. Die Eitelkeit der Perücke sollte man ihm nachsehen. Der Sieg im Krieg gegen Frankreich 1870/71 war ihm als sein Verdienst angerechnet worden: Kruppsche Geschütze, Kruppscher Stahl hätten die *Schangels* besiegt, sagte man. Bergwerke und andere Rohstoffquellen hatte er gekauft, das Risiko der Verschuldung auf sich nehmend, so war die Firma in allen Dingen autark. Seine Bertha war ihm, obschon längst entflohen, täglich nahe: ein Bronzeabguss einer ihrer Hände lag auf seinem Arbeitstisch, kalt und hart. Die Dominosteine des gemeinsamen Lieblingsspiels wurden hingegen nicht angerührt. Krupp war, wie er notierte, »von Fieberangst und Schlaflosigkeit erschöpft ... dem Wahnsinn nahe«.

Einem Bekannten sandte er ein Gedicht:

Ein kleines Haus, mit Wein umrankt,
inmitten grüner Flur,
bringt Heil dem Herzen, das erkrankt,
dem Alter, das am Stabe wankt;
denn Ruhe und Natur,
das ist die beste Kur.
Gibt's Besseres wohl hienieden
als Frieden?

Auf dem Krankenlager diktiert er die Bauanleitung für Einzelhäuser seiner Arbeiter: »Die Häuser sollen nicht an der Hauptstraße stehen, sondern im Felde errichtet werden und der Arbeiter, der den ganzen Tag zwischen 1200 Mann sich bewegt, soll sich in seinem Haus mit der Familie unterhalten.« 14. Juli 1887: Ein wahnsinnig Großer starb allein.

Diese überragende und doch zwiespältige Gestalt des Alfred Krupp hat den Amerikaner Roy C. Calogeras so fasziniert, dass er die Psyche aller Krupps untersuchen wollte. Der Psychoanalytiker attestiert in einem 1989 erschienenen Buch den Krupps sogar eine »neurotische Grundstörung«, die von Generation zu Generation »in traumatischer und narzisstischer Weise vom Vater an den Sohn transferiert« worden sei, und dabei hätte jeder Krupp-Vater »noch ein bisschen dazugetan«, diesen »grundlegenden Defekt des Ich-Kerns« zu vergrößern. Da gerät Alfred Krupp auf der fiktiven Couch dieses Analytikers zur beherrschenden Leitfigur mit einem spezifisch gestörten »Über-Ich«, an dem sich jeder Nachfolger, bewusst oder unbewusst, orientiert hätte.

Alfred Krupp, hoch aufgerichtet, hager an Gestalt, schlicht gekleidet, das einzig offensichtlich bewusst Herausgehobene und Herrschaftliche waren die Reitstiefel, in wenigen Darstellungen auch die schmale Reitgerte, Stolz in der Miene und in der ganzen Erscheinung, vor allem Ernst und Würde, entsprach dem Prinzip Patriarch. Als junger Unternehmer war er schon der große Alte, der sich selbstherrlich über alle Regeln hinwegsetzte und eigene Regeln aufstellte. Kein gemütlicher Hausvater, sondern ein streng-korrekter Firmeninhaber, der davon überzeugt war, zu wissen, was für seine Schäfchen, seine Arbeiter, am besten sei. So entstand das Bild von einem, der das Schicksal seiner Leute in die eigene Hand nimmt, besser: das Bild von einem, in dessen Händen das Schicksal vieler liegt. Das erweckte demütiges Vertrauen der Werksangehörigen. Eine tief sitzende Sehnsucht des Menschen, einen strengen, doch gütigen Übervaters gewiss zu sein, wurde durch Alfred Krupp erfüllt. Das idealisierte Bild eines Mannes, der die lebendige Verkörperung aller Tugenden und Bestrebungen der Firma sein sollte, ist durch Alfred Krupps Erscheinung, aber auch und gerade durch sein fotografiertes Abbild aufgebaut worden. Von seinen Nachfolgern sollte das perfektioniert werden, doch die Klasse dieser Pioniergestalt erreichte keiner. Sohn Friedrich Alfred, modischer Kleidung zugetan, kaiserlichem Beispiel folgend, nahezu stutzerhaft gewandet, stellte sich zwar den Fotografen seriös und würdevoll im schwarzen Gehrock zur Verfügung, die Gesamterscheinung sollte ganz der verantwortungsvolle Unternehmer sein, doch an des Vaters Aura sollte er nicht heranreichen.

Die Sozialleistungen der Firma und Familie von der Krankenkasse bis hin zur Wohnungsfürsorge entsprechen gleichfalls dem Patriarchen-Prinzip: Der Gesellschaft wird privat und öffentlich beispielhafte Güte vorgelebt. Gleichzeitig wird angemessene Distanz zum Volk, zu den Arbeitern, zur Werksfamilie gehalten, vor allem zu den hierarchischen Strukturen. Herausgehoben aus dem Schweiß des Gewöhnlichen, wird er andererseits nicht mit dem schwitzenden bürokratischen Apparat identifiziert, befindet sich jenseits davon, sodass er wiederum erstaunlicherweise in die Nähe der Arbeiter rücken, gar als einer von ihnen empfunden werden kann.

Als Idealist war er ein penetranter Moralist. Seine Wertvorstellungen mussten auch andere haben, vor allem seine Arbeiter, alles sollte von diesem Geist durchdrungen sein. Und so ist es ihm ja auch gelungen, dass aus seinem Geist die Magie des Namens Krupp entsprang, der sich im Stolz manifestierte, ein Kruppianer zu sein. Die bürgerliche Revolution 1848 interessierte ihn, da er sich als Unpolitischer sah, nur insofern, dass er seine Arbeiter anhielt, sich nicht von Aufruhr anstecken zu lassen. Bei alledem ist Alfred Krupp am Ende doch zu einem starken Vertreter des Bürgertums geworden, dem sich Kaiser und Könige andienten. Die Regionalfürsten des Rheinlandes allerdings hatten anfangs über ihn die Nase gerümpft und über ihn als »Grobschmied von Essen« abfällig gelästert. Auch das hat zu seiner lebenslangen Einsamkeit beigetragen.

Viele seine Sprüche wurden im Unternehmen zu geflügelten Worten. Den berühmtesten schrieb er im Februar 1873 auf ein Gedenkblatt. Ein Foto zeigt das kleine bescheidene Stammhaus: »... die Zuflucht meiner Eltern«. Zu seinem Jubiläum hatte Krupp dieses Stammhaus herrichten lassen. In wenigen Sätzen berichtet er in einer akkuraten und klaren Handschrift von den schwierigen Anfangsjahren. Am Ende schreibt er: »Der Zweck der Arbeit soll das Gemeinwohl sein, dann bringt Arbeit Segen, dann ist Arbeit Gebet.« Der Satz ist als Vermächtnis immer wieder zitiert worden. Gleichwohl haben ihn Kritiker abgewandelt: »Der Zweck der Arbeit soll mein Wohl sein.«

Alle seine Worte zielen im Grunde auf ihn, Alfred Krupp, als einen fleißigen, unermüdlichen, pflichtbesessenen, bescheidenen, genau arbeitenden Mann: »Anfangen im Kleinen, Ausharren in Schwierigkeiten, Streben zum Großen.« Das war sein Credo. Ins Stammbuch des Kapitalismus schreibt er, nicht laufende Geschäfte sicherten die Zukunft des Etablissements, sondern das »Gedeihen des Ganzen«. Immerhin räumt er ein, dass, wer arbeitet, auch Fehler mache: » ... ich mache ja auch welche«. Als obersten Krupp-Grundsatz erklärt er, »dass die Firma in der Fabrikation ... möglichst das Vollkommene zu leisten hat«. Denn: »Ordinär arbeiten, ist gegen meine Neigung.« Sein klassischer Satz: »Die Aula der Universität, wo ich meine Bildung genossen habe, war die Schmelzhütte und mein Catheder der Amboss«, war nicht etwa nur ein Kurzbiografie, darin kommt auch sein Zweifel gegenüber Fachleuten, zumal akademischen, zum Ausdruck. Und immer wieder beruft er sich auf die Pflicht: »Für meine Arbeit und Sorgen hatte ich nichts weiter als das Bewusstsein der Pflichterfüllung.« Ein »harmonisches Ganzes« wolle er zurücklassen, bekennt er. Diesem Ziel gegenüber hätte Geld für ihn nur einen untergeordneten Wert. Ja, er gebiert sogar Sprüche für das Poesiealbum: »Geld verloren, nichts verloren; Ehre verloren, viel verloren; Mut verloren, alles verloren.«

Vom Sozialismus hielt er nichts. Seine Sozialpolitik war von unkomplizierteren Überlegungen bestimmt: Er wollte für Wohnung, Sicherheit, Gesundheit und erholsames Behagen sorgen. Trotz aller Skurrilitäten ist ihm die Verantwortung für Familie und Arbeiter nicht abzusprechen: »Die Arbeiter sollen das Maximum bei uns verdienen, was eine Industrie bieten kann, oder wir geben solche Industrie auf, bei der die Leute hungern müssen.«

Der erste Präsident der Bundesrepublik Deutschland, Theodor Heuß, meinte, eine eigene Erfindernatur sei Alfred Krupp nicht gewesen: »Auch in dem eigenen Bezirk seiner Leistungen, der Stahlerzeugung, hat er nichts grundsätzlich Neues gebracht.« Für Heuß war Alfred Krupp vor allem ein großartiger Kaufmann, der Kunden davon überzeugen konnte, dass Kruppsche Arbeit Qualitätsarbeit sei, die ihren Preis habe. Alfred Krupps Werk sei in der Mitte des 19. Jahrhunderts aus der bloßen Wirtschaftsgeschichte herausgetreten und sei »ein Politikum« geworden.

***

Der Vater hoch gewachsen und spindeldünn, langer Recke mit weißem Bart, übermächtig schon in der Erscheinung. Der Sohn mit den weicheren Gesichtszügen ist ein zur Fülle neigender Mensch mit modisch nach oben gezwirbeltem Kaiser-Wilhelm-Bart, der den Eindruck eines eher gemütlichen Herrn macht. Doch war er der mächtigste und reichste Fabrikherr Deutschlands zur Gründerzeit. »Unser

Die perfekte Inszenierung von Ernst, Würde und Macht: Alfred Krupp – ihm verdankt der Kruppsche Geist seine Magie.

kleiner dicker Krupp«, sagt Ende des 20. Jahrhunderts liebevoll seine Urnichte Diana Maria Friz, »unser erster Wissenschaftler«. Friedrich Alfred Krupp, am 7. Februar 1854 als dritter Stahl-Krupp geboren, am 22. November 1902 auf bis heute mysteriöse Weise zu Tode gekommen, schillernd, am Ende rätselhaft, wurde zum Vermehrer des Werkes und Mehrer der sozialpolitischen Leistungen von Familie und Firma.

Ein Krupp-Biograf lobt: »Stets sah der Sohn mit Verehrung zu seinem Vater als Vorbild treuester Pflichterfüllung und rastloser Arbeit auf, wenn auch andererseits seine Entwicklung immerhin unter dem Druck einer so überragenden Persönlichkeit, wie es sein Vater war, stand.« Es sei Starrsinn des Alters gewesen, dass Alfred Krupp dem Sohn nicht eine Stellung neben sich habe einräumen wollen. Mit 34 Jahren übernimmt der Sohn doch das Werk mit 21 000 Arbeitern. Im Todesjahr sind es 43 000. In den 15 Jahren an der Unternehmensspitze erweitert er das Werk Krupps über Essen hinaus: Schiffsbau am Meer (die Germaniawerft in Kiel), Hüttenwerke am Rhein (Bau des großen Hütten- und Stahlwerks in Rheinhausen), Erwerb der Grusonwerke in Magdeburg.

Spötter meinten, während Vater Alfred nur zu 25 Prozent Kanonenhersteller, doch zu 75 Prozent Stahlproduzent gewesen sei, sei das Verhältnis beim Sohn genau umgekehrt. Tatsächlich hielt der Sohn Krawatten gern mit Nadeln in Geschoßform fest, verschenkte Uhrketten, an denen Kanönchen baumelten. Auch das hat dazu beigetragen, dass sich die Gegner auf ihn einschossen. Anfang des 20. Jahrhunderts erschien zu Neujahr in einer Münchner Zeitung eine Krupp-Karikatur, die ein anderes, Krupp wohl gesonnenes Blatt so beschrieb: Ein »thronender, aufgedunsener glotzender Riese«, der mit Geschützen sich der Arbeitermassen erwehrt. Nicht nur Zielscheibe der Sozialdemokraten, hatte er »sämtliche Strömungen der deutschen Presse zum Gegner«, notierte die *Rheinisch Westfälische Zeitung* bei seinem Tode. Und seine Gegner hätten ihn als »kapitalistischen Popanz gebraucht«.

Als 1901 Krupp Finanzhilfe zur Gründung der *Berliner Neuesten*

Nachrichten leistet und gleichfalls an der Gründung des Flottenvereins, ein regierungsnaher Verband konservativer Kräfte, mitwirkt, erkennt darin die öffentliche Meinung den Versuch des Kapitals, sich eines Sprachrohrs zu versichern, aber auch den kaufmännischen Schachzug, Krupp-Geschütze und Panzerplatten zu Millionen zu machen. Aus allen publizistischen Rohren wird auf F. A. Krupp geschossen, voran die sozialdemokratischen Blätter *Vorwärts* und *Arbeiterzeitung*. Mag sein, dass diese Feldschlacht mit Druckerschwärze ihm auf die Nerven gegangen ist, der schon als Kind »wegen seiner schwachen Gesundheit« nicht regelmäßig die Schule besuchte. »Wegen Fritz« hatte Vater Alfred ein abseitiges Gelände kaufen wollen, weil er dort das beste Klima für »sein Kind«, wie er den Sohn nannte, vermutete. 1900 zog sich Krupp aus den Neugründungen *Berliner Neueste Nachrichten* und dem Flottenverein zurück. Das politische Klima verbesserte sich nicht. Als »dein treuer Alter« schrieb Alfred Krupp 1885 einen seiner vielen Briefe an den Sohn, in dem er diesen über den »Schweinehund Lassalle«, Vorsitzenden der deutschen Sozialdemokraten, aufklärt, der Schuld an der zunehmenden Verderbtheit der Sitten trüge.

Unter dem »treuen Alten« verlebte der Sohn keine fröhliche Jugend. In der Schilderung eines Krupp-Biografen wird der Streit der Eltern angedeutet: »Für beide Eltern war nun ... das einzige Kind der Hauptgegenstand ihrer Sorge, der Liebe und auch der Meinungsverschiedenheiten. Wenn sich die Ärzte über die Wege der Ertüchtigung des Sohnes nicht immer einig waren, wie sollten es dann die Eltern sein?« Auch bei der moderaten Beschreibung der Krupp-Archivarin Renate Köhne-Lindenlaub taucht zwischen den Zeilen der autoritäre Vater Alfred auf: »Der einzige und zum Erben bestimmte Sohn litt seit seiner Kindheit an Asthma und Anfällen von Gelenkrheumatismus. Er wurde daher von Hauslehrern unterrichtet und konnte das ... Gymnasium nur etwa zwei Jahre lang besuchen. Schon früh wurde er von seinem Vater zu Fragen der Unternehmensführung hinzugezogen, so im Alter von 16 Jahren zu Vorentwürfen des Generalregulativs ... Der Wunsch, eine Technische Hochschule zu besuchen, wurde ihm vom Vater mit der Begründung untersagt, dass für diese Disziplin Fachleute vorhanden seien ...« Als Unternehmer habe man sich dem Unternehmen als Ganzes zu widmen und nur dort könne das notwendige Denken und Handeln gelernt werden, entschied Vater Alfred. So konnte der junge Friedrich Alfred, der Gräser bestimmte, kein zweiter Alfred werden. Zwar durfte er sich einige Semester Chemie leisten, doch weitere wissenschaftliche Träume machte Vaters Ansicht zunichte, Gelehrte bezahle man. Die eher sanfte, immer etwas kränkelnde Natur des Sohnes, war dem zupackenden Vater suspekt. Aus dem freiwilligen Militärdienst wurde Friedrich Alfred nach kurzer Zeit wegen »Kurzsichtigkeit, asthmatischer Anfälle und Fettleibigkeit entlassen«.

Doch als der Alte tot war, wurde das Talent des Sohnes auch als Firmeninhaber sichtbar. Einfühlsam verstand er es, den Großen der Wirtschaft und Politik bei gutem Wein auf Villa Hügel zu schmeicheln – es sah nach menschlicherem Stil aus. Mit Kaiser Wilhelm II., von dem es hieß, er wolle ins Kruppsche Werk hineinregieren, geriet er allerdings einmal hart aneinander. Nach einem Bergarbeiterstreik versuchte der Kaiser, eine Sozialgesetzgebung durchzusetzen, der auch die sozialistische Opposition zustimmen könne. Arbeiterabordnungen hatten den Kaiser aufgesucht: Arbeitsgerichte, Beschränkung der Kinder- und Frauenarbeit, allgemeine Sonntagsruhe, vor allem Wahlen von Arbeitervertretern. Der Kaiser sympathisierte mit den Forderungen. Krupp protestierte. Der Kaiser trumpfte auf, dass »nur ein Mann Herr des Landes ist, und das bin ich«. Krupp hielt dagegen, »Herr im eigenen Haus« sei er. Krupp gewann. Streikende Arbeiter wurden bestraft. Welche Macht mit dem Namen Krupp in der dritten Generation verbunden war, offenbaren F. A. Krupps »Liegestunden«. Der Arzt hatte verschrieben, der Mann müsse eine Stunde auf dem Bauch liegen. Was machten Besucher? Sie taten's dem Mächtigen gleich und fielen vor Krupp auf den Bauch.

Friedrich Alfred Krupp gab die Weisung, »dass alle unnötige Schreiberei vermieden und das Notwendige mündlich besprochen

Alfred und Bertha Krupp, die ihn 1882 verließ, mit dem Hauptgegenstand ihrer Sorge und Liebe – Sohn Friedrich Alfred. Der stets kränkelnde Krupp-Erbe blieb dem Vater jedoch ein Leben lang suspekt.

werde.« Die Zettelwirtschaft des Vaters war beendet. Er schaffte die Prokura des Vaters ab, setzte ein »Directorium« ein. Doch auf seinem Schreibtisch, neben einem Briefbeschwerer in Geschossform, existierte Vater Alfred als ehernes Standbild weiter. Zu Lebzeiten hatte der alte Krupp jahrelang dem Sohn Friedrich Alfred verwehrt, Margarethe Freiin von Ende zu heiraten. Mutter Bertha war dafür. Eine Adelige? Der Alte tobte. Die vom Sohn Erwählte soll er gar »Hündin« genannt haben. Als nach langen Jahren 1882 doch die Hochzeit mit seiner Einwilligung stattfinden konnte, blieb ihr Alfred Krupp fern. Als das Paar zur Villa Hügel kam, empfing Alfred Krupp es an der Treppe, doch nur, um seinen schriftlichen Gruß zu überreichen. Die Jahre der Margarethe Krupp auf Villa Hügel waren sonderbar. Alfred misstraute auch der Schwiegertochter, beobachte sie vom Fenster aus, man sagt, er hätte ihr nachspioniert. Als ihre Tochter Bertha geboren wurde, hätte er enttäuscht in die Wiege geschaut: kein Nachfolger. Doch sie war es, die zuletzt am Krankenlager des alten Mannes saß und der seine letzten Zeilen galten.

Obgleich die Werksführung durch sein »Management der langen Leine« immer erfolgreicher wurde, er auf Wunsch des Kaisers zum Reichstagsabgeordneten wurde, der nie durch eine Wortmeldung auffiel, hatte F. A. Krupp mit Essen und Deutschland irgendwann abgeschlossen. Seine Neigung zur Meereswissenschaft zog ihn nach Italien. Damit begann das Verhängnis. In Capri verschrieb er sich nicht nur der Tiefseeforschung, sodass ihn sogar die zoologische Forschungsstation Neapel zur Mitarbeit aufforderte, er kaufte eine Grotte, in der sich Geheimnisvolles abgespielt haben soll, hieß es. Und: Allein aus gesundheitlichen Gründen sei er nach Capri gegangen. Die Zeiten auf der Insel vor Neapel wurden immer länger. Die Gerüchtekette ebenso.

Zuerst stand es in neapolitanischen Zeitungen. Krupp solle homosexuelle Kontakte pflegen, unter den jungen Männer wären solche, die noch nicht volljährig seien. Deshalb hätten ihn die italienischen Behörden ersucht, »die Insel für immer zu verlassen«. Später wiederholten deutsche Blätter die Anwürfe. Der *Vorwärts* berichtete über

Friedrich Alfred Krupp und Ehefrau Margarethe: Er, feinsinnig und kunstliebend, zog sich in seinen letzten Lebensjahren zunehmend aus Essen und Deutschland zurück. Sie, zupackend und tatkräftig, wurde nach seinem Tod um legendären »Mütterchen« der Kruppianer.

den Fall zwar mit der Intention, dass der Paragraph 175 – der zum damaligen Zeitpunkt Homosexualität noch unter Strafe stellte – endlich aus der Welt zu schaffen sei, doch breitete er den Skandal weidlich aus. Ehefrau Margarethe, schon vorher durch Indiskretionen irritiert und erschrocken zum Kaiser geeilt, war – mit oder ohne ihre Einwilligung? – in ein Nervensanatorium aufgenommen worden. Gerüchte, die sie ausstreue, zögen immer weitere Kreise, hatte es warnend in Kaiser- und Krupp-Kreisen geheißen. Krupp schrieb an des Kaisers Kultusminister: »Meine Frau ist nämlich hochgradig nervös geworden ... Alles, was drum und dran hängt, ist aber so unsäglich traurig, dass ich es dem Papier nicht anvertrauen möchte.« Nachdem der *Vorwärts* berichtet hatte, bat Krupp beim Kaiser um Audienz. Er erhielt sie, doch erschien nicht. Erst sein Diener, später sein Arzt fanden ihn am nächsten Morgen bewusstlos im Bett. Am Nachmittag war er tot. Selbstmordgerüchte kamen auf.

Krupp sei verschwunden, munkelten andere. Der Sarg wurde Stunden nach der Todesnachricht geschlossen, mehr als ungewöhnlich.

Zigtausende säumten die Straßen, als der Sarg zum Friedhof demonstrativ durch die Stadt geführt worden ist. Der Kaiser schritt dahinter. Die Sozialdemokraten hätten seinen Freund »ermordet«, klagte er an. »Einen kerndeutschen Mann hat man an seiner Ehre angegriffen. Diese Tat ... ist weiter nichts als Mord.« Wer nicht das Tischtuch »zwischen sich und diesen bösen Leuten zerschneidet«, lege die Mitschuld auf sein Haupt.

Margarethe war aus dem Sanatorium entlassen worden, recht gesund. Die Strafanzeige ihres Mannes gegen die Zeitungen zog sie zurück. Mit großem Geschick führte sie energisch das Werk weiter, und die Kruppianer verehrten sie als ihr »Mütterchen«. Sie wurde zur selbstlosesten und mildtätigsten Frau der Krupp-Familie. Wenige Wochen vor der Hochzeit ihrer Tochter Bertha sagte sie: »Ich kann mich oft düsterer Ahnung nicht erwehren, dass uns allen noch Schweres bevorsteht.« Später soll sie das ergänzt haben, »dass all dies einmal zusammenbrechen könne«.

5. Hämmer dröhnten und Geschirr zerbrach – Akropolis + Walhalla = Villa Hügel

Das Familiendasein der Krupps ist stets vom Schicksal der Firma bestimmt worden, so auch deren Lebensorte. Friedrich, der Gründer, tüftelte und fummelte, mengte, machte und konstruierte, plante und hoffte. Er wollte stets noch höher hinaus und übersah über dem Erfinder- und Unternehmerleben zunehmend das Familienleben. »Sein« Werk stand im Vordergrund. Das ging so weit, dass die Familie eines Tages hintenan stand, nämlich ohne Brot. Der älteste Sohn, der legendäre Alfred, war plötzlich auch einer der vielen Kostgänger, die bei anderen Familien zu Kost und Logies unterschlüpfen mussten, da im aufstrebenden Ruhrgebiet für die einwandernden armen Schlucker von weither Wohnraum fehlte. Ein wohlwollender Onkel räumte Alfred einen Mittagstisch ein. Generationen zuvor war das anders gewesen: Die Familien Krupp hatten im stattlichen Stadthaus gelebt, das zuletzt der Kauffrau Krupp-Ascherfeld gehörte. Friedrich, Firmengründer, hatte es aufs Spiel gesetzt, das Spiel verloren, nun lebte die Familie im Abseits.

Der Lärm der Fabrik muss der Familie schon zu Friedrichs Zeiten auf die Nerven gegangen sein. Doch ausweichen konnte sie nicht, konnte dem Eisenscheppern, dem Wummern von Stiel- und anderen Hämmern auf glühendes Metall nicht entrinnen. Nein, die Familie blieb mittendrin im lauten Gewühl des Übergangs vom Handwerk zur Industrie, musste, da finanziell am Boden, im 1818 errichteten Aufseherhäuschen ausharren. Fried. Krupp war 1826 zwar ruiniert, doch immerhin noch ein Familienunternehmen.

In der nächsten Generation entwickelte sich ein Märchen: Vom

Aschenputtel zur Prinzessin, vom hässlichen Entlein zum strahlend weißen Schwan. Sohn Alfred, der als Heranwachsender den finanziellen, sozialen und auch den gesundheitlichen Ruin des Vaters erlebt hatte, vom Vater am Amboss und am Schmelzofen in die Kunst des Eisenvergütens eingewiesen worden war, der die Enge des Aufseherhäuschens ertragen musste, entfloh schnell mit zunehmendem Erfolg dieser Enge, strebte unaufhaltsam finanzieller Sicherheit zu. Gleichwohl blieb der Lärm – mit wachsendem Erfolg nahm er sogar zu. Es scheint jedoch, als hätte der Lärm zumindest Alfred Krupp nicht gestört. Er hat in ihm wohl eher das Gegenteil bewirkt. Je lauter das Getöse und Gewühle, Dampfen und Dröhnen, Qualmen und Quietschen, Rasseln und Rußen, Klirren und Knarren, Poltern und Zischen des unaufhaltsam vorwärtsstrebenden Industriezeitalters wurde, um so begeisterter wurde dieser Mann.

Ein Technokrat, ein trockener Ingenieur, dem alles Musische abging? Seine junge Frau Bertha liebte Musik. Auch Krupp setzte sich manchmal ans Klavier, lud auch Gäste in einen kleinen Saal im Anbau des Stammhauses, wo musiziert und gelacht wurde. Doch die Klänge seiner Industrie bewegten ihn mächtiger. Als ihn seine Frau einmal bat, sie zum Essener Stadtgarten zu einem Konzert eines Geigenvirtuosen zu begleiten, lehnte er ab: »Ich habe zu sorgen, dass meine Schornsteine am Dampfen bleiben. Wenn morgen meine Hämmer wieder gehen, habe ich mehr Musik, als wenn alle Geigen der Welt spielen.« Am nächsten Morgen gingen seine Hämmer wieder. Unter ihren Schlägen erzitterte das Wohnhaus und die Teller schepperten im Schrank. Und manchmal zerbrach Geschirr. Da soll Krupp zu seiner schönen jungen, aber erschrockenen Frau gesagt haben, keine Sorge, das bezahle alles die Kundschaft.

Am 16. September 1861 wurde in der Essener Gussstahlfabrik der größte Dampfhammer in Betrieb genommen. Dieses technische Ungetüm haben später viele gekrönte Häupter in Augenschein genommen, so auch Preußens König Wilhelm I., der gegen den Willen seines Kriegsministers viele Rohrblöcke für Geschütze bei Krupp bestellt hatte. Diesen Hammer hatte Krupp auf den Namen »Fritz« getauft, die Kurzform des Namens seines Sohnes Friedrich Alfred. Viele technische Geräte, Fabriken, auch Bergwerke wurden mit Namen von Familienmitgliedern belegt, so beispielsweise die Bergwerke »Helene« und »Amalie«, die an die legendäre Großmutter Krupp-Ascherfeld erinnern sollten, und später auch das Monstergeschütz »Dicke Bertha«, für die Bertha Krupp, geborene Eichhoff, Alfred Krupps Frau, herhalten musste. In seiner ersten Fassung hatte »Fritz« ein Fallgewicht von 30 000 Tonnen, später eines von kolossalen 50 000, mit denen Gussstahlblöcke, Schiffswellen und andere riesige Objekte geschmiedet und umgeformt wurden. Wenn »Fritz« heruntersauste, knallte es, dass einem der Kopf dröhnte.

Diedrich Baedeker hat den ersten Hammerschlag erlebt. Er beschrieb ihn 1889 so: »Als dann zum ersten Mal der Hammer vor der erwartungsvoll gespannten Beamten- und Arbeiterschar, in der der Fabrikherr einen vordersten Platz einnahm, langsam in die Höhe stieg, um im nächsten Augenblick mit furchtbarer Vehemenz auf einen mächtigen Gussstahlblock niederzufallen, sprangen die zunächst stehenden Personen entsetzt zurück. Krupp war der Einzige, der ruhig seinen Platz behauptete und unverrückt die großartige Kraftäußerung beobachtete.« Der wuchtige Lärm von »Fritz« war Krupps Musik.

Bertha Eichhoff, verehelichte Krupp, sah und hörte dies anders. Die Fabrik war ihr zu laut, da der Lärm zu nah war. 1854 soll sie an Essen verzweifelt sein. Im Familienarchiv steht dazu: »Bald beginnt sie, Genesung suchend, ihr Heim zu fliehen, dieses Wohnhaus, das eingeklemmt liegt zwischen Schmelzbau mit seinen Koksmeilern und dem Hammergebäude mit dem Titanenlärm der Hämmer, der noch übertönt wird vom Bandagenwerk für die Eisenbahnen. Dieser Tag und Nacht nicht schweigende Lärm ist zwar für Krupps Ohren Musik, nicht aber für eine zarte Frau.«

Der Hüter von Fried. Krupp, der ja auch Hausherr und Familienvater war und lange schon darüber nachgedacht hatte, dass keine Familie eines Krupparbeiters in einer ähnlichen Enge leben sollte, wie Mutter und Vater, seine drei Geschwister und er, dachte auch ob des

Klagens seiner Bertha über eine andere Bleibe nach. Aus dieser persönlichen Erfahrung sind die Ideen des Kruppschen Wohnungsbaus erwachsen, gewiss aber auch die Entwürfe des Eisenfürsten für eine nicht von Höllenlärm umtoste Wohnung für seine geplagte Frau, für sich und seinen Sohn: Villa Hügel. Vom engen Aufseherhaus in die Villa mit etwa 220 Zimmern. Sicher ist dieser seltene Industriepalast ohne Industriebauten, der unerwartet inmitten einer wohltuenden Parklandschaft auftaucht, auch vom Firmenchef gewollter Ausdruck von Stärke, Macht und wirtschaftlicher Größe. Und gewiss lässt sich Erbauer Alfred Krupp mit dieser architektonischen Attitüde als bürgerliches Gegenstück zu spätfeudalistischen Schlossherren sehen. Doch der heutige Ort außergewöhnlicher Kunstausstellungen, Konzerte, Empfänge und der Selbstdarstellung der Alfried Krupp von Bohlen und Halbach-Stiftung sowie der Firma Fried. Krupp ist auch das private Geschenk eines schwerreichen, vielbeschäftigen Mannes an seine vernachlässigte Familie.

Dem Lärm der Hämmer und Maschinen war die Familie in der Villa Hügel entrückt. Die Finken schlugen am Tage, nachts heulte das Käuzchen. Trautes Heim, Glück allein? Oder die architektonische Übersetzung des Traumas eines in die Jahre gekommenen Industrie- und Wirtschaftsgenies aus Kindertagen und goldener Käfig für Frau und Sohn? Nicht ohne Grund haben diese und spätere Krupps Aufenthalt im Salzburger Land, in Argentinien und anderswo gesucht.

»Das Schloss, welches er bewohnte, war eines jener Gebäude, die wir mangels greifbarer architektonischer Substanz ›imposant‹ zu nennen pflegen.« Spöttisch schreibt Krupp-Intimkenner Erik Reger über Villa Hügel. Er nennt sie »eine Kreuzung zwischen Akropolis und Walhalla«. In seinem Krupp-Roman *Union der festen Hand* urteilt er über Bau und Bauherrn, Villa Hügel sei ungefähr nach den Vorstellungen gebaut worden, »die ein Mensch, der nie betrunken war, von den Phantastereien eines Weinrausches hat«. Das werktägliche Leben des Bauherrn sei »knapp, sachgemäß und zielvoll« verlaufen, »darum glaubte er, dass die Kunst als Gegengewicht sonntäglich aufgeputzt und mit sinnlosem Zierat überladen sein müsse«. Tatsächlich: Villa Hügel ist groß und gewaltig, bombastisch, von kalter Pracht und mit ihren hohen Hallen auch erdrückend. Doch hat Alfred Krupp überhaupt einen schönen Bau errichten wollen? Wissenschaftler haben tiefschürfende Aufsätze über Krupps Beweggründe zum Bau dieses Fabrikanten-Schlosses verfasst, haben interpretiert, gerätselt und gedeutet. Ist es nicht doch einfacher? Einer, der in den entscheidenden Jahren kindlicher und jugendlicher Entwicklung Armut und Wohnungsenge erduldet, der täglich das Elend des im Krankenbett liegenden Vaters ansehen muss, dem danach die Jugend genommen wird, dem als 14-Jährigen die Pflicht der Verantwortung für ein zunächst marodes Unternehmen auferlegt wird, wenn der sich, zu Ansehen und Reichtum gelangt, ein Haus baut, kann auch die Flut an Anweisungen, Verordnungen und Hausgesetzen, an Detailzeichnungen und Entwürfen das Eigentliche nicht verbergen: sich im reifen Alter endlich das Märchenschloss zu gönnen. Doch wie bei seinem Vater, dem die Erzeugung von Gussstahl zum Lebensinhalt geworden war, wurde für Sohn Alfred der Bau von Villa Hügel zum drängendsten Problem.

18 Jahre lang lebte die Restfamilie Krupp in der armseligen Notunterkunft »Stammhaus«. Erst 1844, als Krupp bereits jener geworden war, mit dem Geschichte geschrieben worden ist, wurde zwischen Stammhaus und dem Schmelzbau ein Wohnhaus errichtet. Doch es wurde nicht etwa nur wegen familiärer Bedürfnisse gebaut. Der Pragmatiker Alfred Krupp brauchte ein Gebäude, das den zunehmenden Repräsentationspflichten der wachsenden Fabrik entsprach: zunächst ein Fabrikkontor, also Büro, dann ein Zimmer für den Fabrikherrn, der Rest Logierzimmer für Gäste und ein kleiner Saal zum Aufwarten. Empfänge mussten warten.

Das war zwei Jahre, bevor Alfred Krupp Alleininhaber der Firma werden sollte, die durch sein rastloses Tun stetig wuchs. Bereits im Heiratsjahr von Alfred und Bertha kamen hohe Gäste. Prinz Wilhelm von Preußen, der spätere Kaiser beispielsweise, war zwischen der Hütte Stammhaus und dem Schmelzbau der erste Gast. Als 1858 der Erzherzog Johann von Österreich den begonnenen und späteren

Reigen der herzoglichen und königlichen Gäste fortsetzte, griff Alfred Krupp zum Zeichenstift und wirkte erneut als Architekt. Nun entstand nach seinen Entwürfen das Gartenhaus auf dem Fabrikgelände mit einem Fremdenhaus für bedeutende Gäste: der König von Preußen, der König von Rumänien, der preußische Ministerpräsident Otto von Bismarck ... Ein ruhiger Familienwohnsitz wurde dieses Bauwerk nicht. Der Lärm der Fabrik ließ sich nicht bannen, die Hämmer dröhnten weiter, die Schornsteine qualmten ohne Unterlass.

Da beschließt Krupp den Bau der Villa Hügel. Er erwirbt im Essener Süden auf den Ruhrhöhen das Landgut Klosterbuschhof und lässt es nach seinen Vorstellungen umbauen. Wenn er es ernst damit gemeint hätte, dass sein Neubau »Comfort der kleinen Häuslichkeit« bieten sollte, wäre Klosterbuschhof sicher passend gewesen. Doch Alfred Krupp wollte mehr als alles, wie sein Vater Friedrich auch, er wollte für Generationen bauen. Er hat es mit dem »Comfort der kleinen Häuslichkeit« wohl auch nicht so gemeint, denn er fügte gleich an, »ausnahmsweise große Gesellschaften mit Ersten Ansprüchen« sollten beim Bau ebenfalls berücksichtigt werden. Nach Anlegen von Fischteichen und Reitbahn und Stallungen und Höfen und Parks und Gartenanlagen mit Springbrunnen und Zierat und einer Weide für Pferde an der Ruhr, nach Geländezukäufen, »um die Luft und den Blick rein zu halten«, erträumte Bauherr Krupp von diesem Anwesen nebst Umland so etwas wie die Wirkung eines Kurortes. Kein Mief der Abwässer der Stadt, keine Rauchfahnen und keine Dampfwolken der Fabriken, seiner Fabriken, kein Getöse der Industrie, sondern Stille und linde reine Luft, Vogelgezwitscher, Wetter – ja, am besten heiteres. Villa Hügel sollte ihm und den Seinen als »Mittel zur Lebensverlängerung« dienen. Der Mann wollte ein privates Paradies auf Erden schaffen. So galt der Gestaltung der Parkanlagen seine besondere Aufmerksamkeit. Findig, wie die Krupps nun einmal sind, nutzte der Bauherr Krupp die Bauwut der Gründerjahre aus: Aus verschiedenen Städten des entstehenden Ruhrgebietes ließ er ganze Alleen, die sonst Straßenerweiterungen

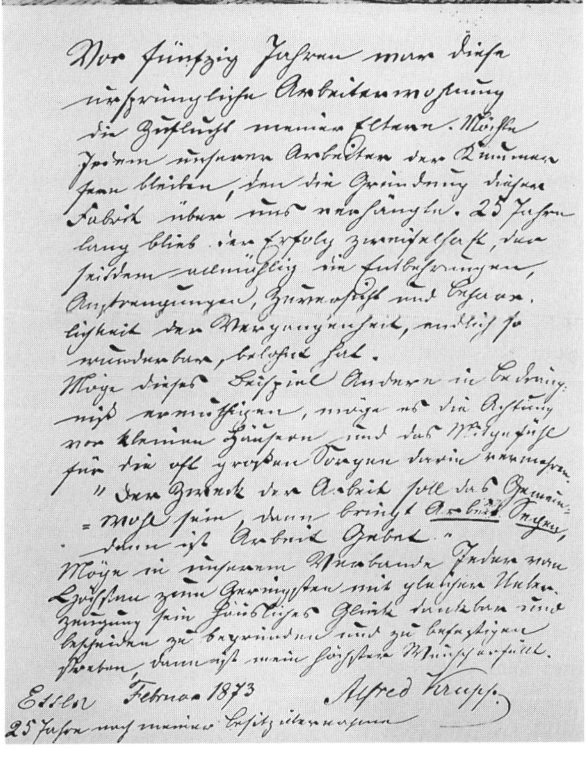

Vor fünfzig Jahren war diese
ursprüngliche Arbeiterwohnung
die Zuflucht meiner Eltern. Möchte
jedem unserer Arbeiter der Kummer
fern bleiben, den die Gründung dieser
Fabrik über uns verhängte. 25 Jahre
lang blieb der Erfolg zweifelhaft, der
seitdem allmählig die Entbehrungen,
Anstrengungen, Zuversicht und Beharr-
lichkeit der Vergangenheit, endlich so
wunderbar, belohnt hat.
Möge dieses Beispiel Andern in Bedräng-
niß ermuthigen, möge es die Achtung
vor kleinen Häusern und das Mitgefühl
für die oft großen Sorgen darin vermehren.
"Der Zweck der Arbeit soll das Gemein-
-wohl sein, dann bringt Arbeit Segen,
dann ist Arbeit Gebet."
Möge in unserem Verbande Jeder vom
Höchsten zum Geringsten mit gleicher Ueber-
zeugung sein häusliches Glück dankbar und
bescheiden zu begründen und zu befestigen
streben, dann ist mein höchster Wunsch erfüllt.

Essen Februar 1873 Alfred Krupp.
25 Jahre nach meiner Besitzübernahme

Dreh- und Angelpunkt des Kruppschen Mythos: Die Niederschrift Alfred Krupps aus dem Jahre 1873 unter der Abbildung des Stammhauses – »25 Jahre nach meiner Besitzübernahme«.

zum Opfer gefallen wären, in den Park verpflanzen, kaufte Waldstücke auf, um sofort richtige Bäume zu haben und sie nicht erst über Jahre wachsen sehen zu müssen. Was heute nicht mehr zu sehen ist: Der Mann, der als Junge auch auf die Weide zur Familien-Kuh musste, hatte sich das Gefühl fürs Bäuerliche bewahrt, ließ Nutzgärten anlegen, die den großen Hausstand von Villa Hügel mit Gemüse und Obst versorgten. Später kehrt das in den Arbeitergärten des Kruppschen Wohnungsbaus als soziales Anliegen wieder.

Doch »bis zu seinem Lebensende hatte Alfred Krupp sich mit den Mängeln seines Wohnhauses nicht ausgesöhnt«. Zu diesem Ergebnis kommt Fritz Neumeyer in einer Studie über die Baugeschichte der Villa Hügel. »Der von ihm selbst ins Leben gerufene Apparat einer Wohnmaschine ließ sich nicht unter Kontrolle bringen. Alfred Krupp war es in seiner selbst gewählten Rolle als Architekt und Bautechniker ähnlich ergangen wie dem Zauberlehrling in Johann Wolfgang von Goethes gleichnamigem Gedicht, der die Geister, die er rief, nicht wieder zu bändigen vermochte.«

Auch nachfolgenden Generationen machten das Haus und darin vor allem die Klimaanlage zu schaffen, die nie richtig funktionierte. Alfred Krupp hatte die modernste seiner Zeit einbauen lassen. Dennoch erwärmten sich die Hallen nie mehr als bis zu 16 oder 18 Grad. Das brachte dem zweiten Nachfolger Krupps als Hausherrn, Dr. Gustav Krupp von Bohlen und Halbach, den schlechten Ruf ein, er sei mehr als ungesellig. Ob der ungenügenden Heizung meinten viele, er heize bewusst nicht ein, damit die Gäste Villa Hügel so schnell wie möglich verließen. Und so saß seine Frau, Bertha Krupp, oft mit Pelzmantel an ihrem Schreibtisch.

Die Ventilation seines Hauses hatte dem Erbauer auch erbärmlich zugesetzt. 1880 beschwerte er sich, dass die Ventilation nur Luft brächte, »wenn wir keine haben wollen, wenn draußen der Wind rast«. Die Ventilatoren heulten. Der Hausherr war nicht glücklich. Im ersten Winter nach dem Einzug klagte er, selbst bei geringem Frost könne man sich »vor Kälte kaum retten«. Alles hatte er selber machen wollen. Architekten hielt er für überflüssig, die für ihn »alle egal« waren. Als er sie dann doch brauchte, hielt er sie für Verschwender. Sein Fazit: Architekten müsse er als Bauherr strenge Zügel anlegen. So war schon in ihrer Bauzeit Villa Hügel ein von Spannungen geplagter Ort. Architektur war für Alfred nichts, was mit Kunst zu tun hatte. Künstler waren ihm verdächtig. Architektur war für Krupp eine technische Disziplin. Also entwarf der Techniker kein Wohnhaus, in dem Schönheit eine Richtschnur war, »sondern ein Höchstmaß an bequemer und sicherer Funktion«, wie Renate Köhne-Lindenlaub, Leiterin des Krupp-Archives, Krupps Skizzen, Notizen und Anweisungen zusammenfasst: »... klimatisierte und optimal beheizte Räume, betriebssichere Beleuchtung und Versorgung mit Wasser, Schutz gegen Feuer«.

1864 legte Krupp Wohnhaus und Gästehaus mit einem Verbindungsgang durch Skizzen fest. Nach einer Baukonferenz im Januar 1870 wurde im April der Grundstein gelegt. Einen Bauantrag? Welche Stellung Krupp damals hatte, welche Rolle er sich selbst zumaß, sagt dieser Bauantrag. Er stellte ihn im Juli 1870, als bereits das Kellergeschoss fertig war. November des gleichen Jahres ist Richtfest, doch einen Tag vor Heiligabend bricht der Boden ein und der Erker löst sich vom Gebäude. Villa Hügel war auf nicht verfüllten Stollen eines früheren Bergwerkes errichtet worden, die eingesackt waren. Des Bauherrn ganzer Zorn richtet sich nun gegen die Bauleitung. Kein Gedanke daran, dass er stets gedrängt hatte, dass durch seine Eile viele Arbeiten überstürzt ausgeführt werden mussten.

Im Januar 1873 wird Villa Hügel Wohnhaus der Familie Krupp. Sie bleibt es bis 1945. Glücklich ist in diesem Bau wohl kaum einer der Krupps gewesen. In der Studie des Bauhistorikers Neumeyer ist zwischen den Zeilen viel über die Psyche des Bauherrn und damit über die drei Menschen zu lesen, die dort als erste lebten, Vater Alfred, Mutter Bertha und Sohn Friedrich Alfred: »Die beherrschende Lage ... in der Ruhrlandschaft drängt zum Vergleich mit dem Monumentalbau der Walhalla; die außerordentliche Größendimension der Wohnanlage ... findet ihren Maßstab nur noch im

Schlossbau ... Es verwundert nicht, dass jene bedeutungsschwangere Atmosphäre, die sich um das Bauwerk gelegt hat, den Boden für eine bisweilen bizarre Legendenbildung bereitet hat ... Wird in der Mehrheit die Urheberschaft am Bau einerseits dem Bauherrn zugewiesen, ... heißt an anderer Stelle, Krupp habe Architekten zum Studium der Palastbaukunst nach Italien auf Reisen geschickt. Auch für den Bau wurden Absonderlichkeiten kolportiert, ... die hinreichend bekannte Angst des Bauherrn vor Feuer (habe) dazu geführt, dass kein Stück Holz beim Bau Verwendung gefunden habe, dass eiserne Fenster die Wohnzimmer hermetisch abgeschlossen, dreifache Eisentüren das Arbeitszimmer des Hausherrn gesichert hätten, das sich direkt über den Stallungen befunden habe, um sich über Belüftungsschächte der wohltuenden, mit Dunggeruch gewürzten Landluft zu versichern.«

Andere Bauhistoriker finden für Villa Hügel andere Vergleiche: einzigartiges Einfamilienhaus des 19. Jahrhunderts, ein Bauwerk, das seinen Standort zwischen Kölner Dom und Berliner Siegessäule beziehen würde, Beispiel für »das Scheitern einer von der Technik bestimmten Architektur«. Ein anderer Fachmann meint: »Im Bauch des Bauwerks könne der Mensch sich fühlen, als befände er sich auf einem Ozeandampfer.« Erst Sohn Friedrich Alfred fügte Holzvertäfelungen hinzu, hing Bilder und teure Gobelins auf, wollte dem düsteren Prunkbau ein wenig Wohnlichkeit geben. Doch auch er und seine Frau liebten ihn nicht.

Aber auch Friedrich Alfred wie seine Nachfolger Dr. Gustav Krupp von Bohlen und Halbach mit Frau Bertha sowie sein Enkel Alfried Krupp von Bohlen und Halbach ergriff die eigenartige Fernwirkung dieses bürgerlichen Schlosses: Der Bau gab den jeweiligen Bewohnern ein Charisma, rückte sie in verklärte Höhen, deren Schein doch bis in die Niederungen an die Werkbänke der Fabrikhallen strahlte. Obendrein war er nur auf eigenen Wegen zu erreichen und war mit einer eigenen Bahnstation ausgestattet. Abseits vom ölverschmierten, schweren Arbeitsgeschehen, abseits vom geschäftigen Hin und Her des städtischen Lebens liegt in der heilen Natur sein Bau! Da trifft die Überlegung des amerikanischen Linguisten Noam

Einzigartiges Familienhaus oder Scheitern einer von Technik bestimmten Architektur? Villa Hügel, von 1873 bis 1945 Wohnhaus der Familie Krupp, symbolisierte den Macht- und Distanzanspruch der Unternehmerfamilie.

Chomsky zu, »dass das Streben nach persönlicher Bequemlichkeit und persönlichem Besitz, obwohl in sich selbst nicht verächtlich, doch dem fatalen Wunsch entspringen kann, sich vom Pöbel fern zu halten«.

Tatsächlich kam das gemeine Volk erst zum Hügel, als Bertha Krupp 1954, angeregt durch Alfried Krupps Generalbevollmächtigten Berthold Beitz, Villa und Park der Öffentlichkeit zugänglich machte. Nach dem Zweiten Weltkrieg hatten die Alliierten Villa Hügel beschlagnahmt. Bis 1952 diente sie als Sitz der North German Coal Control. Bertha Krupp wünschte, der Bau solle nicht mehr Wohnsitz sein, sondern der Allgemeinheit zur Verfügung stehen. Mit der Gründung des gemeinnützigen Vereins Villa Hügel e. V. im Jahr 1954 wurden die Voraussetzungen geschaffen. Seither ist der Industriellensitz ein Kulturzentrum und eine Stätte internationaler Begegnung ersten Ranges. Hunderttausende drängen zu den Kunstausstellungen, etwa »Pompeji – Leben und Kunst in den Vesuvstädten«, knapp eine halbe Million Besucher bestaunte 1978 »Götter und Pharaonen«. Die Konzerte der Reihe »Musik auf Villa Hügel« sind musikalische Hochgenüsse. Kaiser, Könige, Fürsten, Regierende, Minister und Direktoren kamen zum Hügel, die »Großen der Welt«. Sie verliehen dem jeweiligen Bewohner noch stärker die Aura, selbst einer der Großen zu sein. Dieses Fluidum hat sich bis heute gehalten. Wer auf dem Hügel sitzt, der ist oben.

* * *

Für die Krupps und für die von Bohlen und Halbachs wurde Villa Hügel vieles, nur nicht der Kurort, den sich Alfred Krupp für sich und seine Nachkommen erhofft hatte. Im Fall der Erziehung der Kinder von Bertha Krupp und Dr. Gustav Krupp von Bohlen und Halbach wurde der Bau mehr preußische Kadettenanstalt. »Es war immer ein Ort der Pflicht, der Verantwortung. Auf Villa Hügel war keiner frei«, sagt Doerte von Bohlen und Halbach. Von ihrem Mann Harald von Bohlen und Halbach allerdings, dessen Geschwistern, vor allem von ihrem Schwager Alfried Krupp weiß sie, dass keiner von ihnen diesen Bau geliebt hat. Allen erschien er kalt und unpersönlich, düster und abweisend. Von einem »Eindruck der Freudlosigkeit« spricht die Krupp-Nichte Friz: »Spontaneität, Impulsivität, Äußerungen der Lebensfreude konnten in dieser Atmosphäre nicht aufkommen.« Mai 1986 berichtete Arndt von Bohlen und Halbach, Sohn Alfrieds, des letzten Namens-Trägers: »Meine Mutter hat mir gesagt: Es war eine Atmosphäre zum Fürchten, so eisig, so unmenschlich.«

Aus allen Kindern sollten nach dem Willen von Bertha Krupp und ihres Mannes Gustav Krupp von Bohlen und Halbach »richtige« Krupps werden: eisern, diszipliniert, beherrscht, abgehärtet. »Es war vor allem kalt in diesem Bau«, sagt Doerte von Bohlen und Halbach. »Wenn die Lüftung angestellt war, zog es entsetzlich, sodass man

Atemnot oder etwas anderes mit der Lunge bekommen konnte.« Von wegen Ersatz für einen Kurort, wie es der alte Alfred gern gehabt hätte. Allein das Lüftungssystem hätte jedem den Aufenthalt in diesem Bau verleidet. Da es auf Hügel immer kalt gewesen sei, hätten die Ehepartner der von Bohlen und Halbachs auch später in anderen Wohnungen häufig gefroren. Die Bohlens nicht, die drehten, beispielsweise Harald, die Heizungen runter, sie waren Kälte gewöhnt.

Eine unbeschwerte, gar fröhliche Jugend? Für die Kinder von Bertha und Gustav gilt Erziehung durch Dienstmädchen. Blockweise wurden die Kinder der vorletzten Generation erzogen. Von acht Kindern wuchsen auf Hügel sieben auf. Arnold, 1908 geboren, starb mit einem Jahr. Der hätte keine gute Amme gehabt, soll Tante Barbara auf Nachfragen von Familiemitgliedern stets geantwortet haben. Tante Barbara (Barbara von Wilmowsky) und ihre um ein Jahr ältere Schwester Bertha dagegen waren in fröhlicherer Atmosphäre aufgewachsen. Für ihre Töchter hatten Friedrich Alfred, Sohn des Giganten Alfred, und seiner Frau Margarethe Krupp 1894 im Park das »Spatzenhaus« gebaut. In Küche, Wohnzimmer, Speise- und Besenkammer dieses Spielhauses konnten die beiden Mädchen ihr Eigenleben pflegen, konnten putzen und kochen, Tätigkeiten, die ihnen später Personal abnahm.

Die Kinder- und Jugendzeit der Nachkommen von Bertha und Gustav jedoch war reglementiert – es war wohl nicht die Zeit, in der die Mädchen und Knaben auch wilde Gefühle entwickeln, geschweige denn sie ausleben konnten. Auf Vaters Schreibtisch hatten die Bleistifte der Größe nach und nach Nummern geordnet angespitzt zu liegen. »Er schlug Krach«, berichtete eine Angestellte, »als beim Nachzählen der Bonbons eines fehlte.« Das Ziertüchlein seines Jacketts, frisch gebügelt, ging ins Bügelzimmer zurück, war es nicht akkurat genug gefaltet. In so festgezurrten Bahnen mussten auch die Kinder aufwachsen. Für sich und alle Familienmitglieder hatte er Stundenpläne und Regeln erlassen, die einzuhalten und nicht zu umgehen waren. Schulstunden, Reitstunden, Mahlzeiten, ja sogar Aufwartung bei den Eltern, Ausgänge, Spaziergänge, Verhalten gegenüber Dienstboten und Gästen, und dies alles noch hierarchisch aufgeteilt. Oberstes Ziel des Drills waren Pflicht- und Ehrerfüllung, Disziplin und Selbstbeherrschung. Das Leben der männlichen Nachkommen lässt den Schluss zu, sie hätten dies bis zur Selbstaufgabe verinnerlicht. Die Söhne Alfried und Claus sind markante Beispiele. Die hohen Erwartungen, die vor allem der Vater in sie gesetzt hatte, versuchten sie zu erfüllen. Alfried nahm den Schuldspruch 1948 beim Nürnberger Krupp-Prozess zwar kreidebleich, doch im wahrsten Sinne des Wortes standhaft an, auch für seinen Vater. Seinen Bruder Claus brachte Pflichtgefühl sogar um. Ein Rettungsgerät, ein neues Atemgerät für Piloten, sollte 1940 getestet werden. Pilot Claus von Bohlen und Halbach war nicht zum Testflug vorgesehen. Er fühlte sich in der Pflicht, stieg auf und stürzte über der Eifel ab. Pilot von BuH und der Kopilot starben. Das neue Gerät hatte versagt. Als ein Freund Vater Gustav kondolierte, antwortete der, sein Sohn hätte die Ehre gehabt, für den Führer zu sterben.

Für sieben Bohlen-Kinder waren vier Erzieherinnen und Erzieher beziehungsweise Gouvernanten verantwortlich, drei jeweils für zwei Kinder, einer für drei. Zum Strafsystem eines Erziehers gehörte es auch, zwischen den Türen zu stehen. Da wurde der Besuch der alten Dame nahezu zur unbeschwerten Abwechslung: Jeden Sonntag um elf Uhr empfing Großmutter Margarethe die Enkelschar. Sie wohnte in jenem Anbau, in dem sich heute Stiftung und Firma darstellen. Wer artig war, durfte sich vor dem gemeinsamen Mittagsmahl mit Vater Gustav und Mutter Bertha einen Keks aus der großen silbernen Dose auf Großmutters Tisch nehmen. Beim anschließenden Essen mit den Eltern war Eile geboten. Vater Gustav hatte majestätische Bräuche übernommen. Wenn der Kaiser Messer und Gabel hingelegt hatte, bedeutete das, das Essen war beendet. Bei Vater Gustav war es auch so. Die von Bohlen und Halbach-Kinder wurden schnelle Esser, die sich später, als sie als Erwachsene repräsentieren mussten, zu normalem Esstempo zwangen.

Wie Gebäude und Gebahren sich auf die Geschwistergeneration des letzten Krupps auswirkten, offenbart diese Begebenheit: Als

Harald von Bohlen und Halbach von seiner Frau gefragt worden ist, ob es ihm nicht weh täte, dass nun in seinem Elternhaus Villa Hügel jeder ein- und ausgehen könne, sagte der: »Nein, wir haben Villa Hügel gehasst.« Zur Verdeutlichung ist eine Briefstelle seines Bruders Eckbert aufschlussreich. Der schrieb seinem Bruder Harald Anfang 1945 von der Kriegsfront, wenn der Krieg vorbei sei, müssten sie sich Zeit nehmen, »damit wir uns endlich kennen lernen«. Dazu kam es nicht. Eckbert fiel kurz vor Kriegsende in Italien. Harald war elf Jahre lang in russischer Kriegsgefangenschaft.

Die Aufzeichnungen der Gouvernante von Waldtraut von Bohlen und Halbach, 1920 geboren, der jüngsten Tochter des Ehepaares Gustav und Bertha, sind eindeutige Informationen eines nahezu gespenstischen Innenlebens eines geheimnisvollen Gebäudes. Diese schreibt unter anderem: »Im April 1929 kam ich auf den Hügel. Im Portal stand Frau von Bohlen, an jeder Hand meine zukünftigen Schüler: Waldtraut, achtjährig, Eckbert sechs. Nie vorher hatte ich so ernste, blasse, stille Kinder gesehen, und dabei so ruhig, so wohlerzogen. Der Eindruck des Hauses mit der 75 Meter langen Halle – dunkel, wie dunkel – setzte sich bei mir fest als ›Pomp funèbre‹ und in den zehn Jahren, die folgten, hat sich dieser Eindruck nicht erhellt, sondern noch verdüstert ... Pflicht war in der Familie hochgezüchtet. Ich habe selbst in meinem Elternhaus ein zuverlässiges Pflichtgefühl mitbekommen, vererbt und gepflegt. Aber bei Bohlens hatte diese an sich so gute Eigenschaft etwas von Moloch. Der älteste Sohn hatte am schwersten dafür zu opfern, und die bitteren Folgen haben ihn nicht losgelassen ...«

Die Kinder- und Jugendjahre in diesem düsteren Prunk scheinen also mehr einer Aufzucht, als einem Aufwachsen gleichgekommen zu sein. Nach allen Berichten war Hügel auch kein Ort, an dem sich junge Menschen beheimatet wissen konnten. »Keines der Kinder, die auf dem Hügel aufwuchsen, war fähig, über seine Gefühle zu reden«, meinte später Diana Maria Friz, Tochter der Waldtraut von Bohlen und Halbach, des 1920 geborenen Mädchens von Bertha und Gustav Krupp. Sie seien froh gewesen, sagen Verwandte, als sie dem Prachtbau im Erwachsenenalter entfliehen und in bürgerliche Häuser ziehen konnten. Der letzte, der dies Schloss der Vergangenheit verließ, war Alfried Krupp von Bohlen und Halbach: Am 11. April 1945 führten ihn amerikanische Soldaten im Polizeigriff aus dem unterkühlten Elternhaus, dem freudlosen Bau von Kindheit und Jugend, dem nahezu erdrückenden Gebäude erster Jahre als Konzerninhaber – und damit der ersten Zeit, in der er den Traditionsnamen (er)tragen musste.

6. Politisiert wird nicht – dem jeweiligen Führer wird gefolgt!

Seine Höflichkeit und Freundlichkeit waren legendär. Ebenso wie seine Korrektheit. Nur bei einer Sache, wird erzählt, sei er schnell ungehalten geworden. »Nein«, sagt Doerte von Bohlen und Halbach sicher, die ihm besonders nahe stand und ihn, ihren Schwager, eher als ihren Mann, Alfrieds Bruder Harald, kennen gelernt hatte, »nein, Alfried hat nie über Politik gesprochen.« Politikgespräche seien bei den Krupps tabu gewesen – bei allen Krupps. Selbst dem Gefangenen auf der Festung Landsberg wird für diese Jahre die Beibehaltung seiner besten Eigenschaften nachgesagt: Höflichkeit, Freundlichkeit, Korrektheit. Doch wenn die Rede auf Vergangenes gekommen sei, auf den Nationalsozialismus beispielsweise, habe Alfried Krupp gebeten, nicht zu politisieren. Es war wie ein Verhaltensecho auf seinen Vater, Gustav Krupp, der beim Essen an der Tafel auf Villa Hügel kategorisch festgesetzt hatte: »Hier wird nicht politisiert!« Schwiegervater Friedrich Alfred forderte es auch, dessen Vater Alfred gleichfalls: Es wird nicht politisiert. Beim Gründer Friedrich ist das anders gewesen. Der drängte in die Politik. Seine Nachfolger politisch Indifferente? Beileibe nicht. Sind nicht gerade die, die das Politisieren im Familienkreis verboten hatten, gerade durch Politik – und die Nähe zu ihr – ins große Geschäft gekommen?

»Keine Zeit für Lektüre, Politik und dergleichen. Der Amboss war mein Catheder.« Und später war Urkrupp Alfred, wie andere seiner Zeitgenossen, auch sogar der Überzeugung, Geschäft und Politik vertrügen sich nicht. Als sei es eines der vielen aus dieser Zeit erlassenen Familien- und Firmengesetze, so hält sich auch bei den nach-

Dem Wunsch der Staatsführung, dass Krupp imstande sei, »... unserem deutschen Vaterlande auch fernerhin Schutz- und Trutzwaffen zu liefern« (Kaiser Wilhelm II.), kamen Firma und Familie Jahrzehnte nach. Aufnahmen der Kruppschen Werkstätten 1870 (li.) und 1912 (re.).

folgenden Generationen die Überzeugung, in der Familie sei nie über Politik gesprochen worden, man sei stets unpolitisch gewesen. Und Gustav Krupp könne nicht, wie es Kritiker getan haben, als Obernazi bezeichnet werden. Fest steht: Das Schicksal der Firma und damit der Familie war stets mit Politik und Macht verknüpft. Politik brachte Krupp sowohl Vorteile wie auch herbe Enttäuschungen. 100 Jahre nach der Firmengründung war der Konzern zur tragenden Säule militärischer deutscher Macht geworden. Bei Alfred, der sich nicht wie sein Vater in städtische Ämter einbinden ließ, sondern nur für die Firma wirken wollte, ist gewiss eine Wurzel des Unpolitischen zu finden. Und doch hat die Politik Unternehmen und Familie stets eingeholt und vereinnahmt, verquickten sich Politik und Geschäft, am Ende Stahl und Völkerschicksal.

Schon der erste unter ihnen, Arndt Kruipe, hatte ebenso dreist wie

geschickt mit der fruchtbaren Liaison Politik und Wirtschaft begonnen. Als Arndt Essener Bürger wird, haben die alten Patrizierfamilien durch Misswirtschaft so an Ansehen eingebüßt, dass die Bürger im Frühjahr 1600 rebellieren. Der alte Rat tritt zurück, ein neuer kommt. Unter den neuen Räten ist jener Arndt, der erste Krupp.

Arndt gilt als Vertreter der Handwerkszünfte und Kaufmannsgilden, die besonders gegen die alte Stadtregierung opponiert hatten. Als städtischer Hallenmeister hat er den Verkauf von Fisch und Fleisch zu beaufsichtigen. Kurze Zeit später wird er Verwalter der Großen Spende, der zusammengefassten städtischen Stiftungen. Schließlich versteht es Krupp, die Ratsmitglieder zu überzeugen, das Durcheinander der städtischen Kassen ordnen zu können, sodass er zum Rentmeister gewählt wird. Krupp verzahnt Amt und Geschäft, leiht dem Rat 450 Taler, schreibt ihm gleichzeitig 50 für nicht erfolgte Einquartierung von Söldnersoldaten gut. 207 Gulden und 4 Schilling zahlt der Rat 1611 für die Zeche eines Gelages bei Krupp, 1612 muss der Rat 65 Gulden für einen Maiumtrunk bei Kruppens berappen.

Ihm werden auswärtige Angelegenheiten übertragen. Bei Auseinandersetzungen zwischen Reformierten und Lutheranern muss er mit einem zweiten Essener Bürger als Magistratsvertreter mit Essens Schirmvögten verhandeln. Gleichzeitig ist er in der lutherischen Gemeinde aktiv, deren Gesangbuch er mit einem anderen Gemeindemitglied verlegt. Krupp ist da bereits mächtig. Sein Schwager von der Gaeten geriet nach einem Streit in eine wüste Schlägerei. Krupp verteidigt ihn vor dem Hallengericht. Seine Verteidigung sei zu weit gegangen, wird ihm vorgehalten. Pistole gezogen, dem Beleidiger »aufs Leib gehalten« und gefordert, dieser möge am Leib gestraft werden. Geschossen hat er nicht, der frühe Krupp, dafür war er wohl ein zu eifriger Kirchgänger, der mit seinem Sohn den von den Katholiken arg bedrängten protestantischen Gottesdienst im Werdener Dom (eines vom zweiten Essener Heiligen Ludger gegründetes Gotteshaus) besuchte und als frommer Bürger galt. Als seine letzte Tat wird vom Erwerb eines Steins berichtet: Zwei Ratstaler für einen Leichstein, seinen eigenen.

Der 1588 geborene Anton, Sohn des ersten Krupps, heiratet Gertrud Krösens, Tochter einer alten Patrizierfamilie mit der Tradition, Stadtoberhäupter zu stellen. Hochzeit war im Rathaussaal. Kosten: Keine! Warum? Beide Familien sind doch ratsverwandt. Anton Krupp weitet das Handelsgeschäft des Vaters aus, investiert in das in Essen florierende Gewehrgeschäft. Der Dreißigjährige Krieg bringt kurze Zeit später Elend und Brand. Die Gegenreformation facht selbst im Landstädtchen Essen das unheilvolle Feuer der Inquisition an. Die Essener Äbtissin bittet die Spanier, die »evangelische und höchst feindselige Stadt« zum Gehorsam zurückzuführen und schafft fünf Kompagnien Italiener in die Stadt, die den Rat absetzen. Einquartierung und Plünderung sind die Folge. Die verängstigten Bürger bitten den Kaiser, ins Kurköllnische auswandern zu dürfen. Das ist der richtige Zeitpunkt, um Gewehre zu produzieren. Anton Krupp ist dabei. Die Essener Gewehrindustrie liefert Büchsen in die protestantischen Niederlande, ins katholische Kurkölln, ins reformierte Brandenburg. Wo Soldaten sind, ist großer Durst. Der Weinhandel des Anton Krupp floriert. Gleichzeitig ist der Mann Abgesandter der Stadt, wenn Streitfälle zwischen den unterschiedlichen Truppen in der Stadt zu schlichten sind. 1641, auf dem Gipfel, wird er in einem Schreiben an den Großen Kurfürsten von Brandenburg so vorgestellt: »... unsern hochgeehrten Patriot, den Märkischen Ritterbürtigen Herrn Anthon Krupp«.

Doch dann ging's wohl abwärts. Verluste im Gewehrgeschäft? Zu große Prozessfreudigkeit auch wegen der Erbschaftsfragen seiner Frau? Einmal wird er verurteilt, weil er einen Doktor auf der Straße geschlagen haben soll. Antons Name erlischt, doch der seiner ältesten Schwester Catharina leuchtet plötzlich auf. Sie ist verheiratet mit dem vermögenden Kaufmann Sander Huysz (später Huyssen), dessen Familie aus religionspolitischen Gründen vor der Ketzerverfolgung der Spanier aus den Niederlanden geflohen war. Nach der Einheirat in die Familie Krupp wird Huyssen Essener Ratsmitglied. Aus dieser ersten politischen Verbandelung durch Heirat wurde in den nächsten Jahrzehnten eine regelrechte Ämterschacherei. Nach zwei Schwangerschaften ist das Eheglück der Catharina, geborene Krupp, vorbei. Ihr Mann stirbt, sie überlebt ihn um 55 Jahre. Catharina ist Anfang des 17. Jahrhunderts die kapitalkräftigste Essenerin, sie wird die größte Steuerzahlerin der Stadt, danach folgt die Witwe ihres Sohnes Henrich.

Ohne ihre Familie wäre diese Frau nicht so emporgekommen, hätte nicht den Grundstein für ihre Nachkommen legen können – für den wenig später verliehenen Titel der Krupps, »ungekrönte Könige« der Stadt zu sein. Der Mann ihrer Schwester Margarethe: Ratsmitglied. Bruder Anton: Vorsteher der Kirchengemeinde. Neffe Matthias: Stadtsecretarius, etwa heute Oberstadtdirektor. Arnold Krupp, ihr Schwager: Bürgermeister. Sohn Henrich: Rentmeister, Kämmerer. In späteren Generationen bekleidete Georg Diederich Krupp, Bruder des Bürgermeisters Arnold Krupp, auch das Amt des Stadtsekretärs. Die wichtigsten Ämter der kleinen Reichsstadt Essen waren in der Hand der Familie Krupp und deren Schwagerfamilie Huyssen. Was die Witwe Catharina Huyssen, geborene Krupp, finanziell in Angriff genommen hat, sie konnte im Rat jemandes gewiss sein aus ihrer Familie. Da konnte nichts schief gehen. 1675 stirbt sie als die älteste der Krupps. Aus ihrem Schoß entspringt ein weiteres Industriellengeschlecht der Ruhr: Die Huyssens, später durch Heirat verschwägert mit den Haniels. Als Grundlage für das Erstarken weniger Familien eignete sich die damalige Kommunalpolitik offenbar vorzüglich.

Der zweite Sohn von Arndt Kruipe und dessen Frau, Georg und Brigitta, sind als Pestopfer in den Stadtakten verzeichnet. Deren zweijähriger Sohn Matthias wurde von Anton Krupp und Matthias Klocke aufgezogen. Ausgebildet an der Duisburger Lateinschule und einem Bremer Gymnasium mit Universitäts-Standard, war er als Stadtsecretarius vorgesehen. Der Stadtsekretär hatte, da auf Lebenszeit angestellt, weitaus mehr Einfluss als der häufig wechselnde Bürgermeister oder die Ratsmitglieder. Mit 25 Jahren setzte Matthias Krupp 1648 zum ersten Mal seinen Namen unter ein Protokoll, im Friedensjahr nach dem Dreißigjährigen Krieg. 1673 stirbt der Mann. Etwas ganz Entscheidendes geschieht: In den Akten wird sein 16-jähriger Sohn als Nachfolger festgeschrieben, bis zu dessen Volljährigkeit führt ein Vertreter die Geschäfte. Stadtpolitik ist plötzlich erblich, Erbe einer einzigen Familie, der Krupps. Die gutsituierten Bürger hatten es geschafft, im Kleinstädtchen Essen so schalten und walten zu können wie ehemals Fürsten, Herzöge und Könige. Sie konnten auf die anderen pfeifen.

Georg Diederich heißt der Mann, der als erster Krupp ein politisches Amt erbt. Mit 21 Jahren steht er an der Spitze des Landstädtchens, doch immerhin einer Reichsstadt mit einem reichen und einflussreichen Damenstift des katholischen Adels. 64 Jahre regierte er Essen. Genug Zeit, um noch mehr Krupps auf die wichtigsten Positionen der Stadt zu heben. Er heiratet spät, doch trifft er auch seine Wahl im Interesse der Familie. Anna Elisabeth heißt sie, wieder eine Huyssen, blutsverwandt, doch nur Base zweiten Grades jener reichen

Catharina. Auch sie ist reich, hat Brüder in angesehenen Stellungen. Das Haus von Georg Diederich Krupp, sinnfällig Zur Krone geheißen, wird Mittelpunkt gesellschaftlichen Lebens. Magistrat und Rat sind Machtinstrumente einer Vetternwirtschaft geworden und Georg Diederich Krupp ist die Führungsfigur. Ansonsten gibt es nichts zu vermelden, was diese ehrenwerte Gesellschaft aus der Masse heraushebt, keine kulturellen, künstlerischen, wirtschaftlichen und politischen Leistungen. Man ist sich selbst genug. Etwas Französisch, die Mode der Zeit, reicht, um zu glauben, auf der Höhe der Zeit zu sein.

Doch 1707 beginnt es im Volke zu brodeln. »Die Kruppen und die Huyssen« sind anderen ein Dorn im Auge. Georg Diederich Krupp holt zum letzten verwaltungstechnischen Schlag aus. Das wichtige Vorsteheramt der großen Kaufgilde ist noch nicht in Familienhand. Stadtsecretarius Georg Krupp will es mit Matthias Krupp besetzen. Ein Sturm der Entrüstung bricht los. Weil der bisherige Gildemeister reformierten Glaubens ist, die Krupps aber Lutheraner, wolle man den Reformierten schassen, heißt es. Die Gegner von Krupp wollen den König von Preußen als Schirmvogt anrufen, selbst ein Reformierter. Die Krupps als Ratsmehrheit verbieten dies. Keine Versammlung mehr ohne Aufruhr. Gerüchte, Beschuldigungen, Anklagen an jeder Straßenecke. Bei einer Ratssitzung 1708 wird geschimpft, was das Zeug hält. Krupp, Bürgermeister und Stadtsekretär werden des Betruges und gewalttätiger Geschäftsführung geziehen. Bürgermeister Krupp weist die Ankläger aus dem Rathaus, enthebt sie ihrer Ämter.

50 Klagepunkte gibt die Opposition an die zuständigen Vertreter des Preußenkönigs in Cleve. Cleve entsendet zwei Hofräte, um zu schlichten. Doch das gelingt nicht. So kommt es zum ersten Krupp-Prozess. Die Kläger legen los: Wichtige Belege bei der unvollständigen Rechnungsführung des Stadtsekretärs fehlen, die Kassengeschäfte seien unklar, doch wahrscheinlich absichtlich, die Gelder werden vermengt, er mache Anleihen bei den Steuern seines Bruders Matthias, er entrichte keine Steuern wie die übrigen Bürger, wohl deshalb sei er so reich, trotz Häuser- und Güterkäufe habe er selbst

den Zehnten nicht bezahlt. Bürgermeister Huyssen werden eigennützige und gewalttätige Geschäftspraktiken vorgeworfen. Arnold Krupp hätte ohne Bezahlung städtische Steine erhalten. Und nur durch Wahlbetrug sei Matthias Krupp Gildemeister geworden. Georg Diederich Krupp sei tatsächlich Essens »ungekrönter König«, denn die Ratsbücher verwahre er nicht im Archiv, sondern im seinem Privathaus, damit keiner wüsste, wo die Einnahmen geblieben wären. Das Privathaus Zur Krone sei das eigentliche Rathaus der Stadt, wo geheime Sitzungen abgehalten werden würden. Es gebe keine Freiheit, denn die Krupps und die Huyssens mit ihren Vettern tyrannisierten den Rat und schüchterten durch Prozesse ihre Gegner ein. Diese Prozesse würden zudem noch auf öffentliche Kosten geführt, in denen der Bürgermeister obendrein noch als Anwalt auftrete. Der Stadtsekretär habe nie in Ratssitzungen die Anwürfe gegen ihn protokolliert, nein, er habe die Sitzungen verlassen, habe zuvor die Feder hingeworfen. Es ist laut. Es ist Lärm. Es ist Sturm. Tagelang.

Dann steht Georg Diederich Krupp auf. Krupp-Verehrer Berdrow beschreibt seinen Auftritt: »Mit einem leichten Anflug von Hochmut, selbstbewusst in der reichen und gewählten Tracht der gut gestellten Männer seiner Zeit.« Punkt für Punkt der Anwürfe geht er durch. Dass er keine Steuern für Käufe zahle, liege in der gleichen Freiheit wie der des Bürgermeisters. Dass er ein reicher Mann sei, stimme, doch seit wann sei es verabscheuungswürdig, Häuser zu kaufen. Andere Einnahmen würden zur Schuldentilgung verwendet, dies aber gehe die Gilden nichts an. Die Kassenlage der Stadt sei schlecht, deshalb Privatgeschäfte mit Stadtschulden, schließlich habe er der Stadt Geld vorgestreckt, dies Geld möge man zurückgeben. Und die Ratsbücher in seinem Privathaus? Dort brauche er sie, um zu arbeiten, wer wolle, könne sie bei ihm einsehen. Aber das Stadtsiegel, wendet da die Opposition ein, das benutze er auch in seiner Wohnung. Sofort das Haus durchsuchen, die Archivstücke sicherstellen, das Stadtsiegel sichern! Da greift Georg Diederich an, nennt die Ankläger Verleumder, fordert ihre Bestrafung. Die dagegen beweisen, die leitenden Männer der Stadt haben sich gegenseitig Gratifikationen bewilligt und ausgezahlt, und deshalb würden die Rechnungsbücher vorenthalten. Nun wird gerufen: »Klüngelwirtschaft der Krupps und Huyssens!«

Das Tribunal wird zum Tollhaus. Bedrohungen und Beschimpfungen wechseln lautstark einander ab, aus der Gerichtsverhandlung wird ein Geraufe mit Handgreiflichkeiten, es soll sogar geprügelt worden sein. Die Hofräte aus Cleve starren machtlos und entgeistert in die Menge. Die Sitzung wird gesprengt. Erst nach Tagen sitzen sich die Parteien wieder gegenüber. Das Verhalten der Krupps wird scharf verurteilt. Wahlfälschung sei erwiesen. Künftig werde jeder, der so handelt, abgesetzt und für unwürdig erklärt. Akten müssen im Rathaus bleiben. Strenge Kassenprüfung wird verlangt. Bei Steuern dürfe auch für leitende Männer keine Ausnahme gelten. Die Absetzung des Gildemeisters wird besonders gerügt, Reformierte ständen von nun an unter des Königs Schutz. Georg Diederich Krupps Forderung nach Bestrafung der Ankläger wegen Ehrabschneidung wird abgelehnt. Die Hofräte ermahnen Rat und alle leitenden Männer, die Verfassung so zu achten, dass der König, Essens Schirmherr, nicht einzugreifen brauche. Zwar sehen die Richter die meisten Anklagepunkte als erwiesen an, die Verfehlungen der Krupps und Huyssens werden aktenkundig gemacht, doch an den Machtverhältnissen ändert sich nichts. Bürgermeister Huyssen bleibt Bürgermeister. Stadtsekretär Krupp bleibt Stadtsekretär.

Georg Diederich Krupp überlebt alle Teilnehmer dieses Prozesses. Noch weitere 35 Jahre regiert er die Stadt. Als er weit über 80 Jahre alt ist, will er das ererbte Amt weitergeben. Doch der alte Stadtverwalter findet in seiner Verwandtschaft keinen, dem er das Amt zutraut. Schließlich erbt es 1739 Henrich Wilhelm, Sohn seines Bruders Arnold. Von Henrich Wilhelm Krupp meldet ein Hofrat nach Berlin, er sei »das untüchtigste Subjekt unter den zahlreichen Bewerbern«. Erneut flammen alte Beschuldigungen auf. Die Regierung suspendiert Georg Diederich Krupp. Als er die Anklagen widerlegen will, ist der Tod schneller. Mit 85 Jahren stirbt er am 2. März 1742.

Am gleichen Tag wird sein Haus versiegelt, denn trotz des 30 Jahre zuvor erlassenen Verbots hatte der Kruppsche Stadtsekretär die städtischen Ratsbücher unbeirrt in seinem Hause verwahrt. Krupps Gegner machen nun Ansprüche aufs Erbe geltend. Erneut kommt es zum Prozess, dem zweiten Krupp-Prozess, bei dem Stadtsekretär Henrich Wilhelm Krupp seines Amtes enthoben wird. 1751 rücken wiederum des Königs Räte aus Cleve an, um zu schlichten. Aus der Schlichtung wird ein Triumph der Krupps: Das Gehalt des Sekretärs, das gesperrt war, muss nachgezahlt werden, die Hälfte der Prozesskosten wird ersetzt. Der Stadt wird kein Anspruch am Erbe gewährt. Dass der Prozess zugunsten der Krupps ausgegangen ist, ist kein Wunder: Ein Geheimrat in Cleve ist ein Schwager des Stadtsekretärs, ein dortiger Regierungsrat ist Georg Diederich Krupps Enkel. 1749 haben die Krupps gefeiert: 100 Jahre war das Stadtschreiberamt im Besitz der Familie gewesen. Doch das war es vorerst. Henrich Wilhelm Krupp scheint tatsächlich ein »untüchtiges Subjekt« gewesen zu sein. Das Kohlengeschäft, auf das er sich wirft, lohnt nicht. Er kommt in die roten Zahlen, muss sein Haus verkaufen. Als er stirbt, meldet die Witwe kurze Zeit später Konkurs an. Für Jahrzehnte hat die Politik im Hause Krupp Ruh. Erst mit Firmengründer Friedrich kommt sie recht schillernd wieder ins Spiel.

Friedrich Krupp ist 25 Jahre alt, als Essen einen Munizipalrat als Quartiermacher von Besatzungstruppen sucht. Essen hat mittlerweile keinen Bürgermeister mehr, das Stadtoberhaupt heißt jetzt französisch *Maire*. 1805 hatte Preußen Cleve und Wesel an Napoleon abgetreten, um Hannover zu erhalten. Cleve und Wesel bildeten den Kern des Großherzogtums Berg. Joachim, Prinz und Großadmiral von Frankreich, verheiratet mit Napoleons Schwester Caroline, eigentlich nur der Reitergeneral Murat, will auch Essen und Werden in seinem Besitz sehen. Früher hätten beide Städtchen zu Cleve gehört, argumentiert er, vor allem aber: Für jeden Einwohner soll er durch napoleonische Verfügung jährlich sieben Gulden erhalten. Dieser Murat lässt Essen besetzen. Doch nachts kommen die Preußen, klettern über die Stadtmauer und werfen die Franzosen hinaus. Murat bestürmt Kaiser Napoleon, Essener und Werdener hätten um Zuschlag auf französisches Gebiet gebeten. Napoleon lehnt ab: Bei politischen Fragen käme es nicht auf die Meinung von Bauern an. Später behält Murat recht. 1808 wird durch den Tilsiter Frieden Essen französisch.

Die Sitten ändern sich: Jeder wird als Herr in der Einwohnerliste geführt, da alle Bürger gleich sein sollen, es gibt keine Leibeigenschaft mehr, Zünfte und Gilden gehören der Vergangenheit an, Religionshetze wird verboten, das Recht wird reformiert ... Dafür wird die Steuerlast drückend, die von Napoleon verhängte Kontinentalsperre beraubt das Land der bisher aus England kommenden Waren, die jungen Männer werden in Napoleons Heere gedungen und sterben an den Kriegsschauplätzen Europas. Dem regierenden *Maire* zur Seite stehen zwei *Adjoints* und 16 *Conseillers*, vom französischen Präfekten ernannt. Zwar sind alle gleich, doch mitbestimmen kann das Volk nicht. In diesem politischen Klima soll ein geachteter deutscher Bürger französische Soldaten unterbringen – in Bürgerhäusern. Drei angesehene Männer haben dieses Amt bereits abgelehnt. Da nennt jemand den Namen Krupp. Auch Krupp hätte ablehnen können, da er noch nicht das entsprechende Alter hat. Doch er strebt offensichtlich nach diesem Amt und wird, wie Bernhard Menne 1937 nachweist und mit Zitierung der städtischen Urkunde vom 17. Dezember 1812 belegt, um drei Jahre älter gemacht. Diese Urkunde findet sich nicht in der offiziellen Sammlung von Briefen und Dokumenten des Friedrich Krupp. Krupp-Biograf Berdrow dagegen lobt ihn dafür, dass er die Pflichten als Einquartierungskommissar gewissenhaft erfüllt habe. Die Franzosen hatten am Quartiermeister Krupp nichts auszusetzen. Mit der rotweißen Nationalkokarde zieht er durch Essen, bestraft auch die Familien, deren Söhne sich dem Waffendienst bei den Franzosen durch Flucht entzogen haben, indem dort Besatzungssoldaten einquartiert wurden. Ein Historiker nennt das »Kriecherei des offiziellen Volkes«, in »verächtlicher Würdelosigkeit boten sich Besitz und Adel den fremden Herren an«.

Als sich 1813 im Rheinland die Arbeiter gegen die Franzosen erheben, in Düsseldorf Aufständische standrechtlich erschossen werden, ganze Truppenteile desertieren und sich auf die Seite der Gegner Frankreichs schlagen, ist Friedrich Krupp ein Getreuer seiner Pflicht, gehört zu den wenigen, die im Herbst 1813 vor Wesel Schützengräben für die französische Armee ausheben. Blücher war bereits im Anmarsch. Die Verbündeten gegen Napoleon setzen über den Rhein und besetzen Essen. Die Fahne weht auf einmal in eine andere Richtung: Den französischen Munizipalrat Krupp gibt es an diesem Morgen nicht mehr, am Abend ist er zum preußischen Patrioten konvertiert, geht durch die Stadt als preußischer Landsturmadjudant. Das muss es wohl gewesen sein, das die Essener Geschichtsschreiber bewogen hat, zu behaupten, »französische Neigungen« hätten nie in der Familie Krupp bestanden, Friedrich Krupp habe als »Mensch und deutscher Mann« gegen Napoleon gestanden. Doch im Amt eines Stadtrates, das er 14 Jahre lang ausgeübt hatte, entwickelte er Geschick, obgleich ihm auch da einiges misslang. Neben den Einquartierungen kümmerte sich Stadtrat Krupp um die Wacht-, Steuer- und Pflasterangelegenheiten der Gemeinde. Dass er in einigen Dingen seiner Zeit doch voraus gewesen sein muss, zeigen gerade die Niederlagen. Seine Anregungen, die maroden Hauptstraßen mit den Steinen der Stadtmauer zu pflastern und anstelle dieser geschleiften Mauern Grüngürtel und Gärten zur Erholung der Bürger anzulegen, wurde zunächst mit der Begründung abgelehnt, dies sei zu großzügig, wurden Jahre später jedoch wieder aufgegriffen und nach seinem Vorschlag umgesetzt. Doch die Politik bescherte Friedrich Krupp nicht das große Geschäft. Am 30. November 1824 sandte ihm sein Vetter, der Essener Bürgermeister Kopstadt, »die von Ihnen nachgesuchte und von der Regierung bewilligte Entlassung von Ihrer bisher rühmlichst bekleideten Stelle eines Gemeinde-Raths, welche ich Ihnen sehr ungern zufertigte!«

Bei Alfred Krupp und seinem Sohn Friedrich Alfred Krupp ist die Frage schwer zu beantworten, wer zu wem drängte: Die Krupps zur Politik oder die Politiker zu Krupp? Beide würden sicher eher vom Staat, statt von Politik sprechen. Tatsächlich sah sich Vater Alfred als Staatsdiener: »Die Werkzeuge für den Verkehr des Friedens haben den Vorrang und müssen uns ernähren; die Werkzeuge des Krieges werden erst Wert für mich erlangen, wenn ich in Zeiten der Not dem Vaterlande damit dienen kann.« Als hätte er jene alte Gedichtzeile gekannt: »der staal am pfluge nährt und mordet an den klingen.« So kommt der Historiker Görlitz zu dem Urteil: »Neben Clausewitz als Philosoph wurde Krupp als Rüstungsindustrieller einer der Väter des modernen Krieges.« Um öffentliche Anerkennung ginge es ihm nie, erklärte Alfred, es genüge ihm, wenn er »dem Staat mit meiner ganzen Kraft« dienen könne. So hielt es ja später auch der staatsgläubige Diplomat Dr. Gustav Krupp von Bohlen und Halbach, dessen Staatsloyalität trotz anfänglicher Zurückhaltung die Nazis durchs Werkstor ließ. Beim Krupp-Sohn Friedrich Alfred scheint es, als habe der Kaiser Krupp als »sein« Werk entdeckt. So spöttelten Arbeiter bei Kaiserbesuchen auch, Lehmann hole seine Provision ab. Juli 1916 telegrafierte der Kaiser, wie häufig, nach der Seeschlacht vor dem Skagerrak: »... dass unser Erfolg auf unsere hervorragenden Kanonen und Panzerplatten und besonders auf die zerstörende Wirkung unserer Granaten zurückzuführen war. So ist der Schlachttag auch ein Ehrentag für die Krupp-Werke.«

Nach Ansicht des Stuttgarter Historikers Willi A. Boelcke währte der Pakt zwischen Krupp und dem Kaiserhaus 60 Jahre. Der Monarch sei Krupps prominenter Lobbyist gewesen, »der ebenso für Aufträge sorgte, wie dem Image der Firma zu weltweitem Ansehen verhalf«. Wenn ausländische Konkurrenz aus dem Geschäft war, jubelte der Kaiser militärisch »Hurrah«. Bis zum Revolutionsjahr 1918, meint der Wirtschafts- und Sozialhistoriker, habe sich gezeigt, »wie sehr die Firma Krupp Anteil an wesentlichen politischen Entscheidungen hatte, mit denen vielfach ihr geschäftliches Interesse verquickt war«. Alfreds Sohn Friedrich Alfred und Wilhelm II. fanden in der Sozialdemokratie einen gemeinsamen Feind. Krupp versicherte seinem Herrscher, er werde »in tiefster Ehrfurcht« alles tun, dass »meine Arbeiter auch ferner auf dem richtigen Weg bleiben« und »solche Arbeiter, welche ... der Sozialdemokratischen Partei angehören, rücksichtslos aus der Fabrik« entfernen. Obwohl es Familien-

und Firmengrundsatz gewesen ist, nicht zu politisieren, betrieb Krupp im Werk selbst eigene Politik: Arbeiterpolitik. Welchen Stellenwert im Bewusstsein der Firmenangehörigen der Firmeninhaber in diesem patriarchalischen System hatte, zeigen zwei Begebenheiten im März 1902. Strukturelle Veränderungen waren in der Gussstahlfabrik ab 1890 in erster Linie aus betriebswirtschaftlichen Gesichtspunkten autoritär durchgesetzt worden. Zunächst führte das zu Unmutsäußerungen, später – für Krupp völlig neu – zu Protestversammlungen. Anfang Februar 1902 baten Krupp-Arbeiter in einem Telegramm Friedrich Alfred Krupp, er möge die neuen Arbeitsordnungen aufheben. Krupp war damals auf Capri. Das Gewerkschaftsblatt *Allgemeiner Beobachter* schrieb: »Von den Arbeitern wird angenommen, dass diese neue Verfügung unmöglich mit der Zustimmung des Herrn Geheimrat Krupp erfolgt sein kann.« Alle Hoffnungen ruhten auf dem Firmeninhaber, der für die Arbeiter außerhalb der Kritik stand. So schrieb diese Gewerkschaftszeitung auch: »Tausendmal ist schon der Wunsch in Arbeiter- und Beamtenkreisen ausgesprochen worden: Wenn doch noch einmal der alte Krupp auf kurze Zeit erscheinen könnte, wie würde der dazwischen fahren.«

Am 15. März 1902 nahm die Belegschaft der Herdschmieden nach der Mittagspause die Arbeit nicht wieder auf. Die Firmenleitung drohte mit fristlosen Entlassungen. Da schaltete sich der aus Capri zurückgekehrte Friedrich Alfred Krupp ein, lud eine Arbeiterabordnung zum Hügel ein und stauchte in einem Brief seine Direktoren zusammen, kritisierte die Form der Änderungen in den Arbeitsordnungen: »Dagegen kann ich mich der Überzeugung nicht verschließen, dass bei der Ein- und Durchführung dieser Änderungen in der Form gefehlt wird, sowohl dadurch, dass die gesetzlichen Bestimmungen nicht aufs peinlichste beachtet werden, als insbesondere auch dadurch, dass der Ton, der gegenüber den Arbeitern angeschlagen wird, oft erheblich zu wünschen übrig lässt. Mit schmerzlichem Bedauern habe ich feststellen müssen, dass Vorgesetzte sich sogar zu Schimpfwörtern haben hinreißen lassen. Ich möchte darauf aufmerksam machen, dass ich einem Vorgesetzten, der sich im Ton gegenüber einem Arbeiter vergisst, dies weit mehr übel nehme, als einem Arbeiter und ich bei der nächsten Beschwerde, die mir in dieser Beziehung zu Ohren kommt, darauf bestehen werde, dass der betreffende Beamte bestraft wird.«

Tatsächlich ist das vielfach so empfunden worden: Der Betriebschef als Vertreter der Arbeiterinteressen gegenüber seinen Beamten und Direktoren. Zwar hatte Friedrich Alfred Krupp im Gegensatz zu seinem Vater, der als Patriarch einsame Entscheidungen getroffen hatte, seinen Direktoren die Führung der Tagesgeschäfte überlassen und griff nur bei wichtigen Fragen selbst ein, doch am Patriarchenprinzip hielt auch er fest. Der Betriebsinhaber blieb weiter das fürsorgende überhöhte Wesen, das es schon richten werde. Ganz Krupp hatte Friedrich Alfred der Forderung streikender Bergarbeiter nach Arbeiterausschüssen 1890 seine Person als Arbeitgeber und als Herr im Hause entgegengestellt: »Mein Wille muss, wenn ich überhaupt Fabrikbesitzer sein soll, unter allen und jeden Umständen maßgebend sein ... Die Errichtung von Arbeiter-Ausschüssen schafft unter Umständen eine Nebenregierung in der Fabrik, welche im größeren oder geringeren Maße den Eigentümer seiner natürlichen Rechte entkleidet.« Dies sei auch nicht im Interesse der Arbeiter, da es einen Gegensatz zwischen Arbeitgeber und Arbeiter schüfe. »Die Gefahr ist nach dem Urteil einsichtiger Leute vorhanden, dass sich die Sozialdemokraten der Führung der Arbeiter in den Ausschüssen bemächtigen und dass organisierte Ausschüsse die Organisation der Sozialdemokratie selbst erleichtern und derselben vorarbeiten werden.« Die Verweigerung jeder Gleichberechtigung geht mit der werkseigenen Sozialfürsorge Hand in Hand. Die Fürsorge des Betriebsinhabers nahm in der Kruppschen Arbeiterpolitik eine wichtige Rolle ein. Bittsteller beispielsweise konnten sich an den Betriebsinhaber persönlich wenden: »Wenn aber ein Arbeiter oder eine Frau sich ... an mich oder meine Frau wenden, in dem Gedanken, dass der Betrieb oder die Verwaltung ihren Wunsch nicht erfüllen möchte, so soll ihnen darüber nachträglich keinerlei Vorwurf gemacht werden, da ich auch andererseits nicht möchte, dass unter den Arbeitern die Ansicht Platz greift, dass sie sich unter keinen Umständen an mich oder meine Frau wenden dürfen und dass von dieser Seite ihnen für ihre Schmerzen kein Interesse entgegengebracht wird.« Der Kruppsche Angestellte Otto Heinemann, Vater des späteren deutschen Bundespräsidenten, berichtete, täglich sind über 100 Gesuche von Werksangehörigen gestellt worden, von denen selten welche abgelehnt worden seien.

Sohn Friedrich Alfred brach auch mit Vaters Familien- und Firmengesetz, nicht zu politisieren, und tat das Gegenteil. Doch selbst Vater Alfred hatte bereits 1878 seinen eigenen Grundsatz aufgehoben und war für die Nationalen als Reichstagskandidat angetreten. Sein Sohn stand als Nationaler gleich dreimal zur Verfügung: 1887, 1893 und 1898; beim letzten Mal verlor er gegen den Zentrumskandidaten Stötzel. Doch weder Friedrich Alfred Krupp noch die Firmenleitung hatten sich nach der Kandidatur gedrängt, sondern »verbanden«, wie Historiker Frank Bajohr in seiner Studie *Zwischen Krupp und Kommune* analysiert, »mit ihrem Eintreten zugunsten der ›Nationalen‹ im Wesentlichen pragmatische Geschäftsinteressen, da sie vor allem das für ihre Firma lukrative Rüstungsgeschäft durch eine betont ›nationale‹ Politik sichergestellt wissen wollten«. So hatte Alfred Krupp Februar 1887, in seinem Todesjahr, die Kandidatur seines Sohnes mit der aus seiner Sicht bestehenden Notwendigkeit einer Reichstagsmehrheit für eine bestimmte Gesetzesvorlage begründet.

1893 hatte ein Direktor versucht, Krupps Aufstellung zu verhindern. Doch für die Nationalen war Krupp ihr Mann. So spielte an der Spitze eines langen Zuges zur Villa Hügel am Abend des 24. Juni 1893 die Kapelle eines Pionierbataillons »Die Wacht am Rhein«. Danach sangen die Männer mit brennenden Fackeln »Heil dir im Siegerkranz«. Der Siegerkranz wurde Friedrich Alfred Krupp gewunden, dem Sieger bei der Reichstagswahl, dem Kandidaten der Nationalen. Bei der Stichwahl standen der Großindustrielle Krupp und der Kandidat der katholischen Zentrumspartei, der Kruppsche

Arbeiter Gerhard Stötzel, mit nahezu gleicher Stimmenzahl von rund 19450 im Patt. Bei der anschließenden Stichwahl fielen auf Krupp unerwartete 2770 Stimmen mehr. Krupp im Reichstag. Da bedankten sich die Deutschnationalen im Fackelschein bei ihren parteipolitischen Gegnern: »Die Arbeiter Essens leben hoch!«

Arbeiter sollen Krupp in den Abgeordnetensessel gehievt haben? Stötzel war doch seit 1877 ihr Vertreter im Reichstag gewesen ... August Bebel, Vorsitzender der Sozialdemokratischen Partei Deutschlands (SPD), kochte. 1897, beim SPD-Parteitag in Hamburg, stellte er die Essener Wahlhelfer Krupps an den Pranger: »Es ist eine Thatsache, die der Delegierte von Essen kaum wird bestreiten können, dass bei der letzten Stichwahl zwischen Krupp, dem Besitzer von Essen, möchte ich sagen, und Stötzel, dem einzigen ehemaligen wirklichen Arbeiter im Zentrum, ... Herr Krupp durch die Stimmen der Sozialdemokraten in den Reichstag gekommen ist. Kann es denn einen noch größeren Hohn geben? Doch nur dann, wenn an Stelle von Krupp Herrn von Stumm die Stimmen gegeben würden, aber unsere Leute dort wären auch dazu imstande.« Die Erwiderung des Essener Delegierten wurde so protokolliert: »Die Vorwürfe, die Bebel gegen uns erhoben hat, weil wir in der Stichwahl für den Genossen Krupp (Stürmische Heiterkeit) gestimmt haben, muss ich als richtig hinnehmen. Aber die Erbitterung gegen das Zentrum war in den Massen so groß, dass wir sie nicht dämpfen konnten. Man sagte sich auch: Es ist nicht so arg, wenn wir Krupp in den Reichstag schicken; er wird dort von unseren Genossen in die Schur genommen.« Dass Krupp durch die Gunst der von ihm nahezu gehassten sozialdemokratischen Widersacher zum »Genossen« geworden war, unterstreicht die ungeheure Ausstrahlung dieses Namens.

Die Geschichte der Krupps ist an Widersprüchen nicht arm. Bei Alfred Krupp ist die Äußerung, Politik und Wirtschaft vertrügen sich nicht, mit der folgenden kaum zu vereinbaren: Seiner Prokura, der Verwaltungsspitze, schrieb er in den achtziger Jahren des 19. Jahrhunderts unter anderem: »Wir wollen in alter dienstergebener Gesinnung dem Kaiser und Reich nützlich sein, für mich ist das im höchsten Maße nur Ehrensache, und wenn das Werk mir sicher jährlich Millionen einbrächte, so würde ich dennoch auf alles verzichten, wenn nicht diese ersten Bedingungen erfüllt würden.«

An diese Worte erinnerte bei der Jubilarfeier im April 1939 sein Nachfolger, Dr. Gustav Krupp von Bohlen, in einer Grußadresse an Adolf Hitler. Diese »ersten Bedingungen«, von denen Alfred Krupp gesprochen hatte, gelten noch, »wo wir wieder für das Heer, die Flotte und für die neue Luftwaffe schaffen dürfen«. Nie habe Krupp zu Kriegsgewinnlern gehört, dies sei bösartige Legende. Das »Sternbild der Pflicht« stehe über dem Werk, »eingefügt« in ein »Himmelsgewölbe, das Deutschland« heiße. Dann bekennt er sich kurz vor Kriegsausbruch: »Die Stunde, auf die wir uns alle ... vorbereiteten, in der wir wieder ... ganz Krupp sein durften, sie schlug, als Adolf Hitler die Geschicke des Reiches in seine Hand nahm ... Alles, was wir fühlen und denken, wollen wir zusammenfassen in den Ruf: Adolf Hitler – Sieg Heil!« So sprach mit zum Hitler-Gruß erhobenem Arm der Mann, der bei Tisch die Anweisung gegeben hatte, in seiner Familie werde nicht politisiert.

Gustav Krupp – nur der Diplomat, der Nazi-Gunst für Werk und Arbeiter gewinnen *musste*? 1912 rief er in der Rolle des Grafen Helfenstein beim Ritterspiel zum Firmenjubiläum: »... unsre jungen Glieder wolln sich rühren, wie uns die Welle trägt, so schwimmen wir.« Einer, der die Fahne nach dem Winde hängt? Politik hatte Dr. Gustav Krupp 1923 leibhaftig erlebt. Während der Ruhrbesetzung 1923 durch französisches Militär war mit den Betriebsräten vereinbart worden, beim Versuch der Franzosen, Werkstätten zu besetzen, durch Fabriksirenen zur Arbeitsniederlegung aufzurufen. Am 23. März 1923 drangen Franzosen in eine Kraftwagenhalle ein. Die Sirenen ertönten, Kruppianer strömten zusammen, um für ihr Werk zu demonstrieren. Gewalttätigkeiten gab es nicht. Da gingen einem französischen Offizier die Nerven durch, er ließ auf die sich bereits verlaufenden Arbeiter feuern: 13 Tote, 41 Verwundete. Krupp-Direktoren und Betriebsräten wurde der Prozess gemacht. Krupp selbst war in Berlin, fuhr trotz Warnung als Zeuge nach Essen: »Ich muss mich vor meine Leute stellen.« In Essen verhaftet, wird er zu 20 Jahren Gefängnis verurteilt. Seine Frau Bertha besucht ihn im Gefängnis; als erstes sagte er: »Nicht wahr, jetzt darf ich mich doch wirklich mit Recht einen Kruppianer nennen!« Durch Vermittlung des Vatikans und des Königs von Spanien kommt er nach sieben Monaten frei.

Im Gegensatz zu anderen Industriellen hatte Krupp der Hitlerpartei keine Wahlspenden zukommen lassen. 1933 hatte Reichsmarschall Göring einen Monat nach Hitlers Wahl zum Reichskanzler etwa 20 Industrielle eingeladen, darunter Gustav. Adolf Hitler erläuterte dabei seine Absichten einer Herrschaft von »Autorität und Persönlichkeit«. Dr. Hjalmar Schacht nannte später Hitlers Worte überraschend gemäßigt. Wie die anderen Industriellen unterstützte auch Krupp die NSDAP mit der »Adolf Hitler Spende der deutschen Wirtschaft«. Doch bekennender Nazis war er 1933 nicht. Mit seinem Chauffeur soll er Zeichen zur Begrüßung ausgemacht haben. Hielt Krupp seine Handschuhe in der rechten Hand, sollte der Chauffeur die Hand an die Kruppmütze legen, hielt er sie in der linken Hand, dann waren Nazigrößen in der Nähe, und der Chauffeur hob den Arm zum Hitlergruß. Anfangs hielt der Diplomat die Handschuhe in der rechten Hand. Er war immer noch ein Verfechter der konstitutionellen Monarchie. Als Ex Bürokraten waren ihm Verträge heilig. Den Versailler Vertrag, der Krupp in Folge des verlorenen Ersten Weltkrieges Waffenproduktion untersagt hatte, wollte er weiterhin einhalten. Er habe an »seinen Grundsätzen als unpolitischer Geschäftsmann« festgehalten, beurteilen viele sein Verhalten Anfang der dreißiger Jahre. Doch bereits 1934 gingen die »Wünsche des Führers« nach Geschützen und Geschossen bei Krupp ein. Noch fühlte sich die Firma bei der Produktion von Friedensgütern wohl, machte keine Anstalten, Hitlers Begehren nachzukommen. Da wird dem zuständigen Direktor mitgeteilt, er werde zum Kriegsminister zitiert, falls Herr von Bohlen nicht einlenkte. Wenn nicht, sei die Regierung »zum Äußersten entschlossen«.

Von Bohlen lenkte ein, schnell und gründlich. Das mit den Handschuhen einmal links, einmal rechts, änderte sich rasch. Zwei Tage nach seinem Tode im Januar 1950 urteilte über »G. K. v. B. u. H.« eine Zeitung: »Er ist weder Parteibonze, noch Nazipolitiker, noch Angehöriger der Wehrmacht gewesen«, doch ein Mann, »der sein Wissen und Können als größter Waffenproduzent ... den Nazis schon zu einer Zeit zur Verfügung stellte, als sich die Völker noch im Gefühl tiefsten Friedens wiegten.« Drei Jahre nach seinem Tod beginnt erneut die Legendenbildung um den Namen Krupp; da findet ein Autor für das schweigende Einverständnis des »loyalen Staatsbürgers« Dr. Gustav Krupp zur neuen Waffenproduktion diese Formulierung: »Er ist entschlossen, seinen Fürwitz zu lassen von dem, was nicht seines Amtes ist.« Der Nationalsozialismus war nicht seines Amtes. Doch er braucht nur zitiert zu werden, um sein Verhältnis zu politischer Macht zu benennen. Fotografien von ihm von 1933 bis 1945 stützen dies. Auszüge aus zwei Aufrufen an die »Betriebsgemeinschaft« zum 1. Mai: »In neuem Glanz und mit neuem Sinn erfüllt, soll dieser Tag uns dankbar bewusst werden lassen, was in fünfjähriger unermüdlicher Aufbauarbeit durch Adolf Hitler und seine getreuen Helfer geschaffen worden ist. Dass auch die Firma Krupp ihren Anteil an diesem Werke der äußeren und inneren Neuprägung Deutschlands hat, erfüllt uns Kruppsche Werkskameraden alle mit besonderem und berechtigtem Stolz.« An diesem »Nationalfeiertag«, meint Krupp, »richten wir unsere Gedanken in Ehrerbietung und Dank an unseren Führer Adolf Hitler! Ihm dienen heißt deutsch sein.«

Am 1. Mai 1940 ist der Krieg voll entbrannt, an dessen Ende Gustav Krupp ein gebrochener Mann sein wird, der zwei Söhne verloren hat. Monate zuvor hingen die Fahnen vor der Hauptverwaltung auf halbmast: Beerdigung im Hause Krupp. Am 10. Januar 1940 hatte Claus von Bohlen und Halbach, der Zweitgeborene, »an der Westfront den Fliegertod erlitten«. Wenige Tage vor Kriegsende stirbt ein zweiter Sohn, Eckbert, in Parma an der italienischen Front. Der Vater hatte zum 1. Mai 1940 gewaltige Töne angeschlagen: »In diesem Jahre, in dem der Begriff des ›Soldaten der Arbeit‹ durch den

Krieg seine höhere Prägung erhält, hat der Nationalfeiertag des deutschen Volkes seine besondere Bedeutung und Würde. Gleichberechtigt, gleichverpflichtet und in gleichem Siegeswillen tritt dieser Arbeitersoldat mit Hammer und Meißel, mit Reißbrett und Stift neben den Frontsoldaten, der Gewehr und Handgranate trägt. Beide zusammen schützen die Heimat und verbürgen den Sieg. Dass die Kruppwerke als große ›Waffenschmiede‹ durch die Arbeit all ihrer Gefolgschaftsmitglieder zum erfolgreichen Ausgang des weltgeschichtlichen Entscheidungskampfes beitragen dürfen, erfüllt uns mit Stolz. Und dass darüber hinaus Tausende von Werkskameraden heute den Soldatenrock tragen, ist gute Kruppsche Tradition. Die Reihen der Namen auf den Ehrentafeln der Gefallenen haben sich schon erweitert – eine tiefschmerzliche, aber doch erhebende und verpflichtende Tatsache. Der 1. Mai ist ein Feiertag trotz des Krieges. Aus dem Bewusstsein der unlöslichen Volksgemeinschaft aller Deutschen schöpfen wir die Kraft zur unablässigen Arbeit, zum Kampf für Führer und Reich. Heil Hitler!«

Die Betriebszeitschrift zeigt von Beginn an Gustav in vertrauter Gesellschaft mit den wichtigsten Nazis. Hitler und Hitler-Stellvertreter Heß, Göring und Ley, lokale und nationale politische Größen sind in Uniform um den Industriellen im schwarzen Anzug versammelt. Die *Zeitschrift der Kruppschen Betriebsgemeinschaft* bildet den Herrn von Krupp immer wieder mit erhobenen Arm zum Hitlergruß ab. Im wahrsten Sinne herausragend ist eine Bildcollage zu einem Bericht über eine Maifeier: »Der 1. Mai bei Krupp.« Über einer unübersehbaren Menschenmenge weht die Hakenkreuzfahne der Nationalsozialisten. Aus dieser Menge ragt ein Mann mit hoch gerissenem Arm heraus: Gustav Krupp von Bohlen und Halbach. Am 15. August 1940 wird in der Werkszeitschrift von Krupp über den 70. Geburtstag des Firmenchefs berichtet. Die Titelseite zeigt Gustav händeschüttelnd mit Adolf Hitler. Bei der Jubilarfeier 1941 verkündet der 70-Jährige: »Kruppianer wissen die Waffen nicht nur zu schmieden, sondern auch kraftvoll zu führen.« Und dann: »Wer wie ich erst in den letzten Wochen die Schauplätze der Durchbruchskämpfe unserer herrlichen Truppen im Westen hat besuchen und eingehend besichtigen können, wer bei dieser Gelegenheit die rauschenden Wellen unserer Flieger gegen England hat branden hören, U-Boote und Schnellboote gegen Englands Seemachtsreste sich hat einsetzen sehen können, der ist dankbar und stolz darauf, durch seine Arbeit mitwirken zu können, um unseren Kämpfern die Waffen zu sichern, die ihr Kampf erfordert, der ist und bleibt sich aber auch ehrfurchtsvoll und demütig bewusst, dass die schönsten Maschinen, die wirksamsten Geräte wenig, nein nichts bedeuten ohne den vollen rücksichtslosen und zuversichtlichen Einsatz des einzelnen Menschen, dessen Zuversicht gesichert ist durch sein Wissen um und seinen Glauben an den Genius seines Führers, der des deutschen Volkes Wert, Würde und Macht verkörpert.«

Wenn dies alles als notwendiges Übel eines Großindustriellen beschwichtigt wird, der sich ins Unvermeidliche begeben musste, um seinen Arbeitern Arbeit zu geben und das Werk erhalten zu können, wie es vielfach geschehen ist und noch geschieht, den belehrt Gustav Krupp selbst eines Besseren. »Er sagt, was man von ihm erwartet und was diese Zeit tausendfach in Klischees geprägt hat«, beschwichtigte der Krupp-Biograf der Nachkriegszeit Gert von Klass. Entschuldigend erklärt er gar, in Krupps Worten sei »nicht eigenständig Geschöpftes«. Klassens Schilderung klingt, als plappere Krupp unbedacht das zur Zeit Erwartete. Klass begründet Gustav K. v. B. u. H. Wohlverhalten mit einem »doppelten Netz«, das einmal von den herrschenden Umständen in Deutschland um ihn gespannt sei und von Krupps Loyalität dem Staate gegenüber, seiner übertriebenen Staatsgesinnung. Gert von Klass orakelt in diesem Zusammenhang, es gebe »ein Altern, das den Blick einengt«. Alles zusammengenommen, steht bei dem nahezu offiziellen Krupp-Biografen der Vater vom letzten Krupp fast wie ein Depp da, den man, bitteschön, nicht ernst nehmen müsse. Die gesamte offizielle Geschichtsdarstellung ist dazu angetan, erneut einen Mythos aufzubauen: Es war der Vater, und der konnte durch seine Erziehung, seine Entwicklung und sein preußisch-staatsdienendes Denken sowie seinem Plicht- und Verantwortungs-

Diplomatie unter Rüstungspartnern: Zum 70. Geburtstag Gustav Krupps besucht Hitler den Firmenchef und dessen Frau Bertha – und dekoriert den Diplomaten mit dem Goldenen Parteiabzeichen. Zwischen Hitler und Krupp: Dr. Fritz Todt, Organisator des Zwangsarbeitersystems im Dritten Reich.

gefühl für die Firma nicht anders. Damit sind alle entlastet. So formulierte der Krupp-Biograf über das Ja des Kruppchefs zur erneuten Waffenproduktion: »Die Vergangenheit des Hauses wirkt unabweisbar in die Gegenwart.« Was immer stimmt.

Im Auftrage des »Reichsministers für Bewaffnung und Munition, Dr. Todt« erschien 1942 das Buch *Front in der Heimat*. Dr. Krupp von Bohlen und Halbach ist dort Autor eines größeren Aufsatzes »Betriebsführer und Rüstungsarbeiter«. Krupps Bekenntnis ist ein langes, schwülstiges und selbstgefälliges Pamphlet mit diesem Kern: 35 Jahre habe er »den Rüstungsarbeiter« kennen gelernt, bewundernd ziehe er »den Hut vor der Leistung des deutschen Rüstungsarbeiters in zwei Kriegen«. 1919 (nach dem verlorenen Ersten Weltkrieg) wäre die Lage für Deutschland und Krupp aussichtslos gewesen. Doch er sei überzeugt gewesen, Deutschland werde nicht auf Dauer versklavt bleiben. Wenn Deutschland wieder auferstehen sollte, müsse »Krupp wieder bereitstehen«, habe er jahrelang seine Ansicht verheimlicht. Heute spräche er zum ersten Mal darüber. So habe er, »wenn auch getarnt«, Krupp als Rüstungsbetrieb »für die fernere Zukunft erhalten«. Die Vorbereitungen und Maßnahmen »für Deutschlands Wehr« seien bei Krupp immer getroffen worden. Der Diplomat, der er gewesen ist, verrät seine Taktik, verrät sozusagen, wie gerissen er gewesen ist: »Krupp warf sich zum Erstaunen mancher Menschen unter anderem auf die Fabrikation von Gegenständen, von denen es schien, als lägen sie wirklich besonders weit ab von der bisherigen Arbeit der Waffenschmiede. Selbst die alliierten Schnüffelkommissionen ließen sich täuschen. Vorhängeschlösser, Milchkannen, Registrierkassen, Gleisstopfmaschinen, Müllwagen und ähnlicher ›Kleinkram‹ schienen nun wirklich unverdächtig, und auch Lokomotiven und Lastwagen wirkten durchaus ›zivil‹. Nach der Machtübernahme durch Adolf Hitler hatte ich die Genugtuung, dem Führer melden zu können, dass Krupp nach geringer Anlauffrist für die Wiederwehrhaftmachung des deutschen Volkes ohne Lücken in seinen Erfahrungen bereitstehe … ›Rüstungsarbeiter‹ sind in meinem wehrwirtschaftlichen Betrieb alle Gefolgschaftsmitglieder von den leitenden Persönlichkeiten bis zum letzten Hilfsarbeiter; alle dienen sie einer Idee, die sich in den Anordnungen der Leitung kristallisiert. Und diese ihre Maßnahmen können alle auch nur einen Zweck haben: ein Optimum und Maximum an Rüstungserzeugnissen zu schaffen.« Offen bekennt er: »Ich habe es immer als eine Ehre und eine Verpflichtung zugleich angesehen, Führer eines Rüstungsbetriebes zu sein.« Waren diese und andere Jubelarien nur das von ihm Erwartete? Auch beim Krupp-Schwager von Wilmowsky stiehlt sich in seinen Memoiren einmal der gleiche Ton ein, indem er Gustav Krupps Weitsicht nach dem Ersten Weltkrieg lobt, den Stamm erfahrener Facharbeiter erhalten zu haben »und dadurch zur Wiedergewinnung der deutschen Rüstungsfreiheit beitrug«. Selbst der erste Präsident der Bundesrepublik Deutschland, Theodor Heuß, schwäbelte im November 1961 als Festredner bei der Hundertfünfzigjahrfeier: »Herstellung von Waffen ist durch Jahrhunderte, durch Jahrtausende der Menschheitsgeschichte, in der die Erbsünde ihren Platz behauptet, ein ganz einfacher historischer Tatbestand gewesen, den man bedauern, den man aber nicht moralisch bewerten mag.« Alfried Krupp von Bohlen und Halbach hat ihn dann doch moralisch bewertet. Er hat sich an sein Versprechen gehalten: Unter ihm sind bei Krupp nach 1945 keine Waffen produziert worden.

1939 beschäftigte sich jeder vierte Kruppianer in Essen mit der Rüstung. Gustav und Alfried Krupp hatte Hitler zu »Wehrwirtschaftsführern« ernannt und sie eine Erklärung unterschreiben lassen, dass sie »rückhaltlos auf dem Boden der nationalsozialistischen Staatsauffassung« stünden. Konstruktionspläne für militärische Produktionen sind über Nacht vorhanden, offenbar schon vor 1933 gezeichnet und berechnet. 1942 sind 42 Prozent der Betriebe Rüstungsbetriebe. Krupp ist etwa nicht alleiniger Waffenlieferant von der Ruhr. Nahezu alle alten Ruhr-Konzerne sind Zulieferer und Produzenten für Fahrzeuge und Flugzeuge der Wehrmacht und verdienen kräftig am Krieg. Der Bochumer Verein, schon zu Alfred Krupps Zeiten Hauptkonkurrent, ist auch in der Zeit der Kriegsvorbereitung und des Krieges erneut Konkurrent. Zwar sind andere deutsche Stahlfabriken noch stärker mit der Herstellung von Waffen beschäftigt, doch in Essen saß mit Krupp »das Hirn der Geschützproduktion«, wie es der *Spiegel* 1955 formulierte. Obgleich die Manager des Bochumer Vereins schon früh Hitler applaudierten und sich als Nazis gebärdeten, läuft ihnen Gustav als sich selbst feiernder Chef der »Waffenschmiede Deutschlands« verbal den Rang ab.

Schon 1942 spielte sich Hitler als Fachmann für Waffenkonstruktion auf, begann, am Firmeninhaber vorbei, ins Werk hineinzuregieren. Dabei arbeitete er zunehmend mit dem Chefkonstrukteur der Artillerieabteilung zusammen, einem überzeugten Nazi, der unter dem Namen Kanonen-Müller bekannt war. Kanonen-Müller, meinen

Krupp-Kenner, habe ab 1943 in der Bedeutung die Firmenleitung übertroffen. Der amerikanische Schriftsteller Norbert Mühlen fand für Krupp dieses milde Urteil: »Hinter dem politischen Führer, der die neuen Waffen verlangte, und dem Wissenschaftler, der sie entwarf, verschwand der Fabrikant, der sie nur noch zu produzieren hatte.«

Auch die Umwandlung der Aktiengesellschaft Fried. Krupp in eine Einzelfirma ging nur mit Hilfe politischer Macht. Im Dezember 1943 gab Dr. Gustav Krupp von Bohlen bekannt: »Nachdem die Voraussetzungen für die Neuregelungen der Rechtsverhältnisse für unsere Firma durch den ... Führererlass vom 12. November 1943 geschaffen worden sind, ist nunmehr die Fried. Krupp Aktiengesellschaft in eine Einzelfirma umgewandelt und mein Sohn Alfried als erster Inhaber des Familienunternehmens Fried. Krupp eingesetzt worden.« Der Inhalt dieser Regelung durch die Nationalsozialisten wird den Kruppianern auf gleiche Weise geschwollen und umständlich mitgeteilt. Dies ist der bis zum Tode von Alfried wirkende Kern: »Durch eine vom Führer genehmigte Satzung ... haben ... wir dafür Sorge zu tragen ..., dass das Familienvermögen auch für zukünftige Zeiten ungeteilt in einer Hand bleibt.«

Der Führererlass ging als »Lex Krupp« in die Rechtswirtschaftsgeschichte ein: »Die Firma Fried. Krupp, ein Familienunternehmen seit 132 Jahren, verdient die höchste Anerkennung für die unvergleichlichen Leistungen in der Verstärkung der militärischen Macht Deutschlands. Es ist daher mein Wunsch, dass das Unternehmen als Familienunternehmen erhalten bleibt.« Des Führers Wunsch endet so: »Der jeweilige Inhaber des Unternehmens führt den Namen Krupp vor seinem Familiennamen.« Wie sein Vater, Dr. Gustav von Bohlen und Halbach, durch den »Namensvermehrungsbrief« des Kaisers 1906 zum Krupp geworden war, wurde der Sohn, Alfried von Bohlen und Halbach, durch den »Führererlass« 1943 gleichfalls zu einem Krupp. Vollständig ist diese Lex Krupp erst durch Erklärung und Unterschrift der bisherigen Besitzerin der Krupp-Werke geworden, durch Alfrieds Mutter Bertha: »Hiermit verzichte ich auf die

Eigentumsrechte an dem Familienunternehmen zugunsten meines Sohnes Alfried ...«

1943 wurde Alfried von Bohlen und Halbach 37 Jahre alt. Sein Vater Gustav, Angeheirateter dieses Stahlnamens, stand vor seiner »Namensvermehrung« vor Vollendung des 37. Lebensjahres. Dies stellte Gustav einer Nazierklärung in der Firmenzeitschrift voraus: »Der Grundsatz der persönlichen Führung eines Unternehmens durch den in vollem Umfang verantwortlichen Inhaber entspricht der Einstellung unseres nationalsozialistischen Staates, sowie unserer eigenen Auffassung.« In einer unter der seines Vaters abgedruckten Erklärung bestätigt der neue Inhaber dies mit seiner ersten Unterschrift als Alfried Krupp, bekräftigt mit »Heil Hitler!« In der Dezember-Ausgabe 1943 der Firmenzeitschrift wird Alfrieds Rolle erläutert: Der Erlass Adolf Hitlers wäre notwendig geworden, um die stete Erbfolge im Sinne Alfred Krupps, des Urahns, festzulegen. Deshalb habe »Frau Bertha Krupp von Bohlen und Halbach als alleinige Inhaberin (der Aktiengesellschaft) ... mit Zustimmung ihres Gatten ... mit dem Kruppschen Familienvermögen ein Familienunternehmen errichtet und gleichzeitig ihren Sohn Alfried von Bohlen und Halbach als ihren Nachfolger benannt ...«. Die »Gefolgschaft« wird beruhigt: »Der Kruppsche Arbeitskamerad hat ... die Gewähr, dass die Firma immer ein geschlossenes Ganzes bleibt: Krupp bleibt Krupp.«

Ein anderer Stahlgigant, Fritz Thyssen, verhielt sich während der Zeit des Nationalsozialismus völlig anders als sein Konkurrent Krupp. Der Duisburger Nachbar des Essener Stahlproduzenten, damals der schwerreichste Ruhrindustrielle, hat sich 1939 nicht nur zu seinem politischen Irrtum bekannt, sondern hat radikal Konsequenzen gezogen. Er und seine Familie haben dafür bezahlen müssen. Seine Frau und er wurden zu Häftlingen im Konzentrationslager, entkamen dem Erschießungstod durch die deutsche Wehrmacht nur knapp, erlebten entgeistert nach dem Krieg die gerichtliche Analyse, ob Stahlbaron Fritz Thyssen nun für oder gegen Hitler gewesen sei. Fritz Thyssen war beides. Er glaubte anfangs, der Führer der Nationalsozialisten werde seinen, Thyssens, katholisch geprägten Traum von einem Ständestaat unterstützen. So gab Thyssen Hitler Geld. Als Fritz Thyssen Hitler und seine Gefolgschaft als Menschenverächter erkannt hatte, war es für einen Rückzug zu spät. Ihm blieb nur die Flucht. Da erkannten ihm die Nazis die Bürgerrechte als Deutscher ab.

Während Millionen Deutsche Hitler anhingen, schrieb Fritz Thyssen am 1. September 1939 dem Diktator, dass er, Hitler, der einzige Irrtum von ihm, Thyssen, gewesen sei: »... dass ich an Sie, den Führer Adolf Hitler, und die von Ihnen geleitete Bewegung glaubte«. Anfang des 21. Jahrhunderts sind die Stahlnamen Thyssen und Krupp vereint. Im neuen Firmenzeichen wölbt sich der Thyssenbogen über die drei Krupp-Ringe.

Und Alfried, Gustavs Sohn und letzter Firmeninhaber, wie hielt der es mit der Politik? Es fällt auf, dass selbst in offiziellen Firmen-Veröffentlichungen vor 1945 von ihm kaum nationalsozialistische Töne zu finden sind. Das große Wort schwingt stets der Vater. Allerdings übernimmt der die Führung der Firma 1943 zu einem Zeitpunkt, als das Kriegsglück den Deutschen nicht mehr so hold ist. Als Alfried von Bohlen zu Alfried Krupp wird, fallen die ersten Bomben auf seine Werke. Vielleicht verschlug ihm auch der Schmerz der erzwungenen Scheidung von seiner Frau Anneliese durch die vom Vater angedrohte Enterbung die Sprache. Gebildet und eloquent war er; an einem Mangel daran wird es nicht gelegen haben. Im besten Falle war es Klugheit, sich zurückzuhalten und sich sprachlich nicht in vorderster Front des Nazisystems zu bewegen. 1938 wurde er ins Krupp-Direktorium berufen. Gleichzeitig tritt er der Partei der Nationalsozialisten bei. Folge eines ähnlichen Familienbefehls wie bei der erzwungenen Scheidung? Bei Sitzungen der »Reichsvereinigung Eisen« tritt er als stellvertretender Vorsitzender kaum in Erscheinung; die Vereinigung sollte Wege finden zur besten Ausnutzung der Industrie für die Pläne des Reichsministers für Bewaffnung und Munition Albert Speer.

In Alfrieds Jahren als Firmenchef fällt die bislang immer noch nicht eindeutig geklärte KZ-Inhaftierung des Freiherrn Tilo von

Wilmowsky, Schwager Gustavs. Von Wilmowsky, verheiratet mit Barbara Krupp, der Schwester von Bertha, hatte enge Kontakte zum Leipziger Oberbürgermeister Carl Goerdeler. Der gehörte zum Kreis des Widerstandes gegen Hitler. Als im Juli 1944 das Attentat auf Hitler scheitert, werden Barbara und Tilo von Wilmowsky verhaftet, die Ehefrau verbringt Wochen im Gefängnis. Tilo von Wilmowsky wird im Konzentrationslager Sachsenhausen inhaftiert. Selbst die Verwandtschaft mit Bertha Krupp reicht nicht für eine Freilassung aus. Was dafür von wem unternommen worden ist, ist nicht geklärt. Auch die Erinnerungen des Freiherrn, der erst nach Kriegsende das KZ verlassen kann, geben darüber keinen Aufschluss. Hatte sich etwa die gefürchtete Gestapo an Tilo von Wilmowskys menschliches Verhalten im Ersten Weltkrieg erinnert? Wegen Arbeitskräftemangels wurden damals belgische Zivilisten als Zwangsarbeiter für die Fabriken an der Ruhr verpflichtet. Von Wilmowskys Entsetzen darüber und sein schriftliches Drängen, Schwager Gustav Krupp möge dies dem Kaiser vortragen, lehnte Krupp mit der Begründung ab, man müsse gehorchen. Nun, 1944, nach dem gescheiterten Bombenattentat auf Hitler, das auch Goerdeler das Leben kostete, standen Millionen gezwungene und gefangene Menschen aus allen Teilen Europas als Sklavenarbeiter auf deutschen Äckern und an deutschen Werkbänken, gerade bei Krupp.

Es fällt schwer, die Erklärung Alfried Krupp von Bohlen und Halbachs vor dem Nürnberger Gericht 1948 nachzuvollziehen, die Misshandlungen der Fremdarbeiter bedauere er, doch habe er nichts davon gewusst. »Im Grunde werden wir der Zusammenarbeit beschuldigt, während wir nur unsere Pflicht im Kriege erfüllten wie Millionen Deutsche zu Hause und an der Front.« Krupp-Direktor Lösers Abschlussworte beschreiben das System unter Hitler deutlicher: »Das Übel, das vom Oberhaupt des Staates ausging, betätigte sich mit allumfassender Gewalt im ganzen Lande, bis die Grundlagen von Gesetz und Ordnung zerstört waren.«

Sicher ist glaubhaft, was der amerikanische Schriftsteller Norbert Mühlen ausführte, Alfried Krupp wäre in der Kriegszeit »im besten

Falle der nominelle Chef einer Kollektivführung (gewesen) und keinesfalls in der Lage, alles zu überblicken, was in den 70 Gesellschaften seines Konzerns ... vorging«. Doch der Mann lebte schließlich in Essen, wo sich der Landgerichtspräsident Ende 1943 beklagte, das Stadtbild werde von ausländischen Arbeitskräften beherrscht. Tatsächlich gab es fast so viele Lager mit Kriegsgefangenen und Zwangsarbeitern in Essen wie das Jahr Tage hat: 360. Mit 56391 ausländischen Arbeitskräften stand Essen an der Spitze im Rheinland. Diese Kolonnen zogen durch die Stadt, zu Fuß, auf offenen Lastwagen, in Straßenbahnen. Übersehen konnte sie niemand, das Klacken und Schlurfen der Holzklotschen, das blecherne Geklapper tanzender Löffel in umgehängten Konservendosen der Gefangenen, ihr Karfreitagsrasseln, waren nicht zu überhören.

Fest steht: Die Krupp-Werke hätten ohne Kriegsgefangene und Zwangsarbeiterinnen und Zwangsarbeiter kaum weiter produzieren können. Der Mangel an Arbeitskräften bildete in den deutschen Rüstungsbetrieben seit 1942 das Hauptproblem. In einer Kriegsausgabe der Firmenzeitschrift werden unter der Überschrift »Ausländer bei Krupp« Bilder von holländischen und französischen Arbeitskräften gezeigt: Man sah nur eitel Sonnenschein. Die Elendslager der jungen Russen und Ukrainer, die aus Konzentrationslagern angeforderten Arbeitskräfte sind nicht zu sehen. Wie die Zusammenarbeit mit denen auszusehen hatte, ist zwischen den Zeilen zu lesen: »Im Umgang mit den ausländischen Arbeitskräften werden unsere Werkskameraden taktvoll zu unterscheiden wissen, ob es sich um Angehörige befreundeter, neutraler oder ehemals oder noch feindlicher Staaten handelt; dass im Verkehr mit letzteren würdige Zurückhaltung geboten ist, ist selbstverständlich.« Bereits 1942 wurde der Werkschutz mit Waffen wie eine Privatarmee ausgerüstet, vor allem zur Bewachung »ausländischer Gefolgschaftsmitglieder«. Im gleichen Jahr wurde auch die Zahl der Werkschutzmänner deutlich erhöht – durch Rekrutierung neuer Bewacher, die, so eine Anweisung, möglichst »Weltkriegserfahrung« haben sollten. SS-Männer waren ausdrücklich erwünscht.

Britische Soldaten im Strafspind – eine Erfindung des Krupp-Werkschutzes. Verbrieft ist zum Beispiel, dass zum Jahreswechsel 1944/45 drei junge Russen zunächst zusammengeschlagen und dann in die Kammern gepfercht wurden – einer in die linke, zwei (!) in die rechte Kammer. Ein Wachmann steigerte die Tortur, indem er durch die Luftlöcher kaltes Wasser auf die gequälten Menschen goß.

Schikanen, Folterungen, Misshandlungen waren an der Tagesordnung. Der berüchtigte Strafspind, ein schmaler Metall-Kleiderspind, in dem der »Verurteilte« stehend stundenlang ausharren musste, ist in einem Kruppschen Lager erdacht worden. Der Sitz des Kruppschen Werkschutzes befand sich im Keller der Hauptverwaltung; und dort wurde »verhört«. Die so genannten Fremdarbeiterlager wurden vom Werkschutz in Uniform bewacht, die Arbeitskräfte der Firma, die aus Konzentrationslagern zugewiesen worden waren, durch die SS, die wie die KZ-Arbeiter von den Firmen bezahlt werden musste. Beispielsweise die 520 ungarischen Jüdinnen, für die es im Außenlager einen einzigen Wasserkran gab, diese »eiserne Brust« der Frauen. Durch mehrere Stadtteile marschierten sie zur und von der Arbeit. Der Oberarzt Dr. Jäger, der in den Lagern Dienst tat, hatte die Werksleitung schriftlich auf die unhaltbaren Zustände in den Lagern hingewiesen; nach Bombenangriffen lebten Hunderte in Pissoirs, Hundehütten und alten Backöfen. Repräsentanten der Firma reisten durch Europa, um »freiwillige« Arbeitskräfte anzuwerben. Dokumente belegen, dass die Firma Krupp in den letzten Kriegstagen an einer Zusammenkunft beteiligt war, bei der es um die Frage ging, was mit den Kriegsgefangenen und Zwangsarbeitern angesichts der bevorstehenden Einnahme der Stadt durch die Amerikaner geschehen sollte; das Protokoll wurde von dem für Sicherheit zuständigen Krupp-Direktor unterzeichnet – im Verteiler ist an erster Stelle »A. von Bohlen«, also der Firmeninhaber, aufgeführt. Der ungeheuerliche Plan, die Rohre von Flakgeschützen auf die Lager zu richten, um die Menschen zusammenzuschießen, ist wegen der sich überschlagenden Ereignisse nicht ausgeführt worden. All dies und noch viel mehr ist von den Augen und Ohren des jungen Krupp ferngehalten worden in den anderthalb Jahren, als er Chef der Firma gewesen ist?

1953 wurde Alfried Krupp von der Zeitung *Sunday Express* darauf angesprochen. Seine Antwort: »Es war entsetzlich, aber wir wurden wie andere deutsche Unternehmen auch dazu gezwungen, Sklavenarbeit zu akzeptieren. Unter solchen Bedingungen geschehen schlimme Dinge.« Doch Krupp war eine der ersten deutschen

Firmen, die sich nach dem Krieg zu Wiedergutmachungszahlungen entschlossen hatten. 10,5 Millionen Mark zahlte Krupp 1962. Es war der Generalbevollmächtigte Berthold Beitz, der damals die Verhandlungen mit der zuständigen jüdischen Konferenz führte, Beitz, der im Krieg in Galizien unter anderem jüdische Frauen als Arbeiterinnen angefordert hatte und sie so vor dem Tod im Gas bewahrte, dessen Frau Else jüdische Kinder im Haus versteckte. »Ein Good-will-Akt dieses Mannes«, kommentiert dies Historiker Ulrich Herbert. Und 1999 war Krupp erneut eine der erste Firmen, die in den Fonds der deutschen Wirtschaft zur Entschädigung von Zwangsarbeitern einzahlte.

Die Verurteilung 1948, die Alfried als Unrecht sah, hat ihn wohl als Firmenchef politisch abstinent gemacht. Doch alle Regeln haben Ausnahmen. 1954 galt für Krupp noch das Verbot des Besitzes an Kohlengruben und Stahlwerken, dessen Einhaltung Krupp die Entlassung aus der Haft beschert hatte. Er war erst ein Jahr lang wieder an der Spitze des Unternehmens. Statt Kanonen boomte die Lokomotiv-Produktion. Da mehrten sich in England Stimmen, die Krupp-Lokomotiven würden nahezu gefährlicher als die Kanonen von 1939 werden. Alfried Krupp von Bohlen und Halbach: »Was soll man dazu sagen, wann können es die Deutschen der Welt einmal recht machen? Es ist meine Überzeugung, dass die Zusammenarbeit mit den Westmächten eine weise Politik ist. Ich glaube nämlich, dass sie die Erhaltung des Weltfriedens bedeutet. Die Erhaltung des Weltfriedens ist das, was jeder Deutsche wünscht. Aus diesem Grunde stimme ich mit Adenauers Politik überein.«

Im Januar 1959 erschien im Londoner *Daily Mail* ein Interview mit Alfried Krupp – er sei religiös, bekannte Krupp, liebe das Reisen, die Fotografie, die Jagd und lebe einfach. Um 9 Uhr gehe er ins Büro, vor Mitternacht ins Bett. Bücher über Geografie und Archäologie lese er, Romane nicht, davon habe er im Gefängnis genug gehabt. Er besäße mehr inneren Frieden, als die meisten Menschen. Ihn bewege die Tradition seines Hauses. Als Erbe von Eltern und Großeltern fühle er sich für das Werk verantwortlich. »Ich muss meine Arbeiter sehen. Ich muss ihnen gute Bedingungen und Sicherheit bieten. Auf meine 100 000 Leute zu blicken, gibt mir eine tiefe innere Befriedigung.« Des Interviewers Eindruck: »Alfried Krupp, zurückhaltend, verbindlich, mit einer von Ironie überglitzerten Kühle, hörte die Fragen aufmerksam und beantwortete sie höflich, er hat uns vergeben, dass wir ihn ins Gefängnis schickten.« Dann wird es doch politisch: »Prozesse, gleich meinem, waren Nachkriegserscheinungen. Man konnte sie vorhersehen. Die Gefangenschaft berührte mich hart. Ich war verhältnismäßig jung, und ich bin immer ein Optimist gewesen. Ich betrieb etwas Gärtnerei, arbeitete ein wenig an der Werkbank und las Romane. Nein, ich war nicht besorgt um die Zukunft. Ich hoffte, die Zeit würde alles bessern. Sie tat es.« NATO-Aufträge zur Waffenherstellung von Krupp? »Ich hoffe, die NATO wird uns nie darum ersuchen.« Nach seinen Gefühlen gefragt, antwortete er: »Ob ich irgendein Gefühl der Schuld habe? Was für eine Schuld? Für das was sich unter Hitler ereignet hat? Nein. Es ist jedoch bedauerlich, dass das deutsche Volk selbst zuließ, von Hitler so betrogen zu werden.«

Das Interview wurde auch in Deutschland bekannt. Eine Folgeerscheinung ist jedoch erst 1998 publik geworden. In seinem Buch Vom *Staatsfeind zum Stadthistoriker* berichtete Dr. Ernst Schmidt von einer »Retourkutsche der Firma Krupp«. Februar 1959 hatte die Zeitschrift *Der Ruhrbote* das Interview zum Anlass genommen, unter der Überschrift »Das schlechte Gedächtnis des Herrn Krupp« Alfried Krupp an die Rolle seines Vaters und an seine eigene während des Nationalsozialismus zu erinnern. Ergebnis: *Der Ruhrbote* musste sich einen anderen Druckbetrieb suchen, der alte hatte »aus technischen Gründen« gekündigt. Jahre später gestand der Drucker, Krupp habe Druck auf ihn ausgeübt: Wenn er den *Ruhrboten* drucke, würden Krupp-Aufträge entzogen. Ob an dem Artikel inhaltlich etwas falsch sei, fragte der Drucker. Das stehe nicht zur Debatte, allein, dass er eine Zeitschrift drucke, in der ein solcher Artikel erscheine, sei entscheidend.

Bertha Krupp mochte den Kaiser, Adolf Hitler hielt sie für ordinär, den CDU-Bundeskanzler Adenauer schätzte sie als Menschen. Schließlich war durch Adenauers Einsatz bei den Sowjets mit den deutschen Kriegsgefangenen 1955 auch ihr Sohn Harald nach zwölf Jahren aus der Gefangenschaft zurückgekommen. Dessen politische Äußerung ist dem Bereich der Anekdote zuzuordnen. Er wisse nicht, sagte er einmal seinem Fahrer, wen er von beiden Kandidaten der Essener Kommunalwahl für das Amt des Oberbürgermeisters wählen solle: Den Dicken oder den Dünnen. Der Dünne, CDU-Kandidat, sei für ein neues Opernhaus, der Dicke, SPD-Mann, verspräche ein neues Bad. Da das versprochene Bad in Wohnungsnähe läge und seine kleinen Kinder gerne planschten, sagte er schmunzelnd, müssten wohl die Kinder die Wahl entscheiden und er dem Dicken seine Stimme geben. Die Krupps und die Politik.

7. Die Blutwurstkolonie, der Kruppianer und das Nationalmuseum in Weimar

»Lisken, wo gehsse?« »Im Konsumm.« »Wat käufsse?« »Allet.« »Brink mich wat mit.« So war das vor 100 und noch vor 50 Jahren, wenn die Frau eines Kruppianers zum Einkaufen in den Kruppschen Konsum ging und die Nachbarin sie bat, ihr auf ihrer Karte Salz, Butter, Mehl und Eier mitzubringen, auf der Einkaufskarte für Kruppianer, mit der war alles billiger. Wenn Lisken auffiel, dass sie für die Nachbarin schwarz einkaufte, dann war sie die Karte quitt, wie in Essen »los sein« heißt.

Krupp 2000? »Sie, meine Jubilare, wissen, welch große Bedeutung die Sozialverpflichtung des Eigentums in der Geschichte meiner Familie und unserer Firma spielt. Für diesen Grundsatz hat unsere Firma heute wie in der Vergangenheit große Opfer gebracht. Und ich bekenne offen: Ich bin stolz darauf.« Am 1. April 1967, wenige Monate vor seinem Tode, bekannte sich Alfried Krupp von Bohlen und Halbach zur Errungenschaft eines großen und einmaligen privaten Sozialwerks, das mit der Errichtung der »Alfried Krupp von Bohlen und Halbach-Stiftung« seinen krönenden Abschluss gefunden hat. Das »große Opfer« dafür brachte Alfrieds Sohn Arndt: Er verzichtete aufs Firmenerbe und damit auf Milliarden. Von den »schwarz« gekauften Eiern für die Nachbarin des Vergangenheit bis zur Förderung des Kataloges des Nationalmuseums in Weimar der Gegenwart.

Begonnen hatte diese Wohlfahrtspolitik 1836 mit dem jungen Alfred Krupp. Damals waren 80 Arbeiter in der Gussstahlfabrik beschäftigt. In die »Hülfskasse in Fällen von Krankheit und Noth«

trat man freiwillig ein. 1853 wurde die »Kranken- und Sterbekasse der Gussstahlfabrik« gegründet, die für alle nachfolgenden Kassen im Unternehmen Modell wurde: Krankenunterstützungskasse, Familienarztkasse, die Witwen- und Waisenkasse, die Arbeiter- und Invalidenstiftung, später, durch den Sohn Friedrich Alfred ins Leben gerufen, Unfallversicherung für Beamte, Beamten-, Pensions-, Witwen- und Waisenkasse. Mit dem ersten »Pensionsreglement« von 1858 hatte Krupp sozialpolitisches Neuland betreten. Die Überschüsse aus Kranken- und Sterbeversicherung des Unternehmens wurden künftig in die Pensionskasse für dauernd arbeitsunfähige Firmenangehörige beziehungsweise Mitglieder dieser beiden Kassen abgeführt. Einmalig im damaligen Deutschland. Doch nicht nur soziale Ziele wurden damit verfolgt. Ein besonderer Paragraf legte fest, wann diese Unterstützungen entzogen werden konnten. Derart bestraft wurde, wer freiwillig kündigte, den Urlaub überschritt, zur Konkurrenz wechselte, sich »erheblicher Vergehen« schuldig machte oder einen »unmoralischen Lebenswandel« führte. Vor allem die Stammbelegschaft profitierte davon, »Konjunkturarbeiter« nicht. Alfred Krupp ging es um die Schaffung von Stammarbeitern: »Sie sollen einen außergewöhnlichen Lohn im Vergleich gegen andere Arbeiter an demselben Ort verdienen, sie sollen ... an die Fabrik gekettet sein durch Neigung und Interesse.« So wurde das Kassenwesen für Krupp-Arbeiter und deren Familien zur Existenzsicherheit, gleichzeitig war es Voraussetzung zur raschen Bildung einer Stammbelegschaft des Unternehmens. Alfred Krupp verstand sein Sozialwesen auch als Maßnahme »zur Verhütung sozialistischer Irrtümer«. Zwar wurde die Wohlfahrtspolitik Ende des 19. und Anfang des 20. Jahrhunderts auch als »Wohlfahrtsplage« kritisiert, weil Krupp-Arbeiter erst mit 65 Jahren oder nach 40 Jahren Betriebszugehörigkeit pensionsfähig wurden, sodass sie bei jüngeren und mobileren Arbeitern unbeliebt wurde, ist sie doch für die gesetzlichen Regelungen der Krankenversicherung in Deutschland als Vorbild genommen worden; Bismarcks Sozialgesetzgebung hat sich am Kruppschen Sozialsystem orientiert. Eine liebenswerte Fußnote im Kruppschen Kassenwesen war bis in die dreißiger Jahre des 20. Jahrhunderts die »Kruppsche Stahlgebissmacherei«, »die infolge ihrer Eigenart zahlreichen Schwerbeschädigten Beschäftigung« gegeben hatte.

Tatsächlich ging durch dieses betriebliche Kassenwesen die Fluktuation der Arbeitskräfte zurück, tatsächlich wurden Kruppsche Arbeiter sesshafter – und so zu Kruppianern. Der Berliner Geschichtswissenschaftler Heinz Reif meint, »ohne eine entsprechend qualifizierte und verantwortungsbewusste wie sozial ausreichend versorgte Stammarbeiterschaft« wäre die Herstellung des Guss- und Tiegelstahls als Grundlage der Erfolge der Firma nicht möglich gewesen. Kritiker sahen in der Wohlfahrtspolitik den Versuch Krupps, die Arbeiter an sich »zu ketten« und wegen des Erstarkens der Arbeiterbewegung, »ein Arbeitgeberinstrument zur politischen Gängelung« zu schaffen, eine wohlüberlegte Fessel, mit der die Arbeiterschaft leicht zu dirigieren sei. Mag sein, als frühe Beispiele der Fürsorge bleibt ihr Verdienst dennoch ungeschmälert. »Belohnung für ein politisches Wohlverhalten durch ein hohes soziales Versorgungsniveau«, merkt Reif an, sei erst nach der Wende zum 20. Jahrhundert stärker ins Spiel gekommen. Doch schon bei den Reichstagswahlen 1893 zeichnete sich beim Wahlverhalten der Kruppschen Stammarbeiter »Betriebstreue« ab: In den Siedlungen der Krupparbeiter wurden die Sozialdemokraten mit zwei bis drei Prozent abgehängt.

Als Alfred Krupp starb, hatte er die Hand zur Faust geballt, hatte die Finger um einen Bleistiftstummel gekrallt. Eine seiner letzten Skizzen zeigte ein bescheidenes Wohnhaus, das sich Arbeiter leisten konnten, aber auch eine von Luftkammern auf dem Wasser getragene Kanone. Alfred Krupp war von dem Gedanken eines betrieblichen Gemeinwesens beseelt. Als sich die Industrie im Ruhrgebiet in wenigen Jahren aufbäumte und regelrecht überkochte, schien das Land nahezu aus den Fugen zu geraten. Vor allem fehlte es an Wohnraum für die von überallher einströmenden Massen. Wohnungsnot und überhöhte Mieten, Billighäuser von Spekulanten, mit unhaltbaren hygienischen Zuständen, führten auch zu Verrohung der

Ende des 19., Anfang des 20. Jahrhunderts stand der Stadtstaat Krupp in voller Blüte – dank Sozialsystem und Schornsteinen.

Sitten. Alkoholismus, Kriminalität und Prostitution nahmen zu. Den »italienischen Dolch, den amerikanischen Totschläger«, so klagte ein Bürgermeister im Ruhrgebiet, hätte jedermann in der Tasche. Die Zahl der Waffenläden stieg rapide. In der Gründerzeit wurde das Ruhrland zum Wilden Westen des Deutschen Reiches.

»Der Geist, der alle von oben bis zum Geringsten beseelt, muss vorzugsweise von Moralität und Rechtsgefühl durchdrungen sein. Sittlichkeit, verschwistert mit Ordnung und Treue, wirkt segensreich – ohne sie entsteht Täuschung, Unordnung, Laster, Untreue mit dem Verderben im Gefolge.« Von seinen Arbeitern erwartete Alfred Krupp, dass sie sich »außerhalb der Fabrik anständig betragen«. Der Arbeiter solle »sich ordentlich kleiden, ordentlich wohnen und sich ordentlich ernähren – ganz einfach Akte der Nützlichkeit und der Nächstenliebe, die hinter dem Schleier sich abspielen, unbemerkt und unbelästigt von der Presse und der Eitelkeit«. Gleichzeitig war mit dem Alten nicht zu spaßen: »Wer trotzen will, wird entlassen.« Sein Moralverständnis ging soweit, dass die Fabrikordnung für »Frechheit« sofortige Entlassung androhte. Da steigerte sich das Gute in ihm zur göttlichen Hybris, lagen Erziehung und Gängelung dicht beieinander.

Der Bau von Arbeiterwohnungen in einem »geradezu amerikanischen Tempo« schien Krupp dazu geeignet, dem Sittenverfall entgegenzuwirken, zugleich aber seine Arbeiter um sich zu scharen. 1861 wurde mit seinen Plänen für preiswertes und gesundes Wohnen der Arbeiterschaft begonnen. Was er mit den Wohnungs-Kolonien Kronenberg und Schederhof in kürzester Zeit schuf, setzten Sohn Friedrich Alfred, dessen Frau Margarethe und alle Nachfolger fort. Die ersten Kolonien waren schlichte Holzbauten, die späteren entsprachen höheren Ansprüchen, wurden eingebettet in grüne Flächen. Einen Architekten weist Krupp an: »Dass viel Laub und Bäume noch dazugepflanzt werden, damit der Garten mit Gras, Blüthen und Blättern, Springbrunnen und Sitzen im Schatten Jedem eine Lust sei.« Er erdachte eine 50-jährige Eiche, in deren Schatten die Werksangehörigen wohnen sollten und deren Wurzeln beschützt werden müssten um der Zukunft willen. Die Wohnsiedlungen, die unter Friedrich Alfred Krupp entstanden, besaßen von außen traditionellen Charakter, doch innen waren sie vom modernsten Standard, 1900 bereits mit gut ausgerüstetem Bad und Heizung. In einer Krupp-Wohnung zu wohnen, danach sehnte man sich – in der Gegenwart immer noch.

Ist nicht das älteste Arbeiterhaus der Firma Fried. Krupp das Stammhaus der Familie selbst? 25 Jahre nach Übernahme der Fabrik hat Alfred Krupp als erstes an dieses Hauses gedacht: »Vor 50 Jahren war diese ursprüngliche Arbeiterwohnung die Zuflucht meiner Eltern. Möchte Jedem unserer Arbeiter der Kummer fern bleiben, den die Gründung der Fabrik über uns verhängte. 25 Jahre blieb der Erfolg zweifelhaft, der seitdem allmählich die Entbehrungen, Anstrengungen, Zuversicht und Beharrlichkeit der Vergangenheit, endlich so wunderbar belohnt hat. Möge dieses Beispiel Andere in Bedrängnis ermuthigen, möge es die Achtung vor kleinen Häusern und das Mitgefühl für die oft großen Sorgen darin vermehren. ›Der Zweck der Arbeit soll das Gemeinwohl sein, dann bringt Arbeit Segen, dann ist Arbeit Gebet.‹ Möge in unserem Verbande Jeder vom Höchsten zum Geringsten mit gleicher Überzeugung sein häusliches Glück dankbar und bescheiden zu betreiben und zu befestigen streben, dann ist mein höchster Wunsch erfüllt. Essen, Februar 1873. Alfred Krupp. 25 Jahre nach meiner Besitzübernahme.« Eine seiner letzten Zeichnungen ist dieses kleine Haus, das sich jeder Arbeiter leisten sollte … Zu bedenken ist, dass »Alfred der Große« mit dem Bau von Arbeiterwohnungen begann, als vor den Toren der Stadt mit der Villa Hügel sein eigener Lebens-Wohntraum erstand. Und das Werk hatte damals Schulden. Obwohl er 30 Millionen Mark leihen musste, hielt er an seinem Wohnungsbauprogramm fest.

1892, in der Ära des Sohnes Friedrich Alfred Krupp, erläutert ein Krupp-Direktor in Berlin die »Wohlthat« des Arbeiterwohnungsbaues vor der »Centralstelle für Wohlfahrtseinrichtungen«. Er kommt zum Schluss: »Jeder Arbeitgeber wird trotz der sehr mäßigen Verzinsung des Anlagekapitals im Interesse des socialen Friedens handeln, wenn er einem Theil seiner Arbeiter gesunde Wohnungen verschafft ... Nach den Erfahrungen in den ... Arbeitercolonien befinden sich die Arbeiter in denselben wohl ..., grobe Exzesse gehören zu den Seltenheiten, nachbarliche Hülfe im Zusammenwohnen bei Noth und Krankheit kommt glücklicher Weise häufiger vor, als ... befürchteter Zank und Streit ... Bei schlechten Wohnungsverhältnissen ist ein geordnetes Familien- und Hauswesen undenkbar; in dem Sinn für Häuslichkeit, für Familie, in der Gatten-, Eltern- und Kinderliebe wurzelt aber auch die Liebe zur Arbeit, zur Ordnung, sie bildet die Grundlage für das Einzelwohl und das Gemeinwohl.«

Zweifellos hatte Alfred Krupp Erfolg mit dieser Fabrikherrenpädagogik. Die meisten Firmenangehörigen nahmen ihm sein Wort ab: »Mein Streben und mein Hoffen zielt auf weiter nichts als auf viele neue Arbeit und Brot für die große Zahl meiner Arbeiter, deren Zukunft mich Tag und Nacht mit schwerer Sorge erfüllt.« Mit der Zeit bildete sich eine neue Klasse innerhalb der Arbeiterschaft heraus. Kruppsche Arbeiter dünkten sich besser als andere. Von den anderen wurden sie auch »Stehkragenproletarier« geschimpft. Sie trugen ja nicht nur ihren vornehmen Stehkragen nach Feierabend und ihren Blaumann im Werk, sie hatten ihren eigenen Kruppschen Gesangsverein, ihre Kruppsche Bierhalle, die Beamten später ihr Kruppsches Casino, später ihre Bücherhalle (Vorbild fürs Bibliothekswesen), die Alten ihre Erholungshäuser mit Essensausgabe für Alleinstehende, ihre Spareinrichtung, ihre Haushaltungsschule, ihren eigenen Bildungsverein, ihren Instrumentalverein, ihren ... Es gibt kaum etwas, was im Staate Krupp nicht eingerichtet worden wäre. Da entwickelte sich der Stolz, Kruppianer zu sein, den selbst politische Gegner an Kruppschen Werkbänken fühlten. Das Gefühl einer Werksfamilie entstand. Alfred Krupp notierte selbst stolz: »... meine Arbeiter interessieren sich für meine Versuche und Erfolge; sie nehmen teil daran, weil sie wissen, dass die Prosperität der Fabrik auch ihr Wohlergehen sichert; sie haben aus den bisherigen Fortschritten die Erfahrung gemacht, sie sind stolz darauf und reden gerne davon«. Die Kruppsche Familienbande.

1961 hat der langjährige Betriebsratsvorsitzende von Krupp, Heinrich Heider, das Kruppsche Modell eines Arbeiters und seiner Familie, den Kruppianer, so skizziert: »Man war von der Wiege bis zur Bahre Kruppianer. Man trug die Kruppsche Säuglingswäsche, den Kruppschen Konfirmandenanzug und vor allem den Kruppschen Hut, der nicht nur denselben Schnitt hatte, sondern auch von den engen Spinden her an den beiden Seiten hoch gebogen war – Kennzeichen eines geachteten Standes. Man ging in den Kruppschen Kindergarten und huldigte beim Kruppschen Bildungsverein den Musen. Man aß das gleiche Brot (aus dem Konsum) und hatte die gleichen Wohnungen. Über allem aber wachte in väterlicher Güte und Strenge der Patriarch. Der Kruppianer war im Allgemeinen zufrieden, denn sein Standesbewusstsein als Arbeiter oder ›Beamter‹ war jung, die Erinnerung an die soziale Not war frisch. Dem väterlichen Bild, das Alfred Krupp verkörperte, brachte er in der Regel fast eine kindliche Dankbarkeit entgegen.«

Im Kinderlied ist sogar der deutsche Kaiser zum Kruppianer geworden. Wilhelm Zwo war so mit den Kruppwerken verbunden (oder umgekehrt), dass Krupp zum »nationalen Unternehmen schlechthin« wurde, wie der Historiker Lothar Gall urteilt. Als der Kaiser 1918 abdankte, sang Klein und Groß an Rhein und Ruhr: »Oh Tannebaum, oh Tannebaum, der Kaiser hat in Sack gehauen. Er kauft sich einen Henkelmann und fängt bei Krupp als Schlosser an.« Später ersetzten die Kinder »Kaiser« mit »Lehrer«. Der Henkelmann war ein aus zwei kleinen Emailletöpfen bestehender Essensbehälter mit einem Henkel. Ein Topf für Kartoffeln, ein anderer für Soße, Braten (eher selten), meistens war in beiden Durcheinandergekochtes. Mütter, Bräute, vor allem aber Kinder brachten den Männern zur Pause das Essen ans Fabriktor. Kruppianer durften während der Pausen das Werk nicht verlassen. So zogen, kurz bevor der Kruppsche Esel schrie, barfüßige Jungen in Borbecker Halblang mit Henkelmännern zum Werktor. Oft fuhren auch Henkelmannwagen durch die Siedlungen und holten die Henkelmänner ab, die in den Fabriken im Warmwasserbad wieder erhitzt wurden. Borbecker

Halblang? Knabenhosenmode, schlabberig bis kurz unterm Knie, die in dem Essener Stadtteil Borbeck entstanden ist, in dem das Kruppsche Panzerbaugelände lag. Kruppscher Esel? Zu Schichtbeginn und -ende sowie zur Pause heulten die Werkssirenen, die wegen ihres speziellen Tones Esel genannt worden sind.

Der Kruppianer-Dünkel ging soweit, dass bis 1901 die Krupp-Siedlung Kronenberg kein Fremder betreten durfte. Noch etwas besser als die Arbeiter dünkten sich Kruppsche Beamte, wie in dieser Firma Angestellte hießen. So ist viel Wahrheit an dieser Geschichte: Der Kruppsche Beamte geht morgens mit Aktentasche und brennender Zigarre aus dem Haus. In der Aktentasche sind aber nur Thermoskanne mit Kaffee und Butterbroten; die Zigarre macht er an der nächsten Straßenecke aus, denn die braucht er am nächsten Morgen, um mit ihr wieder stolz ins Büro zu gehen. Einigen Werkmeistern und höheren Beamten wurden Eckwohnungen zugewiesen mit Sicht über die gesamte Straßenlänge, damit sie sehen konnten, wer von ihren Untergebenen betrunken war oder wer möglicherweise zu Versammlungen der verhassten Sozialdemokraten ging. Als Gesetzgeber, als der sich Alfred Krupp fühlte, kam für ihn die Ordnung immer von oben (das hat sich bei seinem Nachfolger Gustav verhängnisvoll ausgewirkt), sodass politische Aktivitäten in der Fabrik verboten waren und er seinen Leuten riet: »Das Politisieren in der Kneipe ist sehr teuer, dafür kann man im Hause besseres haben.« So wird der Fabrikherr zum Lehrer, der die Seinen ermahnt: »Genießet, was euch beschieden ist. Nach getaner Arbeit verbleibet im Kreis der Eurigen, bei den Eltern, der Frau und den Kindern und sinnt über Haushalt und Erziehung. Das sei euere Politik, dabei werdet ihr frohe Stunden erleben. Aber für die große Landespolitik erspart euch die Aufregung. Höhere Politik erfordert mehr Zeit und Einblick in die Verhältnisse, als dem Arbeiter verliehen ist.« Brave Kruppianer wollte Krupp haben. Als Urenkel Alfried Krupp 1953 nach sechs Jahren Haft wieder in die Firma eintrat, sein optimistischer Aufbauwille Direktoren erstaunte, bat er aufs zerstörte Werksgelände. Da fragte er den, den er gesucht hatte, einen alten kritischen Sozialdemokraten, ob es zu schaffen wäre. »Na klar, wir sind doch Kruppianer!«

Die bekannteste, nach der Alfried Krupp-Stiftung auch spektakulärste Sozialleistung, ist die Margarethenhöhe, ein wunderschöner Stadtteil von Essen, den Fremde in dieser Stadt kaum vermuten, der Städteplanern von einst und jetzt als Beispiel gelungenen Städtebaus gilt. Für Alfred Krupp führte der Weg zu einem guten Arbeiter über gute Wohnverhältnisse. Sohn Friedrich Alfred ließ mit den Siedlungen Friedrichshof und Altenhof fast dörfliche Wohnanlagen bauen, in der der Einzelne seine ganz persönliche Welt gestalten konnte. Die Zufriedenheit, die er dort fand, war nicht nur im Sinne der Menschenwürde, sondern lag auch im Firmeninteresse.

Mit der Margarethenhöhe hat sich die Frau von Friedrich Alfred Krupp, Margarethe, ein bleibendes Denkmal gesetzt. Sie begnügte sich nicht mit Geld und ihrer Stiftung. »Frau Friedrich Alfred Krupp«, wie man damals sagte, hat sich bis zu ihrem Tode 1931 um die Gartenvorstadt gekümmert. Zwischen den Straßen mit Namen wie Nachtigallental und Sommerburg war sie häufig unterwegs und hat, wenn sie Sorgen erfuhr, geholfen. Die Tragödie um den mysteriösen Tod ihres Mannes lag vier Jahre zurück, als ihre Tochter Bertha, Alleinerbin, heiratete. Das war im Oktober 1906. Im Dezember des gleichen Jahres wurde die Margarethe Krupp-Stiftung für Wohnungsfürsorge beurkundet, »die vor allem minderbemittelten Klassen dienen soll«. Der Bau eines ganzen Stadtteils war ihr Hochzeitsgeschenk an Tochter und Schwiegersohn, sozusagen ein Privatvergnügen. Um die Landpreise nicht in die Höhe schießen zu lassen, wenn der Name Krupp fiel, war viel Baugrund durch unverdächtige Strohmänner gekauft worden. Als 1911 die ersten 85 Familien eingezogen waren, kam wenig später die erste Studiengruppe, aus England, um zu staunen. Das Staunen der Besucher hat sich bis in die Gegenwart gehalten.

Im Kaufhausstil der Zeit gebaut, in der Mitte der Höhe gelegen, war der Kruppsche Konsum. Übers ganze Essener Stadtgebiet verteilt, gehäuft in Werksnähe, besaß die Konsumanstalt Filialen. Dort war alles billiger als im Einzelhandel. Und dort durften nur Kruppianer kaufen, um ihre Lebenshaltungskosten zu senken. Man kaufte zu Selbstkostenpreisen der Firma, an Gewinn wurde nicht gedacht. Das war Krupps Antwort auf Preiswucher und Kreditunwesen dieser Zeit. Er hoffte aber auch, diese Vergünstigungen führten zu mehr Sesshaftigkeit und Loyalität. Auf der Höhe durften nicht nur Kruppianern wohnen. Auch das hat sich gehalten. Jeder kann sich um eine Wohnung bewerben. Da die Wohnungen nicht nur Kruppianern vorbehalten waren, zogen anfangs viele Familien ein, die nicht die Vergünstigungen bei den Lebenshaltungskosten wie Kruppianer genossen und auch sonst nicht gut betucht waren. Sie nahmen eine eher spartanische Lebensweise bei besserer Wohnqualität in Kauf. So kam es, dass vor Lohntagen, wenn das Geld bereits wieder einmal fast ausgegangen war, auch bei den Essener Metzgern die billige Blutwurst knapp wurde. Die halbe Margarethenhöhe hatte sie aufgekauft. Der Verzicht auf feinere Lebensmittel brachte dem Stadtteil den Spitznamen »Blutwurst-Kolonie« ein.

Alle weiteren kleineren und größeren Aspekte Kruppscher Wohlfahrtspolitik sind Fortsetzungen des beschriebenen Grundgedankens Alfred Krupps und jenem seiner Schwiegertochter Margarethe Krupp, der seine letzte, kaum zu entziffernde Bleistiftnotiz galt: »Beste Marga...« Weiter kam er nicht mehr. »Mütterchen« wurde sie liebevoll von den Kruppianern genannt. Die Erfolge des Unternehmens und damit der Familie Krupp sind zum großen Teil an diese Sozialpolitik geknüpft, an den Gedanken der Werksfamilie.

Das war 1967 zwar Vergangenheit, doch gab es eine moderne Variante davon. Die Kruppsche Medizinversorgung gipfelt in einem hochmodernen Krankenhaus, in dem auch Patienten aus Übersee und aus so genannten höchsten Kreisen um Aufnahme bitten, neurochirurgische Eingriffe am Rückenmark vornehmen lassen und in dem auch Berufssportler ihre Knochen den Kruppschen Professoren anvertrauen. Fachleute sprechen von einer »Fünf-Sterne-Klinik«. Krupp-Rentner werden um ihre großzügige Alterssicherung beneidet. Die Reihe der Superlative ließe sich fortsetzen. Als Alfried Krupp im

Kaiserlicher Besuch: Am 20. Juli 1917 besuchte Kaiserin Auguste Viktoria die Kruppsche Mustersiedlung Margarethenhöhe in Essen – flankiert vom Ehepaar Bertha und Gustav Krupp. Männer standen kaum Spalier– die lagen in den Schützengräben des Ersten Weltkriegs oder waren »auf Schicht«.

April 1967 die Öffentlichkeit mit seinem Willen überrascht, seinen Besitz aufzugeben für eine Institution, die den Gewinn des Unternehmens wieder an die Allgemeinheit weitergeben soll, kam ein Gemeinwerk in Gang, das die anderen Sozialleistungen Krupps bei weitem übertraf. Am 1. Januar 1968, sechs Monate nach des Stifters Tod, nahm die »Alfried Krupp von Bohlen und Halbach-Stiftung« ihre Arbeit auf. Sie hat die besondere Aufgabe, »die ihr aus ihrer Unternehmensbeteiligung zufließenden Erträge ausschließlich und unmittelbar für gemeinnützige Zwecke zu verwenden«. Inzwischen sind es Fördersummen von über 600 Millionen Mark.

Mit den ihr zufließenden Erträgen fördert sie Projekte in fünf Satzungsbereichen: Wissenschaft in Forschung und Lehre, Erziehungs- und Bildungswesen, Gesundheitswesen, Sport sowie Literatur, Musik und bildende Kunst. Das geht von den 850000 Mark des »Alfried Krupp Förderpreises« (beispielsweise für Forschungen auf dem Gebiet pflanzlicher Molekulargenetik) über Stipendien für polnische Studenten an der Europa-Universität Viadrina in Frankfurt/Oder und die Förderung des Katalogs des Nationalmuseums in Weimar bis zu China-Studienprogrammen für deutsche Studenten und etwa einer Uraufführung in Krakau. In aller Welt ist die Stiftung begehrt, eine Antragsflut erreicht täglich das Büro, das natürlich auf dem Hügel sitzt. Allein 60 Bewerbungen von 39 Universitäten trafen für den Förderpreis junger Hochschullehrer im Jahr 1994 ein.

Gewiss war es eine bemerkenswerte Tat, aus der Firma eine gemeinnützige Stiftung zu machen. Und doch ist die mildtätige Kraft des Spenders auch von Not gespeist worden. Die Umwandlung in eine Kapitalgesellschaft, getragen von dieser Stiftung, hat wohl auch so etwas wie den ökonomischen Herzinfarkt des Unternehmens abgewendet, wie ein Finanzexperte die Firmensituation umschrieb. Der damalige Wirtschaftsminister Karl Schiller hatte nahezu siegessicher in Rundfunkmikrofone verkündet, Staatshilfe werde nur bei der Umwandlung der Inhaberfirma in eine Kapitalgesellschaft gewährt. Alfried Krupp ist nichts anderes übrig geblieben, als diesem Diktat, seiner langjährigen Ahnung und dem besten Rat seines engsten Mitarbeiters Beitz zu folgen. So war Alfried Krupps Ankündigung, die Firma zur Stiftung zu machen, auch ein Akt der Abdankung. Dass es ein Abschied gewesen ist, ahnte damals wohl keiner. Erst Alfrieds Tod wenige Monate später machte es deutlich. Alfred Krupp hoben sie in Bronze auf den Sockel, als Kultfigur des Ruhrgebietes einer alten Industrieepoche. Da steht er nun wie ein Held der kapitalistischen Arbeit. Sein stiller Urenkel Alfried ist keine Sockel-Figur geworden. Doch die Stiftung seines Namens strahlt hell und sicher um einiges weiter.

TEIL DREI

8. Durch den »reichsten Frührentner« zur großen Stiftung

Arndt von Bohlen und Halbach, geboren 1938, gestorben 1986 – ein Leben wie eine Inszenierung. Vielleicht manchmal auch ein Leben im Irrtum. Doch für den Fortbestand des Unternehmens Fried. Krupp wurde er die entscheidende, ja überlebensnotwendige Figur. In der Geschichte der Firma bildet er sicher nur eine irisierende Fußnote. In der Geschichte der Familie gehört sein tragisches Leben beispielhaft wahrgenommen. Sich nach Vaterliebe wohl (unerhört) sehnend, hat er des Vaters wichtigstes Werk mit seinem Erbverzicht ermöglicht: das beschließende Kernstück sämtlicher Sozialleistungen der Krupp-Generationen, die »Alfried Krupp von Bohlen und Halbach-Stiftung«. Er selbst ist zur tragischen Figur geworden. Berthold Beitz, Generalbevollmächtigter des letzten Firmeninhabers, habe in den sechziger Jahren des 20. Jahrhunderts dafür gesorgt, so der *Spiegel* im Oktober 1997, »dass die Firma nicht einem exzentrischen Playboy in die Hände fiel«. Wenn Arndt nicht verzichtet, sich Krupp einverleibt und auf Milliarden bestanden hätte? Konkurse? Prozesse? Bangen in Chefetagen und an Werkbänken?

Die Apanage, wie millionenhohe Rentenzahlungen genannt werden, sei doppelt so hoch wie die Zuwendung 1968 für die Belegschaft des Bergwerkes »Rossenray« durch die Firma, empörte sich die Gewerkschaftszeitung *Welt der Arbeit* – Millionen für einen, »der für das Unternehmen noch nie einen Finger krümmte«. Eine Million hatte Arndt jährlich als Leibrente von der Firma erhalten. Die zweite Million kam durch eine so genannte »Förderrente« der Zeche »Rossenray« herein, ein Finanztrick des Vaters Alfried bei der Verhandlung mit den Alliierten zur Entflechtung der Firma in den fünfziger Jahren. Das Wort vom »reichsten Frührentner Deutschlands« machte die Runde. Mit dem Verzicht des einzigen Sohns des letzten Firmenchefs, die ihm als männlichen Erben zustehende Nachfolge als Firmeninhaber anzutreten, somit auch Krupp zu werden, ist die Familiengeschichte der Krupps und der Krupp von Bohlen und Halbachs eigentlich beendet. Doch sein Leben stand immer im Schatten der vorangegangenen Generationen.

Wegen seiner Neigung zu Geld, teuren Automobilen, zu Juwelen und gut aussehenden Jungen ist Arndt ein Lieblingsobjekt der Klatschpresse geworden. Von zu vielen irrtümlich als der letzte Krupp hofiert, schien es manchmal so, als glaube er selbst, dieser Mensch zu sein oder doch noch werden zu können. Am 20. September 1966 wurde dieser Glaube begraben: Sein Verzicht wurde beurkundet, er willigte ein ... Nicht zu beneiden der Vater um die zu führenden Gespräche, um dem Sohn beizubringen, er möge ein Milliardenerbe nicht annehmen. Doch er hat sie auch nicht geführt. Weil er sich einen Bevollmächtigten erkoren hatte, der ihm die Last der Geschäfte abnahm, sprach nicht er mit dem Sohn, er ließ die Gespräche führen. Dass Beitz, sein Generalbevollmächtigter, Gesprächsführer war, ist folgerichtig. Beitz hatte schon jahrelang zwischen Vater Alfried und Sohn Arndt als Vermittler gewirkt; wenn der eine etwas vom anderen wollte, wurde Beitz beauftragt, dies zu übermitteln.

Im November 1995 unterhielten sich die Sylt-Liebhaber Rudolf Augstein und Berthold Beitz. Dabei schilderte Beitz die entscheidende Situation: »Alfried Krupp hat mich ... gebeten, mit seinem Sohn Arndt zu reden. Ich sollte erreichen, dass er auf sein Erbe verzichtet, damit Alfried den Konzern in eine gemeinnützige Stiftung einbringen kann. Das letzte Gespräch mit Arndt fand am 19. September 1966 in meiner Wohnung statt. Arndt war mit dem Erbverzicht einverstanden. Noch in der gleichen Nacht habe ich seinen Vater informiert, und am 20. September 1966 wurde der Verzicht beurkundet.« Welche Eile!

Jahre zuvor hatte Krupp-Sohn Arndt anders gedacht. Zwar klagte er über die »Spießigkeit der deutschen Medien«, die seinen Hang zur Extravaganz bigott kritisierten und gleichzeitig beispielsweise seine juwelenbehangene Teilnahme an einer Strandparty in St. Tropez im Todesjahr seines Vaters 1967 auflagenbewusst zur Schau stellten, dennoch hatte er einige Freunde unter den Journalisten. Einer, dem er vertraute, war Will Tremper, begehrter Serienschreiber, Roman- und Drehbuchautor. »Auf nichts zu verzichten«, hätte Mutter Anneliese geraten, als Arndt zur »Erbschaftsfrage« zu Beitz gebeten worden war. Nach dem Gesetz stünde Kindern ein Pflichtteil von 50 Prozent zu, sagte Arndt. Bei fünf Milliarden wären das für ihn 2,5 Milliarden gewesen. »Denn ich bin der letzte Krupp«, glaubte er. Will Tremper fragte später Beitz, wie der es fertig gebracht hätte, diese Milliarden Arndt »wegzunehmen und ihm dafür zwei steuerpflichtige Millionen im Jahr zu geben«. Beitz: »Ich glaube, er wusste nicht, was eine Milliarde ist ...«

Erstmals offiziell in Erscheinung trat Krupps Sohn Arndt durch eine Ehrung seines Vaters, die gleichzeitig auch als Wiedergutmachung seiner Großeltern verstanden wurde. 1961 verlieh die Stadt Essen Alfried Krupp von Bohlen und Halbach im Essener Rathaus zum 150-jährigen Bestehen der Firma den städtischen Ehrenring. Der Ehrenbürgerrechte für Gustav und Bertha Krupp, Arndts Großeltern, hatte sich die Stadt nach 1945 entledigt. Beiden waren sie aberkannt worden. 1961, acht Jahre nach der Entlassung Alfried Krupps aus dem Gefängnis Landsberg, sah es anders aus. Die Stadt hofierte den ehemals Geschmähten im Ratssaal. Arndt saß – wie früher und später häufig – zwischen Vater Alfried und Berthold Beitz. Der Eindruck, den er dabei machte: Wie auf diesen Platz eingewiesen, als hoffte er, die Zeremonie möge schnell beendet werden, als ginge sie ihn nichts an. Diese Haltung war der seines Vaters ähnlich, so beim Nürnberger Kriegsverbrecherprozess, bei dem auch Alfried wie abwesend da saß, teilnehmend, doch scheinbar ohne innere Teilnahme. Nun Arndt: Die grünen Augen verschattet, als schaue er nach innen, um den Mund ein leichter Zug von Lächeln und melancholischer Schwermut – ein schöner junger Mann, recht traurig.

Der Mann, der Deutschlands reichster Erbe hätte werden können, hat weder eine leichte und fröhliche Jugend erlebt, noch hat er seine Krupp-Verwandtschaft als Versammlung von Glücklichen empfunden. Sein Vater hatte als Heranwachsender täglich gehört, Krupp sei etwas Besonderes, er müsse dem durch Pflichterfüllung eines Tages entsprechen. Dessen geschiedene Frau eröffnete dem Sohn eine andere Sichtweise. Die erfuhr Arndt als Siebenjähriger von seiner Mutter Anneliese Bahr, geschiedene von Bohlen und Halbach, die mit ihm in den Nachkriegswirren aus dem schönen österreichischen Schloss Blühnbach von amerikanischen Soldaten abtransportiert und in ein kleines westfälisches Dorf abgeschoben worden war. Er hatte die Mutter gefragt, warum sie nicht in Blühnbach bleiben könnten. Das ginge nicht, er sei ein Krupp. »Was ist ein Krupp?« wollte er wissen. Die Mutter: »Das ist etwas ganz Furchtbares!«

Der Lebensweg dieses Menschen erscheint so, als habe ihn dieses Wissen umgetrieben: Unstet zu sein, um doch etwas Glück zu finden. Das ging bis zur Veränderung durch kosmetische Operationen – Kaspar Hauser ähnlich, als wolle er ein anderer werden und sein. Vor allem hat Arndt von Bohlen und Halbach seine Existenz auch so empfunden: Er war nicht erwünscht. Seine Mutter, der Vater Alfried aus der Festungshaft Landsberg Liebesbriefe geschrieben hatte, war Ende der dreißiger Jahre von den Großeltern regelrecht vorgeladen worden. Alfried von Bohlen und Halbach hatte sich für die geschiedene Hamburgerin Anneliese Bahr entschieden. Damit setzte er sein Erbe aufs Spiel. Eine Geschiedene wird eine Krupp?

Arndt berichtete diese Situation kurz vor seinem Tode so, wie er sie von seiner Mutter erfahren hatte: Die Großeltern bestellten die Mutter in ein Hotel nach München. Dort forderten sie die Mutter auf, sich scheiden zu lassen, andernfalls werde Alfried enterbt. Der weigerte sich, sei gegen die Scheidung, deshalb redeten sie mit ihr. Der Mutter sei ein Scheck geboten worden: eine Millionen Reichsmark. Den Sohn könne sie behalten, für ihn werde gesorgt. Arndt von Bohlen betrachtete es so: »Sie wollten mich nicht haben!« Er nahm an, als das Kind einer geschiedenen Frau sei er lästig gewesen.

Inmitten zweier starker Männer: Arndt von Bohlen und Halbach zwischen Vater Alfried und dessen Generalbevollmächtigten Berthold Beitz.

Eine betagte Hügel-Bedienstete erinnert sich im Sommer 2000: »Arndt ist ein hübsches Kind, habe ich gesagt, das war 1941. Doch Frau von Bohlen sagte: ›Das ist für mich kein richtiges Kind!‹ Dass der so geworden ist, ist zu verstehen. Ein Zuhause hatte der nicht.«

Die Million entpuppte sich als Schuss in den Ofen, das Geld musste bis zum »Endsieg« in Reichsmarkanleihen angelegt werden. Trotz des Krieges gut umsorgt, wurde Arndt mit sieben Jahren bewusst, wer sein Vater war. Auf der Flucht aus Pommern vor der anrückenden russischen Armee, landeten Mutter und Sohn im sicheren Salzkammergut auf dem Familienschloss der Krupps in Blühnbach. Die Sicherheit währte nur kurz. Als die Amerikaner einrücken, müssen die Großeltern das Schloss verlassen und ins Posthaus ziehen, Arndt erfährt die Bedeutung des Namens Krupp ... Als Heranwachsender ließ ihn die Vorstellung schaudern, im Turmhaus von Krupp residieren zu müssen. Verwandte erinnern sich, Arndt habe häufig gesagt: »In den Turm gehe ich nur, wenn ich muss!« Er brauchte es nicht. Er blieb, was er war. Ein Krupp wurde er nicht.

Es hatte heimlich begonnen. Olympionike Alfried von Bohlen hatte im Olympiajahr 1936 die Hamburgerin kennen gelernt. Zeitgenossen hätten von ihr geschwärmt, wird erzählt. Sie soll von umwerfender Schönheit gewesen sein, wo sie auftauchte, solle jedes Gespräch verstummt sein. Beitz, Alfrieds verlängerter Arm (wenn nicht gar dessen Arm): »Na, und bei Herrn von Bohlen war das natürlich nicht anders. Wo der auftrat, fielen den Leuten die Augen aus dem Kopf.« Anneliese Bahr war hochschwanger, als Alfried von Bohlen und Halbach 1937 zehn Wochen vor Arndts Geburt sie heimlich in Belzig in der Mark Brandenburg heiratete. 1938 kommt dort Arndt Friedrich Alfried von Bohlen und Halbach zur Welt. Gleich drei geschichtsträchtige Namen: Arndt, erster Krupp des 16. Jahrhunderts, Friedrich, Krupp-Gründer des 19. Jahrhunderts, und Alfried, sein Vater. Der hochbegabte Mann, er sprach Deutsch, Englisch, Französisch, Spanisch, Italienisch und Portugiesisch, wird keinem seiner Vorfahren entsprechen. Und mit dem Erbverzicht nimmt er sich auch die Freiheit, die sich vergangene Krupps versagten. An den kurzen Ausbruchsversuch des Urgroßvaters Friedrich Alfred erinnernd, an dessen Ende ein mysteriöser Tod stand, mutet Arndts Extravaganz wie ein Echo auf dessen Capri-Kulte an.

Die Schulzeit in verschiedenen Internaten bezeichnete er später als »unerfreulich«. Schon da sollten Schokolade und Geld Zuneigung einbringen. Einer Mitschülerin soll er beispielsweise 20 Mark versprochen haben, küsse sie seiner Mutter die Hand. Was unter »unerfreulich« noch zu verstehen ist, bekannte er kurz vor seinem Tode. Er hatte die Freiheit für seinen Vater herbeigesehnt. Im Februar 1951 holt ihn Vater Alfried nach der überraschenden Haftentlassung aus einem Internat ab, doch nicht, um ihn zu sich zu holen, sondern um ihn in ein anderes Internat zu stecken. Zu früh für den Schulbetrieb angekommen, bringt der Vater ihn übers Wochenende bei einem Arzt unter. Der »tröstet« den zurückgelassenen pubertierenden Knaben.

Im Schweizer Internat Zuoz, wo die von Bohlens Abitur machten, legt auch Arndt seines mit »Auszeichnung« ab. Die Praktikantenzeiten bei Krupp, selbst die Jahre des Volks- und Betriebswirtschaftsstudiums, das er abbricht, erscheinen rückblickend wie ein Warten auf spätere Freiheiten. Noch Weihnachten 1957 waren Zweifel an Arndts Schwäche für das gleiche Geschlecht aufgekommen. Vater Alfried hatte die Schauspielerin Mady Rahl nach Blühnbach mitgebracht, herzlich, frisch, kess. Von einer angeblichen heimlichen alten Liebe glaubten manche tuscheln zu können. Später stand in einigen Blättern, sie hätte gesagt, Arndt sei »völlig normal im Bett«. Fest steht, Vater Alfried Krupp hat den Verkehr mit Mady Rahl abgebrochen. Angeblich hätte der Vater danach jahrelang nicht mehr mit dem Sohn gesprochen, obschon er ihn oft als Nachfolger vorgestellt haben soll.

Als Arndt Vaters letzten Wunsch erfüllt hatte, die »Alfried Krupp von Bohlen und Halbach-Stiftung« 1967 gegründet und ins Handelsregister eingetragen war, verließ er Essen. Er wählte München, dort Schwabing, später Blühnbach im Salzkammergut, Palm Beach, eine Insel im Golf von Siam ... »Arndt war ein kluger Kopf, ein begabter Junge, aber er hatte eben keine Lust zu arbeiten«, urteilte Beitz. Obendrein war Arndt der Droge Geld verfallen. Mit 16 schrieb er ins Tagebuch, er wisse, welcher Fluch sein bisheriges und künftiges Leben verdüstere: »Es ist der Fluch des Geldes.«

Doch das Geld machte ihm viel Mühe: Einen Rolls Royce Phantom anschaffen, dazu noch einen kleinen Silver Shadow, Yachten bauen lassen, mit denen er die maritime Leidenschaft aller Krupps in den Windschatten stellen konnte, Feste vorbereiten, da einen grünen Smaragd erwerben und überlegen, wer würdig sei, ihn geschenkt zu bekommen, Fantasiekostüme entwerfen, bei Fackelschein eine Trauung mit einem Dressmann zelebrieren, für einen noch Schöneren einen Film finanzieren, aus dem nichts wird, sich mit Stars wie Gina Lollobrigida und Berühmtheiten wie Hildegard Knef umgeben, in Brasilien mit dem Erbteil der Großmutter Ländereien kaufen, und immer wieder mit diesen Ereignissen die Regenbogenpresse beschäftigen bis hin zur Heirat mit einer echten Prinzessin.

Im Februar 1969 war es, als 40 ausgewählte Berichterstatter ins Salzburger Land eilten. Arndt von Bohlen und Halbach heiratete Henriette Prinzessin von Auersperg. Beim Polterabend erklangen auch Peter Kreuders Melodien – »Ich brauche keine Millionen, mir fehlt kein Pfennig zum Glück.« Am Tag danach, 14. Februar 1969, trat wieder ein Engel ins Leben eines Krupp-Sohnes, diesmal kein Totengräber wie bei der Umbettung in Essen, sondern Jakob Engel, der Pfarrer. Arndt, der Hetty auf einer Schiffsreise nach Brasilien kennen gelernt hatte, hatte sie mit der Frage überrascht, ob sie ihn heiraten wolle. Das, was sie anfangs für einen Scherz gehalten hatte, da alle Welt, wie sie sagte, von seinen erotischen Neigungen wisse, was zu Beginn nach Vernunftehe aussah, wurde doch zumindest für ihn zeitweise ein stabilerer Ort. Zwar schaffte sie es nicht, den Schwarm des schrägen Volkes um Arndt zu verscheuchen, doch die Zahl der Jünger zu verringern und mit Prinzessin Soraya, Yves St. Laurent und Schauspieler Jean-Paul Belmondo und anderen eine andere Gesellschaft zu den Partys am Blühnbacher Swimmingpool zu locken.

Doch dies hatte alles nur noch so viel mit Krupp zu tun, wie Arndt von Krupp-Renten sein luxuriöses Leben bestritt und das Anwesen seines Vaters sein eigen nennen konnte. Schloss Blühnbach hatte ihm der Vater vererbt, die Villa Bled Targui in Marrakesch gleichfalls. »Wer die Krupps wirklich kennen lernen wollte, der musste sie in Blühnbach erleben.« Wer konnte das schon, wie Alfrieds Nichte Diana Friz empfiehlt. 1919 hatte Dr. Gustav Krupp das Schloss des österreichischen Erzherzogs Franz Ferdinand gekauft, dessen Ermordung in Sarajewo den Beginn des Ersten Weltkrieges markierte. Wie Ferdinand zuvor gingen dort alle Krupps auf die Jagd. Ferdinand hatte sich unter anderem auch Gämsen zutreiben lassen. In diesem Schloss, die langen Flure mit Gämsköpfen bepflastert, hätten die Krupps »ein ganz normales Familienleben in Trachten und in Dirndln« geführt. »Da trugen wir nie Zivil«, sagt im Jahre 2000 eine Verwandte.

Arndt hoffte, dort ein anderes, vielleicht auch normales Leben

Aristokratische Extravaganz: Arndt von Bohlen und Halbach und seine Frau Henriette Prinzessin von Auersperg mit Wilhelmine Lübke, Ehefrau des damaligen Bundespräsidenten.

führen zu können. Doch inzwischen war er nicht mehr alleiniger Herr seines Geldes. Zwei Millionen Mark sind viel, wenn sie steuerfrei wären. Das Bauen von Yachten und Villen und Finanzbeamte nagten an seinen Millionen. 152 Quadratkilometer mit 17 Zweitausendern und der aufwändigen Forstwirtschaft im Salzburger Land musste er verkaufen. Den Palast in Marrakesch hatte sein Vater von König Hassan II. geschenkt bekommen, der war unverkäuflich. Mit den Schulden kam der Krebs. »Arndt hatte schlimme Schmerzen, aber er klagte nicht«, sagte später seine Frau. Er hat seinen Vater nicht einmal um zehn Jahre überlebt. Doch wie Alfried starb er allein in einem Münchner Klinikum. »Er starb an Mundbodenkrebs«, trat seine Frau Gerüchten entgegen, »er hatte kein Aids.«

In der Schlosskapelle von Blühnbach wurde er beigesetzt. Es war eine katholische Beerdigung. Als wolle er auch zum Schluss noch anders sein als die anderen Krupps, die Protestanten. Die Erbin musste verkaufen. Blühnbach gehört einem amerikanischen Millionär. Dessen Vorfahren wurden mit Öl reich, nun schwimmt der Erbe im Geld.

9. Kleiner Friedrich und sein Onkel Alfie – der Prozess der Nichten und Neffen

Heute sieht er aus, als wäre er der Sohn seines Onkels: die gleiche Stirn, die gleiche Nase, das gleiche Kinn. Das Profil des Neffen – wie dem Onkel aus dem Gesicht geschnitten. Auch Bruder Georg sieht dem Onkel verblüffend ähnlich. Onkel Alfried Krupp von Bohlen und Halbach und Neffe Friedrich waren ein Herz und eine Seele. Da war Friedrich Kleinkind und nannte seinen Onkel »Olle Alfie«. Der Onkel, leidenschaftlicher Fotograf, hat an die 300 Fotos vom kleinen Neffen gemacht. Schokolade und Eis – von Onkel Alfie bekam Friedrich alles. Sogar auf dem Schoß des Cheffahrers durfte der Kleine sitzen, durfte das Lenkrad halten, während der große Onkel seine Freude an der Freude des Knirpses hatte. So oft er konnte, rief Alfried Krupp von B und H bei der Familie seines Bruders Harald an und fragte, ob Friedrich am Nachmittag zum Spielen gebracht werden könne. Als der Onkel starb, war Neffe Friedrich fünf Jahre alt.

Nach dem Tode des Onkels wurde alles anders. Die Firma wurde in die Stiftung umgewandelt, und dort fand sich weder der heranwachsende Junge, noch ein anderes Mitglied seiner Familie wieder. Als er das erkannte, war er 17 Jahre alt. Wenn ihr euch nicht dagegen wehrt, dann werde ich es tun. Sinngemäß hat er das damals seinem Vater Harald und seinem zweiten Onkel, Berthold von Bohlen und Halbach, angekündigt. Der Lieblingsneffe von Alfried Krupp von Bohlen und Halbach beschloss als Heranwachsender, sich das ideologische Erbe seines Urahns Alfred Krupp nicht nehmen zu lassen. Als erwachsener Mann zog er mit seinem Vetter Eckbert vor Gericht.

Der Gegner dort hieß Berthold Beitz. Schneller als erwartet ist Alfried Krupps engster Vertrauter der neue Herr auf dem Hügel geworden. Nach Alfrieds Tod übernimmt er Verantwortung für die Stiftung, und als dessen Testamentsvollstrecker fühlt er sich dem Auftrag seines Firmenchefs verpflichtet. So lange er lebe, hat Beitz bekundet, wolle er dem Kuratorium dieser Stiftung vorstehen. Ihn also, den alten großen Mann von Krupp, von dem selbst manch wichtige Krupp-Größe hinter vorgehaltener Hand vorsichtig flüstert, der wolle wohl als letzter Krupp in die Geschichte eingehen, von dem die Brandt-Witwe Brigitte Seebacher-Brandt meinte, es sei unklar, wo bei Beitz das eigene Ich aufhöre und das geliehene Ich anfange, da Beitzens einziges Ziel sei, der Name Beitz und der Name Krupp flössen ineinander, ihn also sieht Alfrieds Neffe Friedrich und sehen die anderen B und Hs als Gegner. Diana Maria Friz, deren Onkel Alfried Krupp gewesen ist, beschuldigt Beitz sogar des Missbrauchs der Stiftung mit dem Namen ihres Onkels. Er benutze die Krupp-Stiftung und die Verteilung der Stiftungsgelder nicht zur Ehre des Namens Krupp, sondern dazu, den eigenen Namen zu ehren.

1992 geht die Familie vor Gericht. Sie drängt auf Änderung bei der Stiftung. Sie, die »wirkliche« Familie, sei Hüter Kruppschen Gedankengutes und Geistes. Deshalb wollte sie im Kuratorium auch Personen ihrer Wahl sitzen sehen, um so die Rechtsposition wiederzuerlangen, »die ihr von BB genommen« worden sei. Die Familien-Kläger forderten »angemessene Präsenz der Familie«, die sie als »nichtvermögensrechtliche Ansprüche« durchfechten wollten – aus ihrer Sicht die Wahrung der »sozialen Komponente« im Kruppschen Sinne. Dadurch könne verhindert werden, dass sich die Stiftung zu einer »anonymen Funktionärsstiftung unter mehr oder weniger politischem Einfluss« entwickle. Auch um mehr Klarheit über die Ausschüttungspolitik der Stiftung ginge es ihnen. Deshalb sollte die Stiftungssatzung wie folgt geändert werden: Die Familie von Bohlen und Halbach könne die Mehrheit der Mitglieder des Kuratoriums bestimmen.

Im 189. Jahr des Bestehens von Krupp entscheidet das Oberlandesgericht Hamm Anfang November 1999: »Eine solche mittelbare Einflussnahmemöglichkeit ist nach so langer Zeit verwirkt.« Alle Hinweise auf Verträge und Testamente der Vergangenheit ließ das Gericht als Beweis für die Familientradition beim Vererben nicht gelten. Im Gegenteil, die Richter erinnerten an das Testament des Konzerngründers Alfred Krupp von 1882, der nie der Familie, sondern nur einzelnen Verwandten die Unternehmensleitung habe anvertrauen wollen. Der zweite Nacherbe, so hatte Alfred Krupp verfügt, könne frei über das Vermögen verfügen. Dies, so das Gericht, habe nun Alfried Krupp von B und H 1967 mit der Stiftungsgründung getan.

Hatte die Enkelgeneration damals schon verloren? Eckbert, in jenem Jahr 41 Jahre alt, und Dr. Friedrich von Bohlen und Halbach, damals 36 Jahre alt, ließen sich während dieses und der vorangegangenen Urteile keine Enttäuschung anmerken. Sie verhielten sich à la Krupp, besser – wie alle von Bohlen und Halbachs: diszipliniert und beherrscht.

Gegen den endgültigen Hammerspruch Ende des Jahres 2000 half auch nicht die Beurteilung eines Gerichts in einem vorausgegangenen Verfahren: »Das Interesse der Antragsteller wird weitaus überwiegend von ideellen Motiven bestimmt.« Gerade dies betonen alle von Bohlen und Halbachs immer wieder: Geldinteressen trieben ihre Bestrebungen nicht an, in der Stiftung auch mitmischen zu können, die schließlich nicht nur den Namen Krupp trage, sondern vor allem ihren. Als Seniorin des B und H-Clans erlaubt sich als einzige Doerte von Bohlen und Halbach sichtbare Empörung: »Wir sind doch nicht auf Geld aus. Jeder von uns hat seinen gefestigten Platz in der Gesellschaft. Ich bin doch keine arme Frau, die durch so einen Prozess an Geld kommen will. Lächerlich!« Und Alfrieds Nichte Diana Maria Friz sagt: »Wir sind keine geldgierigen Monster.«

Von den B und Hs zählt keiner zur unvermögenden Klasse dieses Landes. Doerte von B und H ist Erbin einer großen Hefefabrik in Wuppertal; ihre Großeltern waren Hersteller eines weltweit gelutschten Bonbons. Friedrichs Vetter Eckbert von Bohlen und Halbach sowie die Familiensprecherin Diana Maria Friz, Tochter der Alfried-Schwester Waldtraut von B und H, machen nicht den Eindruck, zum verarmten Adel zu gehören. Am 9. August 2000 schreibt die Berliner *tageszeitung* unter der Überschrift »Der neue Krupp«: »Biotech statt Eisenbahnen. Für den Wechsel von alter zu neuer Ökonomie steht in Deutschland ein besonderer Name. Nun bringt Friedrich von Bohlen und Halbach seine Firma Lion Bioscience an die Börse.« Dr. Friedrich von Bohlen und Halbach, an der Universität Zürich promovierter Biochemiker mit zusätzlichem Studium der Betriebswirtschaft, ist seinen Ahnen sehr ähnlich: Für seinen Mut, 1997 zusammen mit sechs anderen Wissenschaftlern 4,5 Millionen Mark in eine Firma zu stecken, die Software zum Entschlüsseln von Erbinformationen entwickelt, zeichnete ihn im gleichen Jahr die deutsche Sozialdemokratie (SPD) mit dem ersten Preis ihres »Innovationswettbewerbs« aus. Bereits nach drei Jahren beschäftigte diese Firma 210 Mitarbeiter aus 20 Nationen, anfangs waren es 15. Inzwischen arbeiten Forscher in der ganzen Welt mit dem Handwerks- und Rüstzeug aus der Firma des Krupp-Neffen. Zwar trägt er den Vornamen des Firmengründers Friedrich Krupp, doch hat er wenig mit dem gemein. Was Friedrich Krupp anfasste, missriet ihm, am Ende rann ihm alles durch die Finger. Dem Friedrich am Beginn des 21. Jahrhunderts scheint alles zu gelingen. Ein Vertrag mit den Bayer-Werken über 100 Millionen Dollar beispielsweise spricht dafür, für eine US-Firma liefert der Nachfahre eines Stahlunternehmens die Grundlagen für das Erbgut der Fruchtfliege.

Dr. Friedrich von Bohlen und Halbach hat sich den König des Tierreiches, den Löwen, Lion, als Symbol für seine Firma gewählt. Doch wie der König der Tiere, der sich bekanntlich die meiste Zeit dösend auf die faule Bärenhaut legt, benimmt sich Alfried Krupps Neffe scheinbar nicht. Der Mann ist ein Arbeitstier. Seine Arbeitswoche hätte 100 Stunden, sagte er im Frühjahr 2000 einem Journalisten. Da ist er seinem Ururahn Alfred Krupp verwandt, der alle Berufe in seinem Werk ausfüllte, wenig schlief, selbst nachts unter der Bettdecke im Dunkeln Arbeitsanweisungen und Arbeitsmethoden für

Die Erfolgsgeschichte geht weiter, der Krupp-Nachfahre im 21. Jahrhundert: Die Gesichtszüge erinnern an Arndt, die Haltung an den legendären Alfred: Friedrich von Bohlen und Halbach, Gründer der Lion Bioscience AG.

den kommenden Tag notierte. Friedrich, dreifacher Vater, der abends den Kindern gehört, ehemaliger Hockey-Spieler, natürlich im Krupp-Club Etuf Essen, Jogger, Tischfußballer und Fußballfan, ist, wenn die Rede auf Krupp kommt, wie die meisten anderen von Bohlen und Halbachs auch, recht bürgerlich. Es scheint, als sei dann bei allen Understatement angesagt. Auf dem Geld seiner Familie wolle er sich nicht ausruhen oder im Mittelmeer segeln, sondern er wolle anderen vom selbst erlebten Glück etwas weitergeben. Falschen Schein lehne er ab, gestand er Anfang Mai 2000 der *Bild am Sonntag*, beispielsweise Einstecktücher, Zweireiher, Holzvertäfelungen. Bewusst oder unbewusst diese Beispiele? Großvater Gustav, der auf Äußerlichkeiten größten Wert gelegt hatte, war es doch, der wegen des kleinsten Fältchens im Einstecktüchel noch einmal das Bügelzimmer bemühte. Der Zweireiher? Die Väter- und Onkelgeneration, vor allem jedoch die Krupp-Direktoren und Generalbevollmächtigter Beitz sind exemplarische Vertreter einer Zweireihergesellschaft – mit Einstecktuch. Und Holzvertäfelung? Villa Hügel, vom Erbauer Alfred Krupp in Stein und Stahl gedacht und gemacht, ist durch Friedrichs Urgroßvater Friedrich Alfred nahezu zum Inbegriff der Holzvertäfelung und hölzernen Treppen geworden. »Dieses ganze Krupp-Getue« nerve ihn, klagte er laut dieser Sonntagszeitung. Und der *taz* sagt er: »Ein Cinemaxx ist wichtiger als Bayreuth, Jim Morrison wirkt stärker emotionalisierend als Mozart« – und der Redakteur ergänzt folgerichtig: »Und die Krupps sind auch nicht mehr die, die sie mal waren.« Seine Mitarbeiter nennen ihn amerikanisch und modern »Friedrich«.

Bei Vetter Eckbert klingt's ähnlich. Er ist Volkswirt. Es ist, als setzten die Krupp-Nachfahren der von Bohlen und Halbach-Linie eine gewisse Krupp-Tradition fort: Anfangs waren es Händler, Geldverleiher, später Immobilienbesitzer, Kaufleute, Unternehmer, alles Männer und Frauen, deren Denken dem Vermehren von Geld gewidmet war. »Die alten Patrizierfamilien waren auf Erhaltung und Mehrung ihres ererbten Vermögens bedacht«, berichtet kenntnisreich der Kruppsche Werks- und Familienarchivar Ernst Schröder 1968.

»… sie verstanden sehr wohl, ihre Kapitalien gewinnbringend in Haus- und Grundbesitz anzulegen.« Der Diplomvolkswirt Eckbert von Bohlen und Halbach, Vorsitzender des Familienrates, ist Geschäftsführer der familieneigenen Holding-Gesellschaft der Bohlen-Industrie GmbH mit Beteiligungen im In- und Ausland. Einmal in der Woche kommt der diplomierte Volkswirt vom Münchner Wohnsitz zur Erledigung seiner und seiner großen Familie Geschäfte ins Essener Büro.

Ansonsten ist er Kosmopolit. Er ist sowohl Mitglied des Förderkreises des Hauses der Kunst in München wie des Guggenheim Museums in New York. Vornehme Kruppsche Zurückhaltung jedoch legt der Krupp-Neffe ab, kommt die Rede auf sein Geld, beziehungsweise auf das der von Bohlen. Sie, und damit meint er den Familienrat 2000, hätten nichts verjubelt wie andere. Keine Ferienhäuser im Tessin, keine Yachten im Mittelmeer. Die Vätergeneration habe etwas aufgebaut, betont er vehement, das sie nun bewahren und ausbauen. »Wir folgen in diesem Sinne nach. Gewinne reinvestieren wir, auch mit dem Risiko des Verlustes.«

Auch Alfried Krupps Nichte Diana Maria Friz, in Argentinien aufgewachsen, vier Sprachen wie ihre Muttersprache sprechend, als Unternehmensberaterin zwischen Südamerika und Europa, ist gut im Geschäft. Sie, charmant wie geistreich, belesen und klug, wort- und schreibgewandt, wurde zur Sprecherin des Familienrates der von Bohlen und Halbachs bestimmt. Als Verwalterin der Güter ihrer Mutter Waldtraut, Schwester von Alfried Krupp und einzige noch Lebende der acht Kinder von Bertha und Gustav Krupp von Bohlen und Halbach, viele Monate des Jahres in Argentinien arbeitend, ehemalige CDU-Ratsfrau von Aroldsen, ist beredtes Sprachrohr der von Bohlen. Als Schriftstellerin schöpfte sie aus Insiderwissen als Alfried Krupps Nichte, sicherlich auch gestärkt durch Erinnerungen an kindliche Spiele mit den anderen von Bohlen-Kindern, beispielsweise als Gespenster im weitläufigen, unheimlichen Dachgewölbe von Villa Hügel, wenn unten die Erwachsenen der Familie rund um Onkel Alfried feierten. Ihr Buch *Die Stahlgiganten: Alfried Krupp und*

Berthold Beitz erregte nicht nur Aufsehen, sondern auch Ärger. Sowohl mit ihrem Onkel Alfried wie mit dessen Majordomus Beitz geht sie ins Gericht. Im Prozessverlauf wurde sie gefragte Interviewpartnerin.

Friz berichtet unter anderem von einem Strich, dem weder in der Presse noch während des Prozesses größere Bedeutung zugemessen worden ist. Er ist der Anlass zu den Prozessen gewesen, er ist es wohl, der das Ende der Familie von Bohlen und Halbach im Unternehmen Fried. Krupp und der nachfolgenden Stiftung bestimmt hat. Die Klage der Familie richtete sich nicht nur gegen Berthold Beitz, sondern gegen die drei Testamentsvollstrecker: Berthold Beitz, Vorsitzender des Kuratoriums der Stiftung, Prof. Dr. Paul Mikat, Kuratoriumsmitglied, und Kurt Schürmann, langjähriger Notar Alfried Krupps. Die Beklagten betonen, Alfried Krupp von B und H habe es nach dem Erbverzicht seines Sohnes Arndt bei der testamentarischen Errichtung der Stiftung ausdrücklich abgelehnt, der Familie einen Anspruch auf einen Sitz im Kuratorium einzuräumen. Paul Mikat, lange Justitiar der CDU-Bundestagsfraktion, ehemaliger Kultusminister von Nordrhein-Westfalen, erklärt den Vorgang so: »In der Tat haben Herr Beitz und ich trotz der ablehnenden Haltung des Firmeninhabers eine Formulierung vorgesehen, nach der jeweils ein Familienmitglied dem Kuratorium angehören sollte. Wir haben den Entwurf Herrn von Bohlen vorgelegt. Der nahm einen Stift und strich den Passus durch.« Der Kruppsche Familienarchivar i. R. Ernst Schröder beschreibt diese Familiengeschichte zwar kurz, doch grundlegend anders: »In den sechziger Jahren bestimmte er (Alfried Krupp) im Einvernehmen mit seiner Familie testamentarisch die zukünftige Gestalt der Firma.« Dies war nicht der Fall.

Diana Maria Friz hat ein gutes Gedächtnis. 1988 hatte sie den Bochumer Rechtsprofessor Mikat für ihr Krupp-und-Beitz-Buch befragt. Oktober 1993, als der Krupp-Prozess begann, erklärt sie, sie erinnere sich genau, dass Mikat ihr keineswegs gesagt habe, er sei dabei gewesen, als Alfried Krupp »den Strich durch den Passus gemacht hat«. Mikat habe ihr nur von diesem Vorgang erzählt. »Den

Strich gibt es, das ist richtig«, resümiert Krupp-Nichte Diana Maria Friz, doch wer ihn gemacht hat, wisse keiner.

Dieser Strich, besser: seine Folgen, waren der eigentliche Streitpunkt des Prozesses. Wer ihn auch immer gemacht hat, er hat damit die Familie weggestrichen. Warum keine gütliche Einigung? Kein Gespräch zwischen Familienrat und Kuratoriumsvorsitzendem Beitz? »Er hat sich einem vernünftigen Gespräch über unser Anliegen stets versagt«, sagt Diana Maria Friz. Friedrich von Bohlen und Halbach, jüngster Familienkläger, hat's versucht. Beim ersten Mal wurde er vertröstet. Beim zweiten Mal? »Mein Sohn würde es vornehmer ausdrücken«, sagt Doerte von Bohlen und Halbach, »er hat ihn rausgeschmissen.«

Berthold von Bohlen und Halbach aber, Alfried Krupps Bruder, wurde von Beitz empfangen. Welche Beweggründe es gewesen sind, bereits ein Jahr nach Errichtung der gemeinnützigen Stiftung 1968 auf eine Vertretung der Familie im Kuratorium zu pochen, ist nach dessen Tode 1987 kaum noch zu ergründen. Vielleicht weil sein Bruder Alfried ursprünglich ihn zum Erben hatte bestimmen und den Sohn Arndt aufs Pflichtteil hatte setzen wollen? Berthold von Bohlen verlangte nicht nur Sitz und Stimme, er forderte auch Entschädigung aus dem Vermögen der Firma zugunsten der Familie: 200 Millionen Mark. Beitz lehnte ab. Harald, Irmgard, Waldtraut und Berthold, die Geschwister von Alfried Krupp von Bohlen und Halbach, hatten 1952 durch alliierte Anordnung nach dem so genannten Entflechtungsplan des »Mehlemer Vertrages« jeweils 11 Millionen Mark als Abfindung steuerfrei erhalten, auch zwei Enkelkinder Berthas wurden abgefunden. 1952 für die Firma ein gewaltiger Batzen.

Den von Bohlen-Kindern gaben diese Millionen ausreichend Möglichkeiten, eigene Existenzen zu sichern. Irmgard, als Vierte 1912 geboren und 1998 gestorben, wurde mit sechs Kindern ihrer fruchtbaren Mutter am ähnlichsten. Die praktisch veranlagte Frau war mit Leib und Seele Bäuerin. In erster Ehe Baronin Raitz von Frentz bewirtschaftete sie in der Nähe von Nordhorn ein Gut. Als Bertha Krupps Fahrer sie dort abholen sollte, fragte er eine »kleine, etwas vollschlanke Frau mit Gummistiefeln«, die »mit Gabel und Schubkarre auf dem Misthaufen« stand, wo er die Baronin fände. Er stand vor ihr. Da sie später als Landwirtin bei München gelebt hatte, solle ihre Grabstelle, so wünschten Verwandte, ein schlichtes bayerisches Holzkreuz sein. Waldtraut, 1920 geboren, ist die noch einzig lebende Krupp-Nachfahrin. Die Landbesitzerin in Argentinien wird von Tochter Diana Maria Friz unterstützt.

Die beiden Söhne Berthold, 1913 geboren und 1987 gestorben, und Harald, 1916 geboren und 1984 gestorben, waren wirtschaftlich verbunden. Noch während Harald in russischer Kriegsgefangenschaft war, wurden ihre industriellen Vermögensinteressen in der Bohlen Industrie AG zusammengefasst, die sie nach der Rückkehr von Harald 1955 gemeinsam leiteten. Deren Nachfolgefirmen werden als GmbH von Berthold-Sohn Eckbert geführt. Berthold stand seinem Bruder Alfried in der Zeit nach 1945 näher als andere Geschwister. Der Diplomchemiker, ausgebildet in München und Oxford mit wissenschaftlicher Arbeit in München, vertrat während Alfrieds Haftzeit im Auftrag seiner Mutter Bertha Familie und Firma gegenüber den Alliierten. Die Mutter hatte ihm Generalvollmacht gegeben. Äußerungen der Krupp-Nichte Friz lassen zwischen den Zeilen lesen: Ob Alfried »alle Versuche, die ihm und der Firma helfen sollten, auch richtig gewertet hat, darf bezweifelt werden.« Mutter Bertha hatte 1950 eine Woche nach dem Tod ihres Mannes und während der Haftzeit des Sohnes versucht, wieder an das durch sie 1943 an Alfried abgetretene Vermögen zu kommen, es sollte ihr und den anderen Kindern zugesprochen werden. Alfried Krupp hat später nie mit seinen Verwandten darüber gesprochen. Nichte Friz berichtet, Bruder Berthold habe bis zum Tode darunter gelitten, dass Alfried, sein Bruder, seine Rolle während der Haftzeit nie gewürdigt habe.

Berthold hatte von der Verhaftung seines Bruders zunächst nicht erfahren. Als er suchend durch das zerstörte Essen ging, drohte ihm ein amerikanischer Offizier den Erschießungstod an, wenn er »nach Sonnenuntergang noch innerhalb der Stadtgrenzen angetroffen«

werde. Zur Begründung sagte der US-Offizier, er sei ein Krupp. Berthold antwortete: »Ich heiße von Bohlen und Halbach.« Der Amerikaner tippte von Bohlen auf die Brust: »Sie sind ein Krupp, Krupp, Krupp.« Auch Freiherr von Wilmowsky, mit Krupp-Tochter Barbara verheiratet, musste sich zusammen mit Berthold verstecken, weil auch ihm als einem Krupp das Erschießungskommando drohte. Harald von Bohlen, bereits im Entlassungslager von Frankfurt/Oder, litt schmerzlich darunter, als Krupp erkannt zu werden. Ein Freund, dem er vertraut hatte, hatte ihn als einen Krupp-Verwandten verraten. Die Folge: Kriegsgefangenschaft in Russland bis 1955.

Berthold bemühte sich um die Verteidigung des Bruders und der Krupp-Direktoren, gründete dazu einen Fonds, hatte Erfolg bei der Freigabe des Privatvermögens seiner Mutter, Teilerfolg beim Stopp der Demontage der Krupp-Fabriken. Die eidesstattlichen medizinischen Erklärungen, die zur Untersuchung von Dr. Gustav Krupp von Bohlen und Halbach führten und mit dem Attest, »... dass der Invalide an einer altersbedingten Gehirnerweichung leidet ..., dass er nie wieder in der körperlichen oder geistigen Verfassung sein wird, um vor dem Internationalen Militärgerichtshof erscheinen zu können«, die Berthold erwirkt hatte, führten letztendlich zur Anklage des Bruders Alfried und dessen sechsjähriger Haft.

Als Berthold Kuratoriumsvertretung und 200 Millionen verlangte, sei er, Beitz, bereit gewesen, Berthold von Bohlen einen Sitz einzuräumen, einen Sitz für die Familie jedoch nicht. So jedenfalls berichtete Berthold es dem Korrespondenten der Wirtschaftszeitung *Handelsblatt*, Heiner Radzio. Also hat Alfried Krupp ausdrücklich einen Familiensitz im Kuratorium abgelehnt? Und Beitz hat einen für Berthold doch befürwortet? Ausweichend meinte dazu Beitz im November 1995, dies sei kein Widerspruch: »Das war der Versuch eines Entgegenkommens, eine persönliche Teilhabe zu erreichen. Ich war damals der Meinung: Wenn das Kuratorium damit einverstanden ist, kann Berthold von Bohlen an den Sitzungen teilnehmen, auch wenn man einen Sitz nicht in der Stiftungssatzung verankern kann. Ich bin Testamentsvollstrecker, aber kein Testamentsveränderer.«

Zu Beginn des Prozesses schien es um Riesensummen zu gehen. Am 12. Oktober 1993 titelte die *Bild*: »1 Milliarde! Krupp-Enkel verklagen Beitz«. Die für den gesamten Clan klagenden Neffen beantragten bei Gericht, den Streitwert auf 2 Millionen Mark festzulegen. Beitz und die beklagte Stiftung widersprachen. Das Landgericht Essen blieb bei 1 Milliarde als Streitwert. Damit wäre der Prozess ad absurdum geführt worden: Bei einer Niederlage hätten die Kläger 35 Millionen Mark Gerichtskosten zahlen müssen.

Das Verfahren ging an das Bundesverfassungsgericht. Unterstützt vom CDU-Politiker und Rechtsprofessor Rupert Scholz argumentierten Alfrieds Neffen, durch diese hohe Summe sei ihnen der Rechtsweg versperrt. Es brachte keinen Erfolg. Als sie ihre Forderungen zurückschraubten, statt einer Mehrheit im Kuratorium nur drei Sitze einfordern wollten, womit ein beherrschender Einfluss auf das Unternehmen ausgeschlossen wurde, wurde der Streitwert im Juni 1997 auf 2 Millionen Mark heruntergesetzt. Gerade noch rechtzeitig: Im Juli 1997, 30 Jahre nach dem Tode ihres Onkels Alfried, wären alle Ansprüche der Neffen Friedrich, Eckbert und der gesamten B und Hs verjährt gewesen.

Finanzielle Interessen, versichert die Familie, spielten keine Rolle beim Verlangen, im Kuratorium mitzugestalten, sodass – beispielsweise auch nach Beitz – die über fünf Generationen entwickelte Familientradition Gewicht zurückerhielte. Doch wären sie im Revisionsprozess erfolgreich gewesen, wäre ihnen nicht automatisch wirtschaftliche Macht zugefallen? Hätten sie nicht praktisch in Leitungsfunktionen des Konzernes gestanden, der seit dem Tode des letzten Firmeninhabers 1967 nicht mehr als Familienunternehmen in Erscheinung getreten ist? Mit einem Kapitalanteil von knapp über 50 Prozent des Unternehmens verfügte die Stiftung 1992 über die Mehrheit der Hauptversammlung, konnte entscheidend die Zusammensetzung von Aufsichtsrat und Vorstand mitbestimmen. Auch nach der Fusion zu ThyssenKrupp bleibt die Stiftung größter Einzelaktionär – mit 17,36 Prozent.

Den daraus möglicherweise entstehenden Vorwurf, sie wollten die

Firma personell erobern, bezeichnet Diana M. Friz als absurd. Sie bewege die Frage, wenn Beitz nicht mehr sei, wer dann in der Stiftung bestimme? Nur Funktionäre? Eckbert von Bohlen sagt, fünf Generationen lang habe ein Familien-Mitglied an der Unternehmensspitze gestanden, »diese Verbindung« müsse gewahrt bleiben. Eine »angemessene Vertretung« der Familie wäre »Symbol für die Kontinuität der Werte gewesen, für die der Name Krupp immer stand«. Beitz dagegen: »Ich bin der letzte, der den Namen Krupp hochhält. Den Einfluss, den mir Alfried Krupp zugedacht hat, habe ich aus innerer Überzeugung dazu benutzt, dass der Name Krupp überlebensfähig blieb. Wer anderes anstrebt, bekommt mit mir Ärger.«

Die Familienkläger sahen das anders. Der Ausschluss der Familie sei ein Verstoß gegen »Treu und Glauben«. Aus der bald zwei Jahrhunderte währenden Familiengeschichte wollen sie ihr moralisches Recht zur Mitbestimmung abgeleitet sehen. Trotz anerzogener Zurückhaltung ist Empörung herauszuhören, wenn sie sagen, es könne nicht sein, dass Beitz »wie ein Erbe allein bestimmt«. Und – Verwandtschaft hin, Verwandtschaft her – sie griffen auch ihren Onkel Alfried Krupp an, der »angesichts der testamentarischen Verfügung seiner Eltern, der mit seiner Mutter geschlossenen Erbverträge und der Satzung des Familienunternehmens nicht befugt war, an eine fremde Stiftung, an deren Verwaltung die Familie nicht beteiligt ist, das im Unternehmen gebundene Vermögen zu vererben«. Tatsächlich hatte Dr. Gustav Krupp von Bohlen und Halbach im Dezember 1943 erklärt: »Meine Frau, die mir in 37 Jahren eine nimmermüde Helferin und Mitarbeiterin war, und ich selbst werden als Mitglieder des Familienrates auch fernerhin unserem Sohn mit Rat und Tat zur Seite stehen.« Auf diesen »Familienrat« berufen sich die Familienkläger.

In den sechziger Jahren des 20. Jahrhunderts hatte die Familie Helmut Coing beauftragt, ihren Fall zu prüfen: Ex-Rektor der Frankfurter Universität, Herausgeber von Standardwerken zum Erbrecht, renommierter deutscher Rechtsgelehrter. 1991 kommt Coing in einem Gutachten zum Schluss, »dass der Familie Krupp nach Treu und Glauben ein Anspruch auf Beteiligung von Familienmitgliedern an der Leitung der von Alfried Krupp gegründeten Stiftung zusteht.« Beitz hält dagegen, es gebe keine Familie Krupp mehr. In einem *Spiegel*-Interview im November 1995 sagte er: »... es gibt nur noch eine Familie von Bohlen und Halbach. Sein Sohn Arndt hieß auch schon Arndt von Bohlen und Halbach, führte also nicht den Namen Krupp. Der Name Krupp mit Bezug auf die Familie Krupp ist mit Alfrieds Tod erloschen.« Er spricht den Klägern das Recht ab, sich in einem »Kruppschen Familienrat« des Namens Krupp zu bedienen: »Frau Friz darf den Familiennamen Krupp nicht führen. Ihre Mutter ist eine geborene von Bohlen und Halbach. Was soll denn ein Kruppscher Familienrat, wenn es die Familie Krupp seit Alfrieds Tod nicht mehr gibt?«

Rechtsprofessor Coing jedoch berief sich gerade auf Krupp- und Familiengeschichte. 1943, als Alfried Alleininhaber der Firma geworden sei, habe die Familie eine starke Stellung gehabt. Ein vierköpfiger Familienrat wurde eingerichtet und fungierte als Aufsichtsrat. Aufgrund dieser Tatsache hätte Alfried Krupp, als er seine Stiftung zu seiner Erbin machte, zugleich der Familie Einfluss verschaffen müssen. Coings Argumente beruhen auf einem preußischen Gesetz von 1930. Danach heißt es, wenn Vermögen dieser Art einer Stiftung übertragen würden, sei bei der Satzung »auf die Rechte und Interessen der Familienmitglieder tunlichst Rücksicht zu nehmen«. Wenn es nach Coing ginge, hätte Alfried Krupp ein anfechtbares Testament verfasst. Der »letzte« Krupp sei nicht legitimiert gewesen, das Kuratorium seiner Stiftung Dritten zu überlassen; die Mehrheit der Sitze des Kuratoriums hätte von Familienmitgliedern besetzt werden müssen.

Ab 1943 war der Familienrat »Interessenvertretung gegenüber dem Alleininhaber mit auch aufsichtsratähnlichen Funktionen«. Krieg- und Nachkriegswirren hatten dies wohl verschüttet. Mit Prozess-Beginn Ende des 20. Jahrhunderts ist der »Familienrat des Familienunternehmens Fried. Krupp« wieder »rekonstituiert« worden. Doch ein Familien-Comeback in der Firma hat er nicht erwirkt. Ende 1999 erwies sich des Onkels Testament hart wie Krupp-Stahl. Der Gang zum Bundesgerichtshof blieb der klagenden »Familie« offen. Doch auch dieser entschied im Streit von Halbach gegen Krupp-Stiftung zugunsten der Stiftung: Kein Mitspracherecht im Stiftungskuratorium für die Familie. Acht Jahre lang hatte der Streit gedauert, der auch Einsichten in das gewährte, was der *Spiegel* so beschrieb: »Bei dem Prozess geht es um Einfluss und Prestige, um Familienehre und verletzte Eitelkeit – und um ein gehöriges Stück deutscher Industriegeschichte.«

Familie und Werksfamilie – Corporate Identity vorweggenommen

Wonach in der Gegenwart Unternehmen streben, deshalb Mitarbeiter zu Schulungen schicken, so genannte Trainer mit Angestellten Rollenspiele veranstalten, es in Firmenzeitschriften wieder und wieder beschwören, Werbeagenturen dazu mit Konzepten beauftragen – Alfred Krupp hatte es in der zweiten Hälfte des 19. Jahrhunderts vorweggenommen: *Corporate Identity*, die Identifizierung des Mitarbeiters mit dem Unternehmen. Intuitiv war der sonst politisch reaktionäre Fabrikherr vorausschauend modern. Mit dem Bewusstsein Kruppscher Arbeiter, ein Kruppianer zu sein, ist neben und mit der Familie Krupp die Werksfamilie entstanden. Mit seinen Sozialleistungen, vor allem mit dem Bau von Werkswohnungen, hat Alfred Krupp im 19. Jahrhundert, wie er freimütig bekennt, die Stammbelegschaft an das Werk, besser: an sich »gekettet«. Alfred Krupp wollte »treue Arbeiter haben, die dankbar im Herzen und in der Tat dafür sind, dass wir ihnen Brot bieten.« 1871 schrieb er: »Dagegen soll aber niemand wagen, gegen ein wohlhabendes Regiment sich zu erheben.« So ging es Kruppschen Arbeitern in den folgenden Generationen besser als anderen Arbeitnehmern. Eine Erklärung für die Magie dieses Namens?

Eine andere liegt in der Identifizierung der Familienmitglieder mit dem Werk und mit den Kruppianern. Als Alfried Krupp von Bohlen und Halbach am 12. März 1953 zum ersten Mal nach seiner Haftentlassung die Krupp-Werke betrat, berichteten die Zeitungen am nächsten Tag unter anderem: »Vor allem aber werde er die Tradition des Hauses Krupp fortsetzen, die stets auf den technischen, wirtschaftlichen Fortschritt hinausging und sich nicht zum Wenigsten auf soziale Leistungen stützte. Hier werde seine Frau der Übung folgen, dass die Frauen des Hauses Krupp in besonderer Weise den sozialen Aufgaben des Werkes dienten.« Alfried Krupp und die Zeitungen hatten sich getäuscht. Seine zweite Frau entsprach nicht dem von Krupp gepflegten bürgerlichen Ideal – der Mann führt das Geschäft, die Frau ist Mutter und tut gute Werke. Vera Krupp stand der Sinn nach Partys und gesellschaftlicher Repräsentation, nach einer Schiffstaufe vielleicht, doch kaum nach Besuchen invalider Kruppianer. Sie ist dieser sozialen Übung nicht gefolgt. Doch gerade in dieser sozialen Übung durch die Frauen der Familie ist etwas von der Magie des Namens Krupp zu finden. Vor allem Margarethe Krupp, die lange Zeit von Alfred abgelehnte Schwiegertochter, und deren Tochter Bertha Krupp, der letzten dieses Namens, sind dieser »sozialen Übung« gerne nachgekommen und haben sie nicht nur etwa als Pflicht empfunden. Von Margarethe Krupp gibt es unzählige Zeugnisse, dass sie all ihr Tun danach ausrichtete, ob es auch anderen nütze. Erst im hohen Alter gestattete sie sich Reisen. Ihre Tochter Bertha, die reiche Erbin von Fabrik und Vermögen, folgte ihr nach, wurde Stifterin gemeinnütziger Einrichtungen. Mutter und Tochter wurden von Kruppianern verehrt. Ein weiteres Glied der Kette.

Begonnen hat alles mit dem Urkrupp Alfred. Danach ist alles Folge seines seltsamen, wahnwitzigen Genies. Darin sind sich alle, auch Kritiker, einig: Er war der kühnste Pionier der Industrialisierung des 19. Jahrhunderts. Schon zu Beginn bewunderten ihn seine Arbeiter, am Ende vergötterten ihn viele. Legenden leben lange. Mit dieser Geschichte fing es an. Die bürgerliche Revolution 1848 ging an Essen nahezu spurlos vorüber, an Krupp nicht. Kein Auftrag, die Bergwerke zahlten nicht, andere Unternehmen auch nicht. Die Kasse war leer. Alfred Krupp rief die 74 Arbeiter zusammen und erklärte, er erwarte, dass sie sich von den Unruhen nicht anstecken ließen. Sie sollten weiter zur Fabrik kommen. Der Lohn werde bezahlt. Alfred Krupp ließ das Familiensilber einschmelzen, verkaufte es an die Münze in Düsseldorf, und alle erhielten ihren Lohn. Das spricht sich herum, das bleibt im Gedächtnis. Im Sommer kommt der rettende Auftrag zur Einrichtung einer Besteckfabrik in Russland. Obwohl kurz vor dem Bankrott, der Chef hat durchgehalten!

Dieser Geist, einer für alle, alle für einen, verstärkte sich immer mehr, von der allgemeinen nationalen Stimmung des ausgehenden 19. Jahrhunderts noch beflügelt, sodass zur Wende vom 19. zum 20. Jahrhundert Krupp und Kruppianer wie Staat im Staate, Nation in der Nation wurden. Hinzu kam der Stolz, nicht nur Stahl, sondern den besten Stahl zu machen, nämlich Krupp-Stahl. Im Abstand von über 100 Jahren ist es schwer, diese weite Bevölkerungskreise ergreifende Stimmungslage verständlich zu machen. Die Literatur kann helfen. 1917 erschien von Rudolf Herzog ein knapp verkappter Schlüsselroman über die »stolzen« Krupps: *Die Stoltenkamps und ihre Frauen*. Im Roman ist Stoltenkamp Krupp. Darin findet sich gegen Ende dieser Satz: »... die Stoltenkamps schufen die Familie der Werksangehörigen, und nun ist ganz Deutschland eine solche Familie geworden ... Und das Vaterland ist unser aller Mutter.« Keine 100 000, nein Auflagen in mehreren Millionen. Selbst die sozialdemokratischen Blätter lobten diesen Industrieroman, den der Germanist Dirk Hallenberger im Jahr 2000 einen »Höhepunkt nationaler Ausrichtung« nennt. Die Ausleihzahlen der Bibliotheken nach diesem Krupp-Roman waren gigantisch. Es war, als wollten sich alle durch das Lesen dieses Romans bestätigt fühlen. »Kopf und Schöpfer dieser arbeitsfreudigen Familie ist Krupp«, sagt Germanist Hallenberger, »Unternehmer der Gussstahlbranche, patriarchialische Verkörperung des Herr-im-Hause-Typus, dem nichts mehr am Herzen liegt als sein Werk, die Entwicklung des besten Gussstahls in Europa bis hin zur optimalen Kriegseinsatzreife und die Entwicklung seiner Firma als streng hierarchisch, aber gleichsam werksgemeinschaftlich organisiertem Familienunternehmen: Arbeiter und Herren müssen ein Fleisch und Bein sein.«

In diesem Roman wird vieles von jener deutschen Grundstimmung deutlich, die zur Magie des Namens Krupp beigetragen hat. Als Friedrich Krupp Anfang des 19. Jahrhunderts begann, war englischer

Stahl beherrschend. »Deutschen Stahl« wollte Krupp von Anfang an herstellen. In dem Roman von 1917, mitten im Ersten Weltkrieg erschienen, werden diese alten Ressentiments zum Leben erweckt, der deutsche Stahl wird zum Sieger über englischen Stahl erhoben. Wie eine präfaschistische Gleichung heißt es: »Deutschland wird dort sein, wo sein Stahl ist, und sein Stahl wird dort sein, wo Deutschland ist.« Vielleicht ein weiteres Glied in der Kette der Erklärungen: Deutscher Stahl = Krupp-Stahl. Es war nie die Rede nur vom Stahl. Was mit Härte und Kampf verbunden worden ist, was als unzerstörbar gegolten hat, das hatte immer das Siegel Krupp-Stahl, in Deutschland und im Ausland.

Bei Königgrätz schossen 1866 die Österreicher ebenso wie die Preußen mit Krupp-Kanonen. Im Krieg 1870 blieb den deutschen Soldaten der Tod aus Kruppschen Rohren nur erspart, weil der französische Napoleon III. die Angebote der deutschen Firma Krupp nicht erhört hatte. Bei den Seeschlachten vor dem Skagerrak 1916 waren die Panzerplatten der englischen Schiffe Kruppscher Herkunft. Auch die Zünder von 123 Millionen Granaten, die bei Vickers-Armstrong im Ersten Weltkrieg für die englische Armee hergestellt worden sind, waren Kruppsche Wertarbeit. Zum Tode Gustav Krupps hat dies eine deutsche Zeitung so aufgelistet. Es ist nahezu ein gespenstischer Treppenwitz der Geschichte, dass Mitte der dreißiger Jahre des 20. Jahrhunderts, noch ehe die Waffenproduktion auf Hitlers Wunsch bei Krupp begonnen hatte, Krupp bereits von Anfragen aus dem Ausland überschwemmt worden ist, wann Waffen geliefert werden könnten. Allein das Gerücht genügte, um beim Waffenspezialisten anzufragen.

Eine schwere Last, Erbe einer Kanonenvergangenheit zu sein. Alfried Krupp von Bohlen und Halbach setzte ohne Frau selbst die Tradition der beschriebenen »sozialen Übung« fort. Waffen wurden zu seiner Zeit nicht produziert. Zu seinen Lebzeiten deutet sich an, dass es mit Krupp anders werden würde. Nach seinem Tode und der durch ihn gewollten Umwandlung in eine gemeinnützige Stiftung, hält sich nur noch die Faszination dieses Namens. Krupp ist nicht mehr, was es war. Zigtausende Arbeiter? Etwa 5 000 Beschäftigte gibt es bei ThyssenKrupp heute in Essen.

Der Tod von Alfried Krupp von Bohlen und Halbach 1967 bedeutet mehr als das Ende der Geschichte einer Familie. Mit ihm, mit dem der Name Krupp gestorben ist, ist eine lange und erfolgreiche Epoche des Kapitalismus zu Ende gegangen. In der waren Firmen- und Familienname gleich. Die Firma, das Werk, der Konzern, wie auch immer das Unternehmen geartet war und genannt worden ist, gehörte einer Person. Eines einzigen Menschen Wort und Wille galt. Der Patriarchen-Kapitalismus war mit Alfried von Bohlen und Halbach, der sich Krupp nennen durfte und als Firmenchef Krupp nennen musste, beerdigt worden. »Der Chef« oder »der Alte«, das gehörte spätestens nach Alfrieds Grablegung der Vergangenheit an. Die Kaste der Manager, längst etabliert, wurde nicht länger durch das einsame Unternehmerrelikt Alfried Krupp von Bohlen und Halbach irritiert.

Wie immer in den ersten Augusttagen liegt eine rote Rose auf Alfrieds Grabplatte. Wie immer im Gedächtnismonat seiner Beerdigung gibt es Kränze. Einer ist bunt und vielfältig, symbolisch für die Stiftung in Alfrieds Namen. Ein zweiter, nah am Grab, ist in den Farben der Stadt Essen aus blauen Usambaraveilchen und gelben Rosen gesteckt; auf dessen Schleife steht: Else und Berthold Beitz. Der dritte, etwas abseits und farblich bescheidener, stammt vom Vorstand ThyssenKrupp. Das Gras um Alfrieds Grab ist abgetretener als das ringsum. Einige Meter weiter wächst es frischer. Hinter dem preußischen Adlermonster auf ihres Mannes Grabmonument haben sie die sympathischste und edelmütigste Krupp unter einem gewaltigen schwarzen Marmorblock in die Erde gesenkt: Margarethe Freiin von Ende, verehelichte Krupp. Auf ihrem Sarkophag ist ein Motto eingemeißelt worden, unter dem das Leben der meisten Krupps gestanden hat: »Das höchste Gut des Menschen ist die Pflicht.« Manchen ist dies zur Last geworden.

Zeittafel

1587
Im Aufnahmebuch der Kaufmannsgilde von Essen steht zum ersten Mal der Name Arnold (oder Arndt) Kruipe. Später nennt ein Ratsverzeichnis einen Arnt Croupen. Er wird Ratsmitglied und Rentmeister. Der aus den Niederlanden eingewanderte Kaufmann ist Stammvater der nachfolgenden zehn Krupp-Generationen, von denen anfangs viele städtische Ämter bekleidet wurden: Georg Krupp (1590–1623), Matthias Krupp (1621–1673), Arnold Krupp (1662–1734), Friedrich Jodocus Krupp (1706–1757), Peter Friedrich Wilhelm Krupp (1753–1785), Friedrich Krupp (1787–1826), Alfred Krupp (1812–1887), Friedrich Alfred Krupp (1854–1902), Bertha Krupp und Dr. Gustav Krupp von Bohlen und Halbach (1886–1957/1870–1950), Alfried Krupp von Bohlen und Halbach (1907–1967).

1707
Im Prozess gegen Georg Diederich Krupp wird dem Stadtsekretär unter anderem vorgeworfen, Stadtsiegel und -archiv im Privathaus aufzubewahren, damit niemand Einsicht nehmen könne.

1749
Henrich Wilhelm Krupp feiert im Rathaus: 100 Jahre befindet sich das Amt des Stadtsecretarius (Stadtkämmerer) in den Händen der Familie Krupp.

17. Juli 1787
Friedrich Krupp wird in Essen als drittes von fünf Kindern des Peter Friedrich Wilhelm geboren.

1807/08
Großmutter Helene Amalie Krupp-Ascherfeld überträgt Friedrich Krupp die Hütte »Gute Hoffnung« in Sterkrade. Krupp heiratet Theresia Helena Johanna Wilhelmi. Die Großmutter macht wegen Minusgeschäften die Übereignung rückgängig, verkauft die Hütte schließlich.

1810

Als Großmutter Krupp-Ascherfeld stirbt, erbt Friedrich Krupp Haus und Vermögen. Hinter dem Wohnhaus in Essen beginnt er mit Versuchen zur Stahlherstellung. Durch Napoleons Kontinentalsperre kommen keine englischen Waren auf den Kontinent, vor allem fehlt der gute englische Stahl.

20. November 1811

Zusammen mit den Brüdern Kechel gründet Krupp vor den Toren der Stadt eine Gussstahlfabrik und hofft, das Stahl-Geheimnis zu ergründen.

1812

Friedrich Krupp wird Stadtrat und entzieht seine Arbeitskraft für die Fabrik durch immer mehr städtische Aufgaben. Am 26. April 1812 wird Alfried Krupp (später Alfred) als zweites von vier Kindern geboren.

1814–1820

Krupp trennt sich von den Brüdern. Nachdem es Krupp gelungen ist, selbtsständige kleine Probestücke Gussstahl einzuschmelzen, verbindet er sich mit Friedrich Nicolai als Geschäftspartner, dessen Versuche wie die der Brüder Kechel erfolglos bleiben. Ab 1816 betreibt er die Fabrik allein, doch verschuldet sich immer mehr. 1817/18 wird die Güte seines Stahls zwar anerkannt, das Unternehmen entwickelt sich auch, doch die Investitionen für den Bau eines neuen Fabrikgebäudes belasten Firma und Familie. Die finanzielle Unterstützung der Verwandtschaft versiegt.

1823–1826

Immer häufiger kommt die Produktion zum Erliegen. Friedrich Krupp muss das Wohnhaus in der Stadt verlassen und zieht mit der Familie ins kleine Aufseherhaus in der Fabrik. Fast alle Arbeiter werden entlassen. Nach drei Jahren Gymnasium wird der Sohn Alfried von der Schule genommen und an den Amboss gestellt. Vater Friedrich liegt krank im Aufseherhaus.

1826

Mit 10 000 Talern verschuldet stirbt Friedrich Krupp. Das Testament nimmt nur seine Witwe an, um die Schuldenlast von den Kindern zu nehmen. Mit dem damals 13-jährigen Alfried, der sich gleich von den verbliebenen sieben Arbeitern mit »Herr Krupp« anreden lässt, führt sie das Geschäft weiter.

1830/32/34/35

Alfried (Alfred) Krupp ist nicht einmal 20 Jahre alt, doch Krupp-Stahl wird bereits zum Begriff. Seine Walzen gelten als präzise, glashart und unzerstörbar. Ein Vetter wird Mitgesellschafter, ermöglicht den Ankauf einer Dampfmaschine, später tritt Freund Sölling in die Firma ein. Die Aufhebung der Zollschranken durch den Deutschen Zollverein nutzt Krupp, um mit Reisen den Kundenkreis zu erweitern; Bruder Hermann unterstützt ihn.

1836
Die erste seiner Sozialeinrichtungen schafft Krupp bereits 1836 mit der Hilfskasse für Krankheits- und Todesfälle: Beginn eines unvergleichlichen Sozialsystems eines Unternehmens.

1838/39
Für 15 Monate geht Krupp als »A. Crup« und »Schropp« nach England und Frankreich, um sich vor allem in England über die Stahlherstellung heimlich zu informieren. Von dieser Zeit an nennt er sich Alfred.

1848
Mutter Krupp verkauft ihrem Sohn Alfred die Firma Fried. Krupp als alleinigem Besitzer. Die Zahl der Arbeiter und der Umsatz waren zwar gestiegen, doch die Wirtschaftskrise wirkt sich auch bei Krupp negativ aus. Um Löhne zahlen zu können, wird das Familiensilber verkauft.

1848/53
Die Eisenbahngesellschaften im In- und Ausland werden zu bedeutenden Kunden. Die ersten Gussstahlachsen für die Köln-Mindener-Bahn werden 1848 bestellt. Mit den späteren nahtlos zusammengeschweißten Radkränzen für die Eisenbahn, 1850 begonnen, gelingt Krupp eine bahnbrechende Erfindung, die 1853 patentiert wird.

1850
Mutter Krupp stirbt. Schwester Ida, die Alfred den Haushalt führte, zieht nach Bonn. Dort lebt Alfreds jüngerer Bruder Friedrich, der aus der Firma ausgeschieden war, als vereinsamter Kunstsammler von einer Firmenrente.

1853/54
Der 41 Jahre alte Krupp sieht in der Kölner Oper die 20 Jahre alte Bertha Eichhoff, heiratet sie, ein Jahr später wird Friedrich Alfred Krupp, das einzige Kind geboren.

1870/71/73
Während des deutsch-französischen Krieges lässt Alfred Krupp die Villa Hügel bauen, die von der Familie Januar 1873 bezogen wird. Den Sieg des Krieges schreibt die Öffentlichkeit Krupp-Geschützen zu.

1872
Krupp wird Gesetzgeber, erlässt das »Generalregulativ«, in dem allumfassende Richtlinien für »Unternehmensführung und -verwaltung« enthalten sind. Er hat eine »Kollektiv-Procura« eingesetzt, die das Werk leitet.

1882
Bertha Krupp verlässt Villa Hügel und Ehemann Alfred.

bis 1887
Nach wirtschaftlichen Rezessionen konsolidiert sich das Unternehmen. Die Geschützproduktion floriert; eigene Schießplätze werden eingerichtet. Krupp hatte massenhaft Erz- und Kohlengruben gekauft, eine Reederei in Rotterdam eingerichtet.

1887/88
Alfred Krupp stirbt am 14. Juli 1887. Ein Jahr später stirbt die zum Hügel zurückgekehrte Bertha Krupp mit 57 Jahren. Im Unternehmen sind 20200 Mitarbeiter beschäftigt.

1870–1875
F. A. Krupp wird mit 16 Jahren vom Vater in die Arbeiten zum »Generalregulativ« eingespannnt. Er will Metallurgie studieren. Dazu gäbe es Fachleute, sagt der Vater und unterbindet die Studienwünsche. Der kränkelnde Sohn wird auf eine Ägyptenreise geschickt, danach muss er ins Unternehmen eintreten ohne eigenes Aufgabengebiet.

1875–1878
F. A. Krupp wird mehr und mehr zum Mittelsmann zwischen seinem auf Villa Hügel zurückgezogen lebenden Vater Alfred und leitenden Mitarbeitern. 1878 überträgt ihm der Vater schwierige Aufgaben. Dem Wunsch des Sohnes, Margarethe Freiin von Ende zu heiraten, gibt der Vater nicht statt, lehnt Margarethe wegen ihrer adeligen Herkunft ab. Mutter Bertha ist für die Verbindung. Es kommt zum Zerwürfnis der Eltern.

1882
In diesem Jahr erhält F. A. Krupp die Prokura. Als die Mutter Villa Hügel verlässt, willigt der Vater in die Heirat ein. Der Sohn darf die TH Braunschweig besuchen.

1883–1887
Der Sohn führt wesentliche technische Neuerungen im Unternehmen ein, weitet die Produktion über Essen hinaus aus. 1886 und 1887 werden die Töchter Bertha und Barbara Krupp geboren.

1887–1900
Nach dem Tod des Vaters übernimmt F. A. Krupp als Firmeninhaber das Unternehmen, löst die Prokura auf und führt ein Direktorium ein, dem er weitgehend freie Hand lässt. In seiner Zeit expandiert das Unternehmen. Die Belegschaftszahl steigt auf 42600. Die Panzerung von Schiffen wird in die Produktion übernommen, die Germaniawerft in Kiel und das Grusonwerk in Magdeburg werden

erworben, das Hüttenwerk Rheinhausen wird 1895/97 gegründet. Sozialeinrichtungen des Unternehmens erweiterte er unter anderem durch Wohnsiedlungen sowie Bildungs- und Sporteinrichtungen. In dieser Zeit festigt sich die Beziehung zwischen Krupp und dem Kaiserhaus: der Kaiser erhält eine eigene Suite auf Villa Hügel.

1893–1898
F. A. Krupp gehört, dem Wunsch des Kaisers folgend, als fraktionsloser, den Konservativen nahestehender Abgeordneter dem Reichstag an.

1898–1902
Nach der Einrichtung einer mineralogischen Sammlung auf Villa Hügel und der Abfassung eines zoologischen Wörterbuchs zieht F. A. Krupp nach Capri und widmet sich der Tiefseeforschung. Im Herbst 1902 greift die deutsche Presse Angriffe einer italienischen Zeitung gegen Krupp wegen Verstosses gegen den Homosexuellenparagrafen auf. Kurz nach seiner Rückkehr nach Essen stirbt er am 22. November 1902. Die Gerüchte und Spekulationen um einen Selbstmord sind nicht zu klären. Der Kaiser gibt den Sozialdemokraten Schuld am Tode Krupps.

1902/03
Testamentarisch geht das Unternehmen an Tochter Bertha als Alleinerbin über, deren Rechte bis zur Großjährigkeit Mutter Margarethe wahrnimmt. 1903 wird die Firma Fried. Krupp nach dem Willen von F. A. Krupp in eine Aktiengesellschaft umgewandelt, deren einzige Aktionärin Bertha Krupp ist.

15. Oktober 1906, 1. Dezember 1911
Alleinerbin Bertha Krupp heiratet den Legationsrat Dr. Gustav von Bohlen und Halbach, der zum Treuhänder seiner Frau wird. Trauzeuge Kaiser Wilhelm II. überreicht neben Geschenken und Orden dem Ehepaar den »Namensvermehrungsbrief«, der Ehemann Gustav und dem jeweiligen männlichen Erben der Fabrik das Recht verleiht, seinem Namen den Namen Krupp vorzustellen. Brautmutter Margarethe Krupp gibt bekannt, aus Anlass der Vermählung Berthas werde sie die »Margarethe Krupp-Stiftung für Wohnungsfürsorge« errichten; am 1. Dezember 1906 wird die Stiftungsurkunde unterzeichnet. 1911 ziehen die ersten 85 Familien in die Margerethenhöhe ein. In späteren Jahren werden Margarethe, Bertha und Gustav Krupp (1936) Ehrenbürger der Stadt.

13. August 1907–1922
Alfried von Bohlen und Halbach, Sohn der letzten direkten Nachfahrin des alten Kanonengeschlechts Bertha Krupp, wird geboren. Kaiser Wilhelm II. ist Patenonkel. Von nun an wird Alfried, wie Zeitgenossen urteilten, wie ein Prinz erzogen. Die weiteren Geburten: Arnold 1908, Claus 1910, Irmgard 1912, Berthold 1913, Harald 1916, Waldtraut 1920, Eckbert 1922.

1923
Am 31. März werden 13 Krupp-Arbeiter bei einer Demonstration gegen die französische Besatzung erschossen. Ein französisches Kriegsgericht verurteilt Gustav Krupp und Kruppdirektoren zu Gefängnisstrafen zwischen zehn und 20 Jahren wegen angeblichen »Komplotts gegen die Sicherheit der französischen Truppen«. Nach sieben Monaten kommen sie frei unter anderem auf Betreiben des Vatikans.

1931
Margarethe Krupp stirbt.

1934
Alfried Krupp schließt sein Studium der Eisenhüttenkunde in München, Berlin und Aachen als Diplomingenieur ab.

1933/40
Hermann Göring, preußischer Innenminister, sagt bei einer Rede in Essen unter anderem: »Ich danke meinem Schöpfer, dass ich nicht objektiv bin ... Lieber schieße ich ein paarmal zu kurz und ein paarmal zu weit, aber ich schieße.« 1940 überreichen Gustav Krupp und sein Sohn Alfried ein mit Silber und Juwelen besetztes Krupp-Schwert als Vertreter der »deutschen Waffenschmiede« »Dem Schmied des Vierjahresplans, Reichsmarschall Hermann Göring«.

1936/38
Nach einem Volontariat bei der Dresdner Bank wird Alfried Krupp Oktober 1936 stellvertretender Direktor und arbeitet vor allem in der für Rüstungsproduktion und Artilleriekonstruktion zuständigen Abteilung, die er 1938 als Direktor übernimmt. Alfried Krupp gewinnt als Mitglied der 8-m-R-Klasse im Segeln die Bronzemedaille bei der Olympiade; in dieser Zeit lernt er Anneliese Bahr kennen.

1937/38
Hitler ernennt Vater und Sohn Krupp zu »Wehrwirtschaftsführern«, Alfried Krupp tritt in die NSDAP ein.

1937/38
Alfried Krupp heiratetet gegen den Willen der Eltern Anneliese Bahr. 1938 kommt Sohn Arndt zur Welt.

1941
Alfried Krupp gibt dem Druck der Eltern nach und lässt sich von seiner Frau Anneliese scheiden.

1943
Hitler unterschreibt einen »Führererlass«, der später »Lex Krupp« genannt wird. Er schafft die juristischen Voraussetzungen, die Fried. Krupp AG wieder in eine Einzelfirma umzuwandeln, und bestimmt erneut das Recht des jeweiligen Firmenerben, sich Krupp zu nennen. Alfried von Bohlen und Halbach löst als Krupp seinen kranken Vater in der Unternehmensführung ab. Am 5. März 1943 trifft Essen der erste Großangriff des Luftkrieges mit über 1 000 Sprengbomben, 80 Minen und 292 000 Brandbomben. Weitere Großangriffe folgen. Der schwerste Luftangriff mit 1 000 viermotorigen Bombern ist am 11. März 1945. Er gilt den Krupp-Werken. Auf Fabrikanlagen und Wohnviertel fallen Bomben mit einem Gesamtgewicht von 100 000 Zentnern.

11. April 1945/46–1951
Alfried Krupp wird auf Villa Hügel von amerikanischen Soldaten verhaftet und unter »automatischen Arrest« gestellt. Durch Luftangriffe war ein Drittel der bebauten Fläche des Unternehmens zerstört, ein weiteres Drittel schwer beschädigt. Etwa 75 Prozent der verbliebenen Anlagen wurden von 1946 bis 1951 durch Demontage abgebaut oder verschrottet.

1946
Die Stadt Essen aberkennt die Ehrenbürgerschaft von Bertha und Gustav Krupp.

31. Juli 1948
Alfried Krupp von Bohlen und Halbach wird in Nürnberg von einem alliierten Kriegsgericht zu zwölf Jahren Gefängnis verurteilt und zur Einziehung seines gesamten Vermögens wegen »Plünderung« von Wirtschaftsgütern im besetzten Ausland und »Sklavenarbeit« durch Beschäftigung ausländischer Arbeiter und Kriegsgefangener.

1950
16. Januar 1950: Dr. Gustav Krupp von Bohlen und Halbach stirbt auf dem Familienbesitz Blühnbach bei Salzburg mit 80 Jahren. 18. Januar 1950: Witwe Bertha Krupp versucht in den USA, in den Besitz der Fabrik und des Vermögens zu kommen.

3. Februar 1951
Alfried Krupp und den mit ihm verurteilten Direktoren werden im Gefängnis Festung Landsberg Zivilsachen ausgehändigt. Der amerikanische Hohe Kommissar hatte den Verurteilten am 31. Januar den Rest der Strafe erlassen. Kurz zuvor war die Beschlagnahme des Vermögens revidiert worden.

19. Mai 1952
Alfried Krupp geht mit Vera Hossenfeldt in Berchtesgaden eine zweite Ehe ein.

März 1953
Durch den so genannten »Mehlemer Vertrag« muss sich Alfried Krupp verpflichten, seine Stahlbetriebe und Kohlenzechen nicht mehr zu betreten und sich von ihnen zu trennen. Der Betriebsrat kommentierte den Plan der »Entflechtung, Abtrennung und Verteilung von Vermögenswerten der Firma Fried. Krupp« so: »... dass die Krupps leider Gottes in aller Welt, bis zum letzten Buschklepper, als die Kanonenkönige berüchtigt waren«. Bei einer Pressekonferenz betont Firmenchef Alfried, in Friedenszeiten habe die Rüstungsproduktion nie mehr als 26 Prozent betragen, in Kriegszeiten habe man »natürlich nicht gerade Nachttöpfe« hergestellt. Der »Mehlemer Vertrag« regelt auch die Abfindung der Verwandten von Alfried Krupp, die Geschwister beispielsweise erhalten je 11 Millionen Mark; Alfried Krupp bleibt Alleineigentümer des Restvermögens.

12. März 1953
Alfried Krupp von Bohlen und Halbach betritt nach seiner Haft zum ersten Mal wieder die Krupp-Werke.

1. November 1953/55
Berthold Beitz nimmt seine Tätigkeit bei Krupp auf. 1955 ernennt ihn Alfried Krupp zum alleinigen Generalbevollmächtigten.

Juli/August 1955
Die Sarkophage und Leichname der Krupps werden vom Friedhof am Kettwiger Tor in der Innenstadt nachts in einen neuen Friedhof in Bredeney im Süden von Essen umgebettet.

21. September 1957
Bertha Krupp von Bohlen und Halbach, die letzte wirkliche Krupp, stirbt in Essen. Zahlreiche soziale Stiftungen sind mit ihrem Namen verbunden.

1961
Zum 150-jährigen Jubiläum der Firma Fried. Krupp verleiht die Stadt Essen Alfried Krupp den Ehrenring.

20. September 1966
Arndt von Bohlen und Halbach verzichtet darauf, Fried. Krupp als Firmeninhaber zu erben. Er erhält eine jährliche Apanage von zwei Millionen Mark.

1. April 1967
Alfried Krupp von Bohlen und Halbach gibt bei einer Jubilarfeier in der Villa Hügel bekannt, er wolle die Firma über eine Stiftung, die dem Gemeinwohl verpflichtet ist, in eine Kapitalgesellschaft umwandeln.

30. Juli 1967
Alfried Krupp von Bohlen und Halbach stirbt kurz vor Vollendung des 60. Lebensjahres an Lungenkrebs.

1. Januar 1968
Das Testament des Alfried Krupp von Bohlen und Halbach tritt in Kraft: Die »Alfried Krupp von Bohlen und Halbach-Stiftung«, Sitz Villa Hügel, Vorsitzender Berthold Beitz, nimmt ihre Arbeit auf. Die umfangreiche Schallplattensammlung von Krupp wird der Folkwang-Hochschule für Musik in Essen gestiftet. Die Hügel-Bibliothek war schon 1966 der Universität Bochum vermacht worden.

1986
Arndt von Bohlen und Halbach, Sohn von Alfried Krupp, stirbt nicht einmal 50-jährig.

Juli 1997
30 Jahre nach dem Tod von Alfried Krupp von Bohlen und Halbach wäre die Verjährungsfrist für einen Einspruch gegen dessen Testament abgelaufen. Die Vertreter der Familie von Bohlen und Halbach zahlen den Gerichtskostenvorschuss von 26 715 DM ein. Die Familie von Bohlen und Halbach will Sitze im Kuratorium der Stiftung einklagen. Fachleute rechnen mit einem Verfahren über viele Jahre.

Januar 1998/November 1999
Die 16. Zivilkammer des Landgerichtes Essen bestätigt den Ausschluss der Familie von der Leitung des Unternehmens gemäß des Testamentes von Alfred Krupp 1882. Vor dem Urteil hatten Eckbert und Friedrich von Bohlen und Halbach erklärt, es ginge ihnen nicht um finanzielle, sondern ausschließlich um ideelle Motive. Eine gütliche Einigung sei nicht möglich, da Berthold Beitz 16 Jahre lang auf Gesprächsangebote ablehnend reagiert habe. November 1999 bestätigt das Oberlandesgericht Hamm den Essener Spruch. Im Dezember 2000 bestätigt dies auch der Bundesgerichtshof – Berthold Beitz obsiegt über die Familie.

Register

Adenauer, Konrad 179, 181
Alfried Krupp Förderpreis 195
Alfried Krupp von Bohlen und Halbach-Stiftung 17, 29, 32, 39, 47, 82 f., 134, 144, 183, 192, 194, 199, 205, 210 f., 216 f., 219-223, 228
Anderson (am. Gerichtspräsident) 71
Ascherfeld, Helene Amalie 94
Auersperg, Henriette Prinzessin von 207
Augstein, Rudolf 51, 200
Auguste Viktoria, Kaiserin 194

Baedecker, Diedrich 133
Bahr, Anneliese *siehe* Krupp von Bohlen und Halbach, Anneliese
Bajohr, Frank 162
Bebel, August 23, 163
Beitz, Berthold 17 f., 29, 34, 51, 66, 72, 74, 76, 78-86, 141, 179, 195, 199 ff., 203 ff., 210, 214, 217, 219 ff., 229
Beitz, Else 83, 105, 179, 229
Beitz, Erdmann 18
Beitz, Erna 18
Belmondo, Jean-Paul 206
Berdrow, Wilhelm 32, 154, 157
Beulenpest 92
Bismarck, Otto von 136, 184
Blücher, Gebhard Leberecht 158
Blutwurstkolonie 193
Bochumer Verein 171
Boelcke, Willi A. 159
Bohlen Industrie AG 218
Bohlen Industrie GmbH 215
Bohlen und Halbach, Arndt Friedrich Alfried von 17, 28 f., 33, 52, 60, 63, 69, 142, 183, 199-207, 216 f., 222
Bohlen und Halbach, Arnold von 143
Bohlen und Halbach, Berthold von 32, 43, 209, 217 ff.
Bohlen und Halbach, Claus von 43, 69, 144, 166
Bohlen und Halbach, Doerte von 18, 25, 52, 142, 147, 211, 217
Bohlen und Halbach, Eckbert von (1922–45) 43, 145, 166
Bohlen und Halbach, Eckbert von (geb. 1956) 209, 211, 214 f., 218, 220 f.
Bohlen und Halbach, Friedrich von 209-214, 217, 220
Bohlen und Halbach, Georg von 25, 209
Bohlen und Halbach, Harald von 18, 32, 43, 142 f., 145, 147, 181, 209, 217 ff.
Bohlen und Halbach, Irmgard von 43, 217
Bohlen und Halbach, Waldtraut von 43, 145, 212, 215, 217 f.
Borbecker Halblang 190 f.

Bormann, Martin 169
Brandt, Willy 82
Büchner, Georg 17
Burton, Richard 77

Calogeras, Roy C. 119
Chomsky, Noam 140 f.
Chruschtschow, Nikita 82
Cicero 29
Clausewitz, Carl von 159
Clay, Lucius D. 58
Coing, Helmut 221 f.
Croupen, Arnt 91
Crup, A. 110

Dampfhammer Fritz 132
Davis, George T. 62
Deutsche Zentrumspartei 162
Deutscher Zollverein 110
Dicke Bertha 133
Dinnendahl, Franz 96 f., 107, 109
Dohrmann (Diener) 54

Eichhoff, Bertha *siehe* Krupp, Bertha
Eisenbahnradreifen 117
Ende, Margarethe Freiin von *siehe* Krupp, Margarethe
Engel, Jakob 206
Engel, Paul 12 f.

Festung Landsberg am Lech 60, 63, 70, 147
Feuermaschine 96, 107
Flick, Friedrich 56
Flottenverein 125
Ford, Henry II. 58 f.
Fowles, E. L. Douglas 24 f.
Franz Ferdinand, Erzherzog von Österreich 206
Fremdarbeiterlager 178
Freud, Sigmund 34
Friederike, Königin von Griechenland 78
Friedhof 9-19
Friz, Diana Maria 34, 38, 46, 50, 124, 142, 145, 206, 210 ff., 215 ff., 221 f.

Gaeten, von der 150
Gall, Lothar 190
Generalregulativ 118, 125
Gerechter der Völker 83
Germaniawerft 124
Gerstenmaier, Eugen 86
Gestapo 175
Goerdeler, Carl 71, 175
Goethe, Johann Wolfgang von 109, 138
Göring, Hermann 61, 70, 165, 167
Görlitz (Historiker) 159
Grillo, Friedrich 90
Grimm, Gebrüder 110
Gruner, Justus 98
Grusonwerke 124

Haile Selassie I., Kaiser von Abessinien 77
Halle M1 26
Hallenberger, Dirk 227
Harkort, Friedrich 107
Hassan II., König von Marokko 207
Heider, Heinrich 190
Heinemann, Otto 162
Heinrich, Prinz 44
Henkelmann 190
Herbert, Ulrich 179
Herzog, Rudolf 227
Heß, Rudolf 167
Heuß, Theodor 122, 171
Hitler, Adolf 16, 23, 39, 44 f., 60, 69, 164-175, 180, 228
Homosexualität 15, 128 f.
Hossenfeldt, Vera Baronesse von 75 ff.
Hugenberg, Alfred 66
Hughes, Howard 77
Huntsman, Benjamin 110
Hütte zur guten Hoffnung 95 f.

Hütten- und Bergwerke Rheinhausen AG 72, 124
Huyssen, Anna Elisabeth *siehe* Krupp, Anna Elisabeth
Huyssen, Catharina (ehem. Huysz) 92, 151 ff.
Huyssen, Henrich 151
Huyssen, Sander (ehem. Huysz) 151

IG Farben 56

Jackson, Robert 55
Jacobi, Claus 79
Jacobi, Haniel & Huyssen 96, 101
Jäger (Oberarzt) 178
Jansen (Direktor) 70
Joachim, Prinz und Großadmiral von Frankreich 156
Johann von Österreich, Erzherzog 135

Kanonen-Müller 171
Karpathen Öl 82
Kechel, Brüder von 97 ff.
Kennedy, John F. 83
Klass, Gert von 16, 109, 168 f.
Klocke, Matthias 152
Klosterbuschhof 136
Knauer, Martha Vera Wilhelmine 75
Knef, Hildegard 205
Köhne-Lindenlaub, Renate 125, 139
Kommunistische Partei Deutschlands (KPD) 12
Kontinentalsperre 97, 100, 157
Konzentrationslager-Insassen 33
Kopstadt (Bürgermeister von Essen) 158
Kranken- und Sterbekasse der Gussstahlfabrik 184
Kreuder, Peter 206
Kriegsgefangene 33, 176 ff.
Krösens, Gertrud 150
Kruipe, Arndt *siehe* Krupp, Arndt
Krupp, Alfred (Alfried) 11-15, 18 f., 26 f., 29 ff., 39 ff., 47 f., 50 f., 54, 68 f., 76, 79, 82, 89 f., 99, 101, 103, 105, 107-128, 131-140, 142 f., 147, 158 f., 162 ff., 183 ff., 186-193, 195, 209, 211 f., 214, 225 f.
Krupp, Anna Elisabeth 152
Krupp, Anton 150 ff.
Krupp, Arndt (ehem. Kruipe) 90, 148 ff., 152, 204
Krupp, Arnold 151, 154 f.
Krupp, Barbara 15, 37, 175
Krupp, Bertha (geb. Eichhoff) 13, 15, 35 ff., 115 f., 118, 127, 128, 132 ff., 139
Krupp, Bertha Antoinette (1886–1957) 13 ff., 18 ff., 28, 30, 35 ff., 40-46, 49, 61 f., 67 ff., 76 ff., 82, 128, 130, 138, 140-146, 165, 169, 172 f., 181, 192, 194, 201, 215, 217 f., 226
Krupp, Brigitta 152
Krupp, Catharina *siehe* Huyssen, Catharina
Krupp, Friedrich (1787–1826) 12 ff., 18 f., 27, 29 f., 79, 89 f., 93-108, 113, 131, 136, 147, 156 ff., 204, 212
Krupp, Friedrich (1820–1901) 89, 111
Krupp, Friedrich Alfred (Fritz) 10, 13, 15 f., 19, 29 f., 37, 54, 66, 68 f., 74, 112, 115, 118 ff., 124-130, 139 f., 143, 147, 158-163, 184, 187 f., 192, 204, 214, 227
Krupp, Friedrich Jodocus 94
Krupp, Georg Diederich 151-156
Krupp, Gertrud 150
Krupp, Helene 100, 103
Krupp, Henrich Wilhelm 155 f.
Krupp, Hermann 89, 110 f.
Krupp, Ida 89, 111, 114
Krupp, Irmgard 45

Krupp, Margarethe 13, 15, 27, 37, 41, 43 f., 68, 116, 128 ff., 143 f., 187, 192 f., 226, 229
Krupp, Matthias 151 ff.
Krupp, Peter 94
Krupp, Petronella 102
Krupp, Theresia Helena Johanna 12, 14, 89 f., 95 f., 99, 105, 114
Krupp, Wilhelm 94, 97, 102
Krupp-Ascherfeld, Helene Amalie 94, 96, 131, 133
Krupp-Gürtel 25
Krupp von Bohlen und Halbach, Alfried Felix Alwyn 13, 16, 19, 28-34, 40, 43, 46-86, 105, 114, 140 ff., 144, 146 f., 171-176, 178, 180, 183, 191, 193, 195, 199-206, 209 ff., 215 ff., 220 ff., 228 f.
Krupp von Bohlen und Halbach, Anneliese 68, 70, 174, 201 f.
Krupp von Bohlen und Halbach, Gustav 14, 16, 18 f., 28 ff., 35-39, 41-46, 48 f., 54 f., 58, 62, 64-70, 72 f., 79, 138, 140, 142-148, 164-175, 191, 193, 201, 207, 214 f., 219, 221, 228
Krupp von Bohlen und Halbach, Martha Vera Wilhelmine 74 ff., 226

Lassalle, Ferdinand 125
Leo-Baeck-Preis 83
Lex Krupp 16, 69, 172
Ley, Robert 45, 167
Lion Bioscience AG 212 f.
Lollobrigida, Gina 205
Löser, Ewald 71, 175
Lübke, Wilhelmine 207
Luther, Martin 90

Manchester, William 33, 37
Mann, Golo 23, 34
Margarethe Krupp-Stiftung für Wohnungsfürsorge 192
Margarethenhöhe 27, 192 ff.
McCloy, John J. 62, 71
Mechanische Werkstätte 107
Mehlemer Vertrag 72, 217
Menne, Bernhard 33, 157
Mikat, Paul 216
Miller, Oscar von 42
Morrison, Jim 214
Mozart, Wolfgang Amadeus 214
Mühlen, Norbert 52, 106, 172, 175
Mulvany, William Thomas 91
Murat, Caroline 156
Murat, Joachim 156 f.

Namensvermehrungsbrief 16, 40, 172
Napoleon I., Kaiser von Frankreich 36, 93, 97, 156 ff.
Napoleon III., Kaiser von Frankreich 228
Nationalliberale Partei 162
Neumeyer, Fritz 138 f.
Nicolai&Krupp 100
Nicolai, Friedrich 100 f.
Nieswandt, Wilhelm 23
North German Coal Control 141
NSDAP 71, 165, 167, 174
Nürnberger Prozesse 33, 46, 52, 55-59, 62, 70 f., 144, 175, 201

Padua, Matthias 52
Pensionsreglement 184
Pückler-Muskau, Hermann Fürst von 36

Radzio, Heiner 219
Rahl, Mady 205
Raitz von Frentz, Irmgard Baronin 217
Reger, Erik 38, 134
Reichsvereinigung Eisen 174
Reif, Heinz 185
Renner, Heinz 45
Rüstungsarbeiter 169 f.

Schacht, Hjalmar 165
Schiller, Karl 195
Schloss Blühnbach 17, 46 ff., 55, 70, 202 f., 205 f., 208
Schmidt, Ernst 180
Scholz, Rupert 220
Schröder, Ernst 56, 92, 214, 216
Schröder, Johannes 24
Schropp, A. 111
Schürmann, Kurt 216
Seebacher-Brandt, Brigitte 210
Sölling 114
Soraya, Prinzessin 206
Sozialdemokratische Partei Deutschlands (SPD) 12, 109, 124 f., 127, 130, 159, 161, 163, 185, 191, 212
Sozialfürsorge 14 f., 39, 120, 122, 183-195
Speer, Albert 174
Sprenger, Jean 51, 80
SS 176
Stahlblock 113
Stahlgeschützrohr 113
Stalin, Josef 55
Stammhaus (Aufseherhäuschen) 50, 89, 94, 103, 121, 131 f., 135, 137, 188
Stenglein, Frank 33 f.
St. Laurent, Yves 206
Stötzel, Gerhard 162 f.
Strafspind 177 f.

Taylor, Liz 77
Thyssen, August 91
Thyssen, Fritz 173 f.
ThyssenKrupp 25, 220, 229
Tigerpanzer 33
Tilsiter Frieden 157
Todt, Fritz 45, 169
Tremper, Will 199
Turmhaus 24 ff., 203 f.

Ustinov, Sir Peter 30

Versailler Vertrag 165
Vickers-Armstrong 228
Villa Bled Targui 206
Villa Hügel 23, 26, 36 f., 41, 44, 47, 51 ff., 70, 73, 76 f., 108, 126, 128, 134 ff., 138-143, 145, 147, 188, 214 f.
Villa Hügel e. V. 141

Wagner, Richard 23, 44, 60
Weltausstellung London (1851) 113
Weltausstellung Paris (1855) 113
Werkbund 25
Wiedergutmachungszahlungen 179
Wile, Fred 37
Wilhelm I., Kaiser von Deutschland 118, 132
Wilhelm II., Kaiser von Deutschland 16, 23, 28, 35, 39 f., 43 f., 65 f., 126, 129 f., 148, 159, 180, 190
Wilhelm von Preußen, Prinz 135
Wilhelmi, Theresia Helena Johanna *siehe* Krupp, Theresia Helena Johanna
Wilmowsky, Barbara von 82, 143, 175, 219
Wilmowsky, Tilo Freiherr von 170, 174 f., 219

Zwangsarbeiter 32 f., 58, 168, 175 ff.

Literatur

Monografien

Baedeker, Diedrich: *Alfred Krupp und die Entwicklung der Gußstahlfabrik in Essen. Nach authentischen Quellen*, Essen 1899, und: *Alfred Krupp und die Entwicklung der Gußstahlfabrik in Essen. Mit einer Beschreibung der heutigen Kruppschen Werke, nach zuverlässigen Quellen*, 2. sehr verm. Aufl. Essen 1912.

Beitz, Else: *»Das wird gewaltig ziehen und Früchte tragen« – Industriepädagogik in den Großbetrieben des 19. Jahrhunderts bis zum 1. Weltkrieg, dargestellt am Beispiel der Firma Krupp*, Essen 1994.

Bajohr, Frank: *Zwischen Krupp und Kommune – Sozialdemokratie, Arbeiterschaft und Stadtverwaltung in Essen vor dem 1. Weltkrieg*, Essen 1998.

Berdrow, Wilhelm: *Friedrich Krupp. Der Gründer der Gußstahlfabrik in Briefen und Urkunden*, Essen 1915, und: *Friedrich Krupp, Der Erfinder und Gründer, Leben und Briefe*, Berlin 1929, und: *Die Familie von Bohlen und Halbach*, Essen 1921, und: *Alfred Krupp*, 2. Bde., Berlin 1927 und 2. Aufl. 1928, und: *Alfred Krupps Briefe 1826–1887*, Berlin 1928, und: *Die Familie Krupp in Essen von 1787 bis 1887*, Essen o. J., und: *Alfred Krupp und sein Geschlecht. 150 Jahre Krupp-Geschichte 1787 bis 1887, nach den Quellen der Familie und des Werkes*, Berlin 1937, 2. erw. Aufl. Berlin 1943.

Boelcke, Willi A.: *Deutsche Rüstung im Zweiten Weltkrieg*, Frankfurt am Main 1969, und: (Hrsg.) *Krupp und die Hohenzollern in Dokumenten*, Frankfurt am Main 1970.

Bontrup, Heinz-J./Zdrowomyslaw, Norbert: *Die deutsche Rüstungsindustrie – vom Kaiserreich bis zur Bundesrepublik*, Heilbronn 1988.

Brüggemeier, Franz-Josef: *Die Krupp'schen Krankenanstalten* (1870–1914), Herzogenrath 1990.

Buchholz, Gereon: *Der Hügel. Villa und Park*, Essen 1998.

Buddensieg, Tilmann (Hrsg.): *Villa Hügel. Das Wohnhaus Krupp in Essen*, Berlin 1984.

Calogeras, Roy C.: *Die Krupp-Dynastie – über die Wurzeln des deutschen Nationalcharakters. Eine psychoanalaytische Kulturstudie*, München/Wien 1989.

Clarke, Michael: »Der Werkswohnungsbau der Firma Krupp«, in: *Vom Hausen zum Wohnen. Wohnungsbau für Arbeiter zur Zeit der Industrialisierung. Essen ein Beispiel*, Essen 1988, 28–53, und: »Traumstädte? Die Kruppsche Gartenstadt Margarethenhöhe und die Anfänge des genossenschaftlichen Wohnungsbaus«, ebd. 70–92.

Czichon, Eberhard: *Wer verhalf Hitler zur Macht? Zum Anteil der deutschen Industrie an der Zerstörung der Weimarer Republik*, Köln 1967.

Engelmann, Bernt: *Krupp. Die Geschichte eines Hauses – Legenden und Wirklichkeit*, 4. Aufl. München 1986.

Fried, Ferdinand: *Krupp – Tradition und Aufgabe*, Bad Godesberg 1956.

Fried. Krupp AG Essen: *Fried Krupp 1812–1912*, Festschriften, Essen 1912.

Friz, Diana: *Die Stahlgiganten*, Frankfurt/am Main/Berlin 1990.

Frobenius, Hermann: *Alfred Krupp, ein Lebensbild*, Dresden 1889.

Führ, Eduard/Daniel Stemmrich: *»Nach gethaner Arbeit verbleibt im Kreise der Eurigen«, Bürgerliche Wohnrezepte für Arbeiter zur individuellen und sozialen Formierung im 19. Jahrhundert*, Wuppertal 1985.

Gall, Lothar: *KRUPP, der Aufstieg eines Industrieimperiums*, Berlin 2000.

Geyer, Michael: *Deutsche Rüstungspolitik 1860–1980*, Frankfurt am Main 1984.

Hallenberger, Dirk: *Industrie und Heimat. Eine Literaturgeschichte des Ruhrgebietes*, Essen 2000.

Herbert, Ulrich: *Fremdarbeiter – Politik und Praxis des »Ausländer-Einsatzes« in der Kriegswirtschaft des Dritten Reiches*, Bonn 1986, und: »Von Auschwitz nach Essen – Die Geschichte des KZ-Außenlagers Humboldtstraße«, in: *Jüdisches Leben in Essen 1800–1993*, Essen 1993.

Herzog, Rudolf: *Die Stoltenkamps und ihre Frauen*, 111.–120. Aufl., Stuttgart/Berlin 1918.

Hoffreiter, Sepp: *Meine Dienstjahre bei Frau Bertha Krupp von Bohlen und Halbach und Familie*, Privatdruck, o. J.

Hue, Otto: *Krupp und die Arbeiterklasse*, Essen 1911.

Kammertöns, Hanns-Bruno: *Der letzte Krupp*, Hamburg 1998.

Klass, Gert von: *Die drei Ringe, Lebensgeschichte eines Industrieunternehmens*, 5. Aufl. Tübingen/Stuttgart 1966, und: *Aus Schutt und Asche – Krupp nach fünf Menschenaltern*, Tübingen 1961.

Köhne-Lindenlaub, Renate: »Friedrich Krupp«, »Alfred Krupp«, »Friedrich Alfred Krupp«, »Gustav Krupp von Bohlen und Halbach«, alle in: *Neue Deutsche Biographie Bd. 13*, Berlin 1982, und: *Villa Hügel in Essen*, 5. erw. Aufl. München 1986.

Kösters, Hans G.: *Dichtung in Stein und Grün – Margarethenhöhe*, Essen 1981.

Manchester, William: *Krupp – Zwölf Generationen*, München 1968.

Menne, Bernhard: *Krupp – Deutschlands Kanonenkönige*, Zürich 1937.

Metzendorf, Rainer/Mikuscheit, Achim: *Margarethenhöhe – Experiment und Leitbild*, Essen 1997.

Moeller, Harry: *Friedrich Alfred Krupp. Ein Bild seines Lebens und Sterbens*, Erfurt 1903.

Mühlen, Norbert: *Die Krupps*, Frankfurt am Main 1960.

Paul, Johann: *Alfred Krupp und die Arbeiterbewegung*, Düseldorf 1987.

Pogge von Strandmann, Hartmut: »Krupp in der Politik«, in: Klaus Tenfelde (Hrsg.): *Bilder von Krupp, Fotografie und Geschichte im Industriezeitalter*, München 1994.

Reger, Erik: *Union der festen Hand*, Berlin 1931.

Reif, Heinz: »›Ein seltener Kreis von Freunden‹ – Arbeitsprozesse und Arbeitserfahrungen bei Krupp 1840–1914«, in: Klaus Tenfelde (Hrsg.): *Arbeit und Arbeitserfahrung in der Geschichte*, Göttingen 1986, und: »›Wohlergehen der Arbeiter und häusliches Glück‹ – Das Werksleben jenseits der Fabrik in der Fotografie bei Krupp«, in: Klaus Tenfelde (Hrsg.): *Bilder von Krupp. Fotografie und Geschichte im Industriezeitalter*, München 1994.

Schmidt, Ernst: *Lichternis in der Finsterrnis*, Essen 1988, und: *Essen erinnert*, Essen 1989, sowie: *Vom Staatsfeind zum Stadthistoriker*, Essen 1990.

Schröder, Ernst: Krupp. *Die Geschichte einer Unternehmerfamilie*, 4. Aufl. Göttingen/Zürich 1991.

Stemmrich, Daniel: *Die Siedlung als Programm. Untersuchungen zum Arbeiterwohnungsbau anhand Kruppscher Siedlungen zwischen 1861 und 1907, Historische Texte und Studien*, 4. Aufl. Hildesheim/New York 1981, und: »Am Anfang war die Not«, in: *Vom Hausen zum Wohnen. Wohnungsbau für Arbeiter zur Zeit der Industrialisierung. Essen ein Beispiel*, Essen 1998.

Stenglein, Frank: *KRUPP – Höhen und Tiefen eines Industrieunternehmens*, München/Düsseldorf 1998.

Taylor, Telford: *Die Nürnberger Prozesse – Hintergründe, Analysen und Erkenntnisse aus heutiger Sicht*, München 1994.

Tenfelde, Klaus: »Krupp – Aufstieg eines deutschen Weltkonzerns«, in: ders. (Hrsg.): *Bilder von Krupp. Fotografie und Geschichte im Industriezeitalter*, München 1994.

Turner, Henry A.: *Faschismus und Kapitalismus in Deutschland*, Göttingen 1972, und: *Die Großunternehmen und der Aufstieg Hitlers*, Berlin 1985.

Wengenroth, Ulrich: *Unternehmensstrategien und technischer Fortschritt – Die deutsche und die britische Stahlindustrie 1865–1895*, Göttingen/Zürich 1986.

Wilden, Jürgen: *Gründer und Gestalter der Rhein-Ruhr-Industrie*, Düsseldorf 1951.

Wile, Fred. W.: *Rings um den Kaiser*, Berlin 1913.

Wilmowsky, Tilo Freiherr von: Rückblickend möchte ich sagen ..., Oldenburg 1961.

Wohlfahrtseinrichtungen der Gußstahlfabrik von Fried. Krupp zu Essen an der Ruhr, 3. Ausgabe, 3 Bde. Essen 1902.

Periodika, Archivmaterialien (Auswahl)

Akten der Essener Friedhofsverwaltung.

Akten IMT (Internationales Militär-Tribunal) Nürnberg, Fall X, Krupp.

Akten Krupp-Prozess, Zentrales Staatsarchiv Potsdam

Ansprachen Trauerfeier F. A. Krupp, Essen o. J.

Burchardt, Lothar: »Zwischen Kriegsgewinn und Kriegskosten: Krupp im Ersten Weltkrieg«, in: *Zeitschrift für Unternehmensgeschichte*, 32. Jahrg., Heft 2/87, 1987.

Däbritz, Walther: »Die Finanzgeschichte der Kruppschen Gußstahlfabrik unter ihrem Gründer Friedrich Krupp«, in: *Beiträge zur Geschichte von Stadt und Stift Essen*, ab 1993 *Essener Beiträge*, Bd. 41, 1923, 3–39.

Der Spiegel, Nachrichtenmagazin, Ausgaben Nr. 49/1955, 28/1959, 12/1967, 35/1971, 21/1989, 20.11.1995, 6.10.1997.

Fischer, Wolfram: »Die Pionierrolle betrieblicher Sozialpolitik im 19. und beginnenden 20. Jahrhundert«, in: Hans Pohl (Hrsg.): »Betriebliche Sozilapolitik deutscher Unternehmer seit dem 19. Jahrhundert«. *Zeitschrift für Unternehmensgeschichte Beiheft 12*, Wiesbaden 1978, 34–55.

Geyer, Michael: »Zum Einfluß der nationalsozialistischen Rüstungspoltik auf das Ruhrgebiet«, in: *Rheinische Vierteljahresblätter*, 45. Jahrg., 1981.

Heuss, Theodor: *150 Jahre Krupp – Gedenkrede am 20. November 1961*, Tübingen 1961.

Krupp, Alfried: *Rede zur 50. Jubilarfeier der Fried. Krupp AG* am 1. April 1967.

Krupp 1812–1912. Zum 100-jährigen Bestehen der Firma Krupp und der Gußstahlfabrik zu Essen, herausgegeben zum hundersten Geburtstag Alfred Krupps, Jena 1912 (Festschrift).

KRUPP – Zeitschrift der Kruppschen Werksgemeinschaft (ab Oktober 1935: *Kruppsche Betriebsgemeinschaft*) Jahrgänge 1934 bis Ende 1944

Krupp: Sonderdruck zum 50. Geburtstag von Alfried Krupp von Bohlen und Halbach am 13.8.1957.

Munzinger-Archiv.

Reif, Heinz: »Die Politisierung des Altersproblems. Der Streit um die Werkspensionskassen im Ruhrgebiet am Vorabend des Ersten Weltkrieges«, in: *Zeitschrift für Gerontologie* 17, 1984.

Ruhrlandmuseum – Archiv Schmidt, Essen.

Schröder, Ernst: »Krupp und die Entstehung des Ruhrreviers«, in: *Essener Beiträge*, Bd. 70, 1955, und: »Die Entwicklung der Kruppschen Konsumanstalt«, in: *Essener Beiträge* Bd. 92, 1977, und: »Alfred Krupps Generalregulativ«, in: *Tradition* 1, 1956.

WAZ/NRZ-Archiv.

Wiedtfeldt, Otto: »Friedrich Krupp als Stadtrat in Essen«, in: *Essener Beiträge* Bd. 23, 1903.

Wolbring, Barbara: »Krupp und die Öffentlichkeit im 19. Jahrhundert. Selbstdarstellung, öffentliche Wahrnehmung und gesellschaftliche Kommunikation«, Schriftenreihe der *Zeitschrift für Unternehmensgeschichte*, 6., München 2000.

Zeitungen (Auswahl):

Frankfurter Allgemeine Zeitung: 11.11.1961/1.8.1967, *Neue Ruhrzeitung*: 10.12.1947/März-Mai 1967/1. u. 4.8.1967/5.7.1969/9.7.1977/10.5.1986/15.8.1987/30.7.1992/6.6.1994/18.7.1997/4.11.1999, *Bild-Zeitung*: 12.– 17.5.1986/7.6.2000, *Bild am Sonntag*: 30.4.2000, *Die Welt*: 19.1.1950/23.9.1957/9.3.1967/1. u. 4.8. 1967/ 18.10.1967/24.4.1968/12.7.1968, *Rheinische Post*: 16.9.1949/19.9.1953, *Westfalen-Post*: 18.1.1950, *Handelsblatt*: 15.10.1993/ 9.10.1997/3.8.2000, *dpa*: 31.7.1967, *interpress*: 18.7.1977, *ap*: 17.10.1967, *Westdeutsche Allgemeine Zeitung*: 13.3.1953/ 24.9.1957/22.1.1959/16.2.1979/6.7.1992, *Frankenpost*: 8.11.1956, *Süddeutsche Zeitung*: 11.2.2000, Die Zeit: 18.7.1997, *Ruhrbote*: 7.2.1959, *Rheinischer Merkur*: 26.2.54, *Badische Zeitung*: 5.8.1948, *Essener Tageblatt*: 11.10.1953, *taz* vom 9.8.2000.

Dank

Denjenigen, die mir nach so langer Zeit bereitwillig Auskunft gaben, bin ich dankbar. Doch haben nicht auch die vielen, die sich auf ihre Verpflichtung beriefen, nach dem Ausscheiden bei Krupp keine Auskünfte geben zu dürfen, damit einen Beitrag zum Bild der Krupps geleistet? Meine Frau hat mir bei der Manuskriptarbeit gern zugehört und gab Anregungen. Mein Freund Doktor Ernst Schmidt hat nicht nur sein Archiv zur Verfügung gestellt, sondern die Arbeit ratgebend begleitet und sie auf ihre historische Richtigkeit geprüft. Ihm gilt mein besonderer Dank.

Thomas Rother

Bildnachweise

S. 11: Hartung/Stadtbildstelle Essen
S. 31: Ullstein Bilderdienst, Berlin
S. 43: Stadtbildstelle Essen
S. 53: H.G. Kösters/NRZ-Archiv, Essen
S. 59: Henry Ries/NRZ-Archiv, Essen
S. 75: Ullstein Bilderdienst, Berlin
S. 84: Ullstein Bilderdienst, Berlin
S. 85: Kingler-Busshoff/WAZ-Archiv, Essen
S. 99: »Zeitschrift der Kruppschen Werksgemeinschaft«, Bestand 19–889 Ruhrlandmuseum-Archiv Ernst Schmidt, Essen
S. 115: »Zeitschrift der Kruppschen Werksgemeinschaft«, Bestand 19–889 Ruhrlandmuseum-Archiv Ernst Schmidt, Essen
S. 123: Leimkühler, Stadtbildstelle Essen
S. 127: Stadtbildstelle Essen
S. 129: »Zeitschrift der Kruppschen Werksgemeinschaft«, Bestand 19–889 Ruhrlandmuseum-Archiv Ernst Schmidt, Essen
S. 137: »Zeitschrift der Kruppschen Werksgemeinschaft«, Bestand 19–889 Ruhrlandmuseum-Archiv Ernst Schmidt, Essen
S. 141: Hagemann/WAZ-Archiv, Essen
S. 148: »Zeitschrift der Kruppschen Werksgemeinschaft«, Bestand 19–889 Ruhrlandmuseum-Archiv Ernst Schmidt, Essen
S. 149: »Zeitschrift der Kruppschen Werksgemeinschaft«, Bestand 19–889 Ruhrlandmuseum-Archiv Ernst Schmidt, Essen
S. 169: Ullstein Bilderdienst, Berlin
S. 177: Ruhrlandmuseum-Archiv Ernst Schmidt, Essen
S. 186: »Zeitschrift der Kruppschen Werksgemeinschaft«, Bestand 19–889 Ruhrlandmuseum-Archiv Ernst Schmidt, Essen
S. 194: Stadtbildstelle Essen
S. 203: WAZ-Archiv, Essen
S. 207: Strauch/WAZ-Archiv, Essen
S. 213: Hassinger/Ackermann

Arndt Kruipe (Arnt Croup/Arndt Krup)
† 1624
Ratmann und Rentmeister der Stadt Essen

- *Anton Krupp* *1588–1661*
  - *Johann Krupp* *† um 1640* Gewehrhändler
- *Georg Krupp* *um 1590–1623*
  - *Matthias Krupp* *1621–1673* Stadtsekretär in Essen
    - *Georg Diederich Krupp* *1657–1742* Stadtsekretär in Essen
    - *Matthias Arnold Krupp* *1660–1729*
    - *Dr. Arnold Krupp* *um 1660–1734*
      - *Friedrich Jodocus Krupp* *1706–1757* Kaufmann, Senator und Rentmeister der Stadt Essen
        - *Peter Friedrich Wilhelm Krupp* *1753–1795*
          - *Helene Christine Krupp* *1782–1833*
          - *Catharina Franziska Krupp* *1785*
          - *Friedrich Krupp* *1787–1826* Gründer der Gußstahlfabrik *∞ Theresia Helena Johanna Wilhelmi 1790–18*
            - *Ida Krupp* *1809–1882*
            - *Alfred (Alfried) Krupp* *1812–1887* *∞ Bertha Eichhoff* *1831–1888*
              - *Friedrich Alfred Krupp* *1854–1902* *∞ Eva Franziska Charlotte Margarethe Freiin von Ende* *1854–1931*
                - *Bertha Krupp* *1886–1957* *∞ Gustav Georg Friedrich Maria Krupp von Bohlen und Halbach* *1870–1950*
                  - *Alfried* *13.8.1907–30.7.1967*
                    - *∞ Anneliese Bahr* *1937 (geschieden 1941)*
                      - *Arndt* *1938–1986*
                    - *∞ Vera Hossenfeldt* *1952 (geschieden 1957)*
                  - *Arnold* *1908–1909*
                  - *Claus* *1910–1940*
                    - *Arnold 1939*
                  - *Irmgard* *1912–1998*
                    - *Alheid 1939*
                    - *Rutger 1940*
                    - *Sigbert 1941*
                    - *Gunhild 1952*
                    - *Hildburg 195*
                    - *Dietlind 195*
- *Catharina Krupp*

Margaretha Krupp

Johann Ludwig Krupp
† zw. 1741/1744

Henrich Wilhelm Krupp
† 1760

Heinrich Theodor Krupp
1718–1753

Johann Heinrich Krupp
1755–1774

Wilhelm Krupp
1791–1815

Heinrich Krupp
1793–1796

Hermann Krupp
1814–1879
∞ Maria Baum
1821–1879

Friedrich Krupp
1820–1901

2 Söhne und 5 Töchter
2. *Arthur Krupp*
1856–1938

Barbara Krupp
1887–1972
∞ Adolf Karl Tilo Freiherr von Wilmowsky
1878–1966

2 Söhne und 4 Töchter

Berthold
1913–1987

Eckbert 1956

Harald
1916–1984

Friedrich 1962 *Georg 1963* *Sophie 1966*

Waldtraud
1920

Diana
Maria Friz
1944

Regina
1945

Eckbert
1922–1945